PONS

Verbtabellen Plus
DEUTSCH als Fremdsprache

Mit Online-Übungen und Videos

von
Eva Maria Weermann
Ulrike Wolk

PONS
Verbtabellen Plus
DEUTSCH als Fremdsprache

Mit Online-Übungen und Videos

von
Eva Maria Weermann
Ulrike Wolk

Der digitale Zugang zu den online angebotenen Zusatzmaterialien ist für mindestens zwei Jahre nach Erscheinen der aktuellen Auflage gewährleistet.

Basiert auf 978-3-12-562274-6.

Bildnachweis:
Fotolia, New York: 29 (Tobias Kuhl); 31 (Caesar25); 33 (Konstanze Gruber); 35 (Connfetti); 37 (Yuri Arcurs); 39 (Opidanus); 49 (effe45); 53 (Monia); 55 (Fırat); 63 (vege); 69 (Hemeroskopion); 71 (germanskydive110); 73 (Michael Drager); 83 (Alexander Raths); 115 (Gina Sanders); 117 (Stephanie Frey); 133 (Michael Rosenwirth); 135 (yarruta); 149 (mr.nico); 151 (BlueOrange Studio); 153 (Gina Sanders); 155 (Guy Shapira); 179 (Tino Neitz); 181 (chris74); 183 (Gina Sanders); 185 (Katja); **Getty Images, München:** U1 (Corey Jenkins); 43 (Pheelings Media); 173 (Hinterhaus Productions); **iStockphoto, Calgary, Alberta:** 6.1 (Dio5050); 6.2 (TommL); 6.5, 7.2, 7.5 (Moncherie); 23 (Trista Weibell); 45 (ansonsaw); 51 (sunil menon); 57 (olada); 59 (PK-Photos); 61 (michele princigalli); 65 (Jens Gade); 75 (sculpies); 77 (ooyoo); 81 (ola_p); 85 (Renee Lee); 87 (Eric Gevaert); 89 (peter anderson); 97 (Galina Barskaya); 107 (kali9); 111 (vndrpttn); **Shutterstock, New York:** 6.3, 6.4, 6.6, 6.7. (Sashkin); 6.8 (Korn); 7.3 (Elnur); 7.4, 7.6 (Skripko Ievgen); 7.1 (Phase4Photography); 21 (Sergey Zaykov); 25 (ultimathule); 27 (Skripko Ievgen); 47 (Diana Taliun); 67 (James Blinn); 79 (Diego Cervo); 91 (AISPIX); 93 (Kurilina); 95 (donvictorio); 99 (AVAVA); 101 (fizkes); 103 (QQ7); 105 (Eva Vargyasi); 109 (Diego Cervo); 113 (Wavebreakmedia Ltd); 119 (bioraven); 121 (Gigra); 123 (Jim Barber); 125 (Howard Sandler); 127 (holbox); 129 (Philip Lange); 131 (Tata); 137 (Goodluz); 139 (Kzenon); 141 (Rd); 143 (vchal); 145 (Patrick Poendl); 147 (Deklofenak); 157 (Nikodash); 159 (Gyorgy Barna); 161 (Dmitriy Shironosov); 163 (Vixit); 165 (Alexander Gitlits); 167 (Jostein Hauge); 169 (PhotoStock10); 171 (Samuel Borges Photography); 175 (Birute Vijeikiene); 177 (Pierre Yu); 187 (Suzanne Tucker); 189 (Wallenrock)

3. Auflage 2026

Redaktion: Francesca Giamboni, Regina Reinboth-Kämpf, Arkadiusz Wrobel
Redaktionelle Mitarbeit: Canan Özdamar, Jacqueline Broghammer
Online-Übungen: Ines Balcik
Logoentwurf: Erwin Poell, Heidelberg
Logoüberarbeitung: Sabine Redlin, Ludwigsburg
Einbandgestaltung: Mariela Schwerdt, Stuttgart
Layout/Satz: Satzkasten, Stuttgart
Druck und Bindung: Multiprint Ltd., Kostinbrod

ISBN: 978-3-12-566003-8

Inhalt

So benutzen Sie dieses Buch

In den **Konjugationstabellen** sind alle wichtigen Konjugationsmuster der deutschen Verben dargestellt, ob regelmäßig oder unregelmäßig.
In der alphabetischen **Verbliste** am Anfang des Buches finden Sie die gängigsten Verben der deutschen Sprache. Die Nummern neben den Verben verweisen auf die entsprechenden Konjugationsmuster, nach denen sich die Verben konjugieren lassen.
In der **Kurzgrammatik** bekommen Sie einen Überblick über die Bildung und den Gebrauch der Zeitformen und erfahren auch Wissenswertes zu den Verbkategorien.

So arbeiten Sie mit den Konjugationstabellen

1. In der **alphabetischen Wortliste** (S. 8-18) Verb und Konjugationsnummer suchen.

verbeugen, sich[A] ~, ~~ge~~ 4
verbieten, ~~ge~~ 21
verbinden, ~~ge~~ 34

2. In den **Konjugationstabellen** (S. 20-193) zum Musterverb mit der entsprechenden Nummer blättern.

34 finden
finden - fand - gefunden

Stammvokalwechsel **i - a - u**
e-Einschub (siehe Nr. 11)

Indikativ

Präsens	Perfekt	Futur I
ich finde	ich habe gefunden	ich werde finden
du findest	du hast gefunden	du wirst finden
er findet	er hat gefunden	er wird finden
wir finden	wir haben gefunden	wir werden finden
ihr findet	ihr habt gefunden	ihr werdet finden
sie finden	sie haben gefunden	sie werden finden

3. Das **gesuchte Verb** wird genau so konjugiert wie das Musterverb unter der entsprechenden Nummer.

Da das im Beispiel gesuchte Verb **verbinden** genau so konjugiert wird wie das Musterverb **finden**, können Sie hier das Konjugationsmuster von **finden** auf das Verb **verbinden** übertragen und die Formen selbst bilden.

ich verbinde
du verbindest
er/sie/es verbindet
wir verbinden
ihr verbindet
sie verbinden

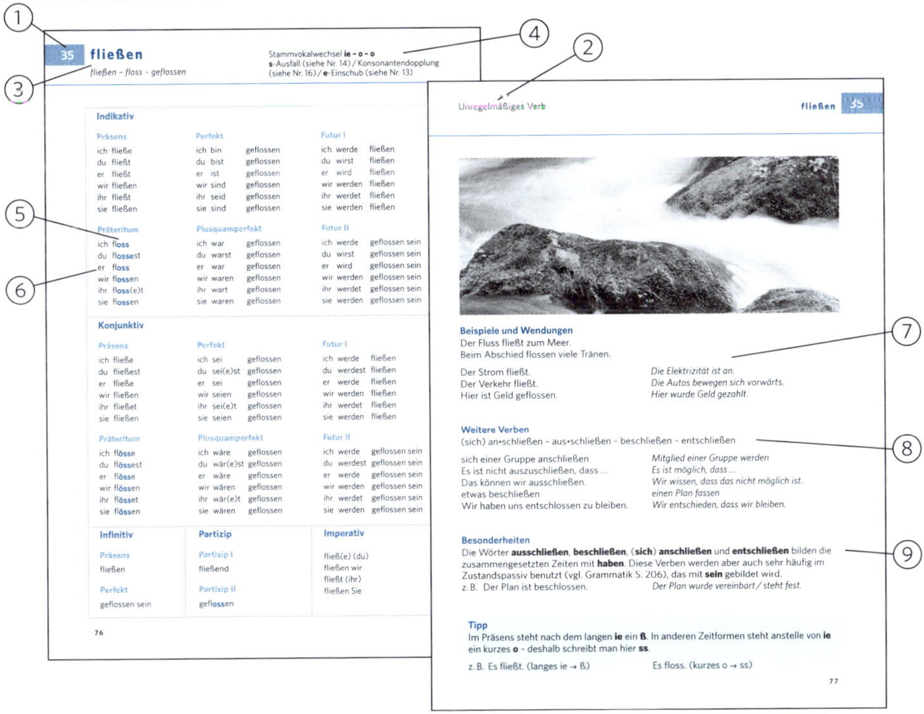

① Konjugationsnummer: Nach diesem Muster lassen sich alle Verben konjugieren, denen in den Verblisten dieselbe Nummer zugeordnet ist.

② Verbgruppe: Gibt an, ob das jeweilige Musterverb regelmäßig oder unregelmäßig ist.

③ Musterverb mit Stammformen: Hier werden Infinitiv, Indikativ Präteritum und Partizip II angegeben.

④ Kurzcharakteristik: Merksatz zu den Besonderheiten und Unregelmäßigkeiten des Konjugationsmusters.

⑤ Farbliche Hervorhebung für alle Formen, die vom regelmäßigen Konjugationsschema abweichen.

⑥ Verzicht auf feminine und neutrale Formen: Aus Gründen der Übersichtlichkeit wurde bei den Formen der 3. Person Singular lediglich das maskuline Personalpronomen verwendet. Bei sie und es steht dann natürlich dieselbe Verbform.

⑦ Beispiele und Wendungen.

⑧ Weitere Verben: Eine Auswahl der geläufigsten Verben, die wie das Musterverb konjugiert werden.

⑨ Besonderheiten bei der Konjugation oder beim Gebrauch dieser Verben.

▶ Zu diesen Verbtabellen stehen Ihnen außerdem 5 Lernvideos online zur Verfügung, in denen Ihnen der Gebrauch bzw. die Bildung besonders wichtiger Verbformen erklärt wird.

Lerntipps: So lernen Sie Verbkonjugationen

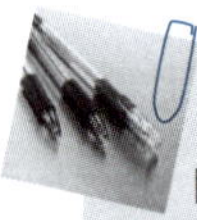

Mehrmals abschreiben

Haben Sie mit einer Konjugation Schwierigkeiten, dann schreiben Sie das Verb mehrmals ab, das hilft sich die Formen einzuprägen. Markieren Sie dann die Endungen und Besonderheiten einzelner Verbformen farbig.

Ähnliche Verben

Viele unregelmäßige Verben werden ähnlich konjugiert. Lernen Sie diese immer gemeinsam!

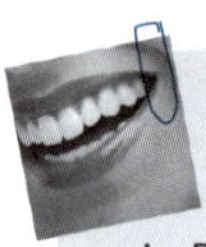

Tonfall ändern

Merken Sie sich die Verbformen in Beispielsätzen und sprechen Sie die konjugierten Formen mit dem zum Verb passenden Tonfall. Das Verb *hassen* sprechen Sie dann natürlich völlig anders als z. B. das Verb *lieben*.

Beispielsätze

Neue Wendungen und Verben können Sie effektiver lernen, indem Sie versuchen, sie in Beispielsätzen zu gebrauchen. Am besten ist ein Zusammenhang, der mit Ihrem eigenen Leben zu tun hat, denn das können Sie sich besonders gut merken. Sie können zum Beispiel Ihre morgendlichen Aktivitäten durchgehen.

Textstellen markieren

Das Markieren von Textstellen oder Wörtern ermöglicht es, verschiedene Aspekte einer Fremdsprache gezielt zu üben. So können Sie zum Beispiel eine Zeitform, die Sie gerade gelernt haben, im Text markieren und in den unterschiedlichen Zusammenhängen lernen.

Synonyme und Antonyme

Erweitern Sie schnell Ihren Wortschatz, indem Sie Verben immer gleich mit dem Gegenteil (z. B. *nehmen ≠ geben*), oder mit einem Synonym (z. B. *nehmen = ergreifen*) lernen.

Verben + Präposition

Wenn ein Verb eine bestimmte Präposition braucht, dann lernen Sie diese immer mit - am besten in einem Satz.

Mehrmals pro Woche lernen

Setzen Sie sich beim Sprachenlernen realistische Ziele. Es braucht Zeit, eine Sprache zu lernen - also nehmen Sie sich nicht zu viel vor! Besser Sie lernen mehrmals pro Woche eine halbe Stunde, als nur einmal 5 Stunden.

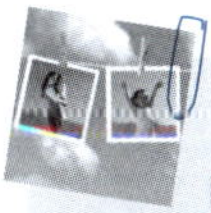

Mit Bildern lernen

Bilder, die Ihnen irgendwie auffallen, eignen sich hervorragend zum Lernen von Wörtern und Wendungen. Entsprechendes Bildmaterial finden Sie überall: in Zeitungen, Zeitschriften und Kalendern. Schneiden Sie das aus, was Sie fasziniert, kleben Sie es in Ihr Vokabelheft und schreiben Sie dann auf, was Ihnen dazu einfällt: Reaktionen, Überlegungen, Gedankenassoziationen oder auch nur einzelne Wörter.

Vokabelkärtchen

Auch Verbformen können wie Vokabeln mit Vokabelkärtchen gelernt werden. Schreiben Sie sich dazu je eine Verbform auf ein Kärtchen und den Infinitiv mit Beschreibung der Verbform auf die Rückseite. Sie müssen dabei nicht alle Verbformen verwenden - wählen Sie einfach die aus, die am häufigsten sind, und die, die Ihnen am schwersten fallen. Testen Sie nun Ihre Kenntnisse, indem Sie immer die Seite mit dem Infinitiv ansehen und die passende Form dazu bilden.

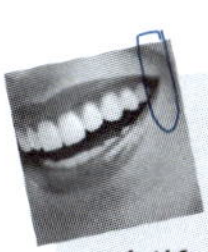

Vorsingen

Wenn Sie musikalisch sind, hilft es Ihnen vielleicht, wenn Sie kleine Melodien erfinden und sich die Konjugationsmuster oder die Formen mit den Stammvokalwechseln vorsingen. Experimentieren Sie mit Tonhöhe und Rhythmus, oder probieren Sie einen Rap – so prägen Sie sich vor allem häufige Muster gut ein.

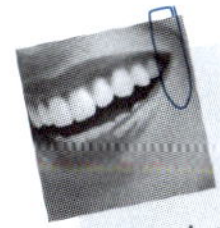

Sich aufnehmen

Wenn Sie zu den Menschen gehören, die gut durch Hören lernen können, dann hören Sie sich selbst zu! Nehmen Sie sich beim Sprechen der Verbkonjugationen auf und hören Sie sich immer wieder an.
Sie können bei der Aufnahme auch Pausen machen, in denen Sie das Gehörte dann noch zusätzlich nachsprechen können.

Würfeln

Trainieren Sie die Konjugationen unregelmäßiger Verben, indem Sie würfeln. Sie brauchen dazu zwei sechsseitige Würfel. Einen Würfel müssen Sie ein bisschen präparieren und auf jede Würfelseite ein Stück Papier mit einer anderen Zeitform kleben. Denken Sie sich nun ein unregelmäßiges Verb und würfeln Sie mit beiden Würfeln. Der normale Würfel gibt die Person vor (z. B. 1 - *ich*; 2 - *du*; 3 - *er, sie, es*; 4 - *wir*; 5 - *ihr*; 6 - *sie*), der Zeitenwürfel die entsprechende Zeitform. Bilden Sie die korrekte Form und auf zur nächsten Runde!

Memory

Basteln Sie Memory-Kärtchen! Die Paare können aus Infinitiv- und Partizipformen oder aus Präsens- und Vergangenheitsformen etc. bestehen, je nachdem, was Sie besonders üben wollen. Vielleicht finden Sie noch weitere Interessierte zum Mitspielen.

Alphabetische Verbliste

In nachstehender Liste sind die wichtigsten schwachen und starken deutschen Verben in alphabetischer Folge aufgeführt. Die Zahlen verweisen auf die Konjugationsnummern der beispielhaft konjugierten Verben. Diese Musterverben sind blau hervorgehoben.
Verben, deren zusammengesetzte Zeiten mit dem Hilfsverb *sein* gebildet werden, und Verben mit wechselndem Gebrauch von *haben* und *sein* sind entsprechend gekennzeichnet. Alle übrigen Verben und alle reflexiven Formen werden mit *haben* konjugiert.
Bei Verben, die ausschließlich reflexiv verwendet werden, steht nach dem Infinitiv das Pronomen *sich*. Können Verben wahlweise reflexiv oder nicht reflexiv benutzt werden, ist *sich* in Klammern gesetzt. *sich*^{A} bedeutet dabei, dass das Reflexivpronomen im Akkusativ steht (vgl. Verb Nr. 7), die Angabe *sich*^{D}, dass es im Dativ steht (vgl. Verb Nr. 8).
Verben mit trennbarem Präfix sind an einem Punkt (•) zwischen Präfix und Verb erkennbar (vgl. Verb Nr. 6 und S. 196). An dieser Stelle wird - sofern vorhanden - beim Partizip II *-ge-* eingefügt.
Verwendete Abkürzungen:

→ 📖	Achtung, Bedeutungsunterschied! Bitte im Wörterbuch nachschlagen.
etw.	etwas
~~ge~~	Partizip wird ohne *ge-* gebildet (siehe S. 200)
KII	Stammvokal des Konjunktivs II
PII	Partizip II
Präs.	Präsens
reg.	regional verwendete Form
sich^A	Reflexivpronomen steht im Akkusativ (siehe Verb Nr. 7)
sich^D	Reflexivpronomen steht im Dativ (siehe Verb Nr. 8)
unpers.	unpersönliches Verb

A

ab•arbeiten ... 4, 11
ab•bauen ... 4
ab•bekommen, ~~ge~~ ... 48
ab•bezahlen, ~~ge~~ ... 4
ab•biegen, sein ... 88
ab•bilden ... 4, 11
ab•brechen ... 25
ab•brennen, haben + sein → 📖 ... 47
ab•bringen ... 26
ab•fahren, sein ... 82
ab•fangen ... 33
ab•fragen ... 4
ab•gewöhnen, (sich^D ~), ~~ge~~ ... 4
ab•hängen ... 4
ab•heben ... 44
ab•helfen ... 46
ab•holen ... 4
ab•hören ... 4
ab•kürzen ... 4, 14
ab•laufen, haben + sein → 📖 ... 52
ab•lehnen ... 4
ab•lenken ... 4
ab•liefern ... 4, 15
ab•machen ... 4
ab•melden, (sich^A ~) ... 4, 11
ab•nehmen ... 61
ab•raten ... 63
ab•rechnen ... 4, 12
ab•reisen, sein ... 4, 14
ab•sagen ... 4
ab•schaffen ... 4
ab•schalten, (sich^A ~) ... 4, 11
ab•schließen ... 35
ab•schwächen, (sich^A ~) ... 4
ab•senden ... 73
ab•setzen, (sich^A ~) ... 4, 14
ab•stammen ... 4
ab•steigen, sein ... 24
ab•stellen ... 4
ab•stimmen ... 4
ab•stoßen, (sich^A ~), haben + sein → 📖 ... 81
ab•stürzen, sein ... 4, 14
ab•trocknen, (sich^A ~) ... 4, 12
ab•warten ... 4, 11
ab•waschen ... 87
ab•wechseln, (sich^A ~) ... 4, 15
ab•zahlen ... 4
ab•ziehen, haben + sein → 📖 ... 91
achten ... 4, 11
acht•geben ... 36
ahnen ... 4
amüsieren, (sich^A ~) ... 18
analysieren, ~~ge~~ ... 18
an•bauen ... 4
an•bieten ... 21

an•binden ... 34
ändern, (sich^{A} ~) ... 4, 15
an•fangen ... 33
an•fassen ... 4, 14
an•geben ... 36
an•gehen, haben + sein → ... 37
an•greifen ... 41
ängstigen, (sich^{A} ~) ... 4
an•haben ... 1
an•halten ... 42
an•hören ... 4
an•klagen ... 4
an•klopfen ... 4
an•kommen, sein ... 48
an•machen ... 4
an•melden, (sich^{A} ~) ... 4, 11
an•nehmen ... 61
an•probieren, ~~ge~~ ... 18
an•reden ... 4, 11
an•richten ... 4, 11
an•rufen ... 65
an•schaffen, (sich^{D} etw. ~) ... 4
an•schalten ... 4, 11
an•schauen ... 4
an•schließen, (sich^{A} ~), haben + sein → ... 35
an•schnallen, (sich^{A} ~) ... 4
an•schwellen, sein ... 29
an•sehen ... 72
an•sprechen ... 25
an•stehen ... 78
an•steigen, sein ... 24
an•stellen ... 4
an•stoßen, (sich^{A} ~), haben + sein → ... 81
an•strengen, (sich^{A} ~) ... 4
an•treffen ... 83
an•tun, (sich^{D} etw. ~) ... 85
antworten ... 4, 11
an•wenden ... 11, 73
an•ziehen, (sich^{A} ~) ... 91
an•zünden ... 4, 11
arbeiten ... 4, 11
ärgern, (sich^{A} ~) ... 4, 15
atmen ... 4, 13
auf•bauen, (sich^{A} ~) ... 4
auf•bewahren, ~~ge~~ ... 4
auf•brechen, haben + sein → ... 25
auf•fallen, sein ... 32
auf•fangen ... 33
auf•fordern ... 4, 15
auf•führen ... 4
auf•geben, (sich^{A} ~) ... 36
auf•haben ... 1
auf•halten, (sich^{A} ~) ... 42
auf•hängen ... 43
auf•heben ... 44
auf•hören ... 4
auf•legen ... 4
auf•lösen, (sich^{A} ~) ... 4, 14
auf•machen ... 4
auf•nehmen ... 61
auf•passen ... 4, 14
auf•räumen ... 4
auf•regen, (sich^{A} ~) ... 4
auf•richten, (sich^{A} ~) ... 4, 11
auf•rufen ... 65
auf•schieben ... 88
auf•schlagen, haben + sein → ... 82
auf•schließen ... 35
auf•schreiben ... 24
auf•setzen, (sich^{A} ~) ... 4, 14
auf•stehen, sein ... 78
auf•steigen, sein ... 24
auf•stellen ... 4
auf•stoßen, haben + sein → ... 81
auf•suchen ... 4
auf•tauen, haben + sein → ... 4
auf•treten, sein ... 84
auf•wachen, sein ... 4
auf•wachsen, sein ... 13, 14, 87
auf•wecken ... 4
auf•ziehen ... 91
aus•bilden ... 4, 11
aus•bleiben, sein ... 24
aus•breiten, (sich^{A} ~) ... 4, 11
aus•denken, sich^{A} ~ ... 27
aus•drücken, (sich^{A} ~) ... 4
auseinander•fallen, sein ... 32
auseinander•setzen, (sich^{A} ~) ... 4, 14
aus•fallen, sein ... 32
aus•füllen ... 4
aus•geben ... 36
aus•gehen, sein ... 37
aus•gleichen, (sich^{A} ~) ... 39
aus•halten ... 42
aus•kennen, sich^{A} ~ ... 47
aus•lachen ... 4
aus•laufen, sein ... 52
aus•leihen ... 54
aus•liefern ... 4, 15
aus•lösen ... 4, 14
aus•machen ... 4
aus•nutzen ... 4, 14
aus•packen ... 4
aus•rechnen ... 4, 12
aus•reichen ... 4
aus•richten ... 4, 11
aus•ruhen, sich^{A} ~ ... 4
aus•schalten ... 4, 11
aus•schließen ... 35
aus•sehen ... 72
aus•sprechen ... 25
aus•steigen, sein ... 24
aus•stellen ... 4
aus•stoßen ... 81
aus•suchen, (sich^{D} etw. ~) ... **6**
aus•teilen ... 4
aus•tragen ... 82
aus•üben ... 4
aus•wählen ... 4
aus•wechseln ... 4, 15
aus•wirken, sich^{A} ~ ... 4
aus•zeichnen, (sich^{A} ~) ... 4, 12
aus•ziehen, (sich^{A} ~), haben + sein → ... 91

B

backen ... 92
baden ... 4, 11
bauen ... 4
beachten, ~~ge~~ ... 4, 11
beantragen, ~~ge~~ ... 4
beantworten, ~~ge~~ ... 4, 11
bearbeiten, ~~ge~~ ... 4, 11
bedanken, sich^{A} ~, ~~ge~~ ... 4
bedauern, ~~ge~~ ... 4, 15
bedeuten, ~~ge~~ ... 4, 11
bedienen, (sich^{A} ~), ~~ge~~ ... 4
bedingen, ~~ge~~ ... 4
bedrohen, ~~ge~~ ... 4
beeilen, sich^{A} ~, ~~ge~~ ... 4
beeindrucken, ~~ge~~ ... 4
beeinflussen, ~~ge~~ ... 4, 14
beenden, ~~ge~~ ... 4, 11
befassen, sich^{A} ~, ~~ge~~ ... 4, 14
befehlen, ~~ge~~, *KII:* nur ö ... 79
befestigen, ~~ge~~ ... 4
befinden, sich^{A} ~, ~~ge~~ ... 34
befolgen, ~~ge~~ ... 4
befreien, (sich^{A} ~), ~~ge~~ ... 4
befürchten, ~~ge~~ ... 4, 11
begeben, sich^{A} ~, ~~ge~~ ... 36
begegnen, sein, ~~ge~~ ... 4, 13
begeistern, (sich^{A} ~), ~~ge~~ ... 4, 15
beginnen ~~ge~~ ... 19

begleiten, ~~ge~~ … 4
begreifen, ~~ge~~ … 41
begründen, (sich^A ~), ~~ge~~ … 4, 11
begrüßen, ~~ge~~ … 4, 14
behalten, ~~ge~~ … 42
behandeln, ~~ge~~ … 4, 15
behaupten, ~~ge~~ … 4, 11
beherrschen, (sich^A ~), ~~ge~~ … 4
behindern, ~~ge~~ … 4, 15
behüten, ~~ge~~ … 4, 11
beichten … 4, 11
beißen … 20
bei•tragen … 82
bekämpfen, ~~ge~~ … 4
bekannt geben … 36
beklagen, (sich^A ~), ~~ge~~ … 4
bekommen, ~~ge~~ … 48
beladen, ~~ge~~ … 50
belagern, ~~ge~~ … 4, 15
belasten, (sich^A ~,) ~~ge~~ … 4, 11
belästigen, ~~ge~~ … 4
beleidigen, ~~ge~~ … 4
bellen … 4
belohnen, (sich^A ~), ~~ge~~ … 4
bemerken, ~~ge~~ … 4
bemitleiden, ~~ge~~ … 4, 11
bemühen, (sich^A ~), ~~ge~~ … 4
benachrichtigen, ~~ge~~ … 4
benehmen, sich^A ~, ~~ge~~ … 61
benötigen, ~~ge~~ … 4
benutzen, ~~ge~~ … 4, 14
beobachten, ~~ge~~ … 4
beraten, ~~ge~~ … 63
bereiten, ~~ge~~ … 4, 11
bereuen, ~~ge~~ … 4
bergen … 25
berichten, ~~ge~~ … 4, 11
berichtigen, ~~ge~~ … 4
bersten, sein,
Präs.: du/er birst … 25
berücksichtigen, ~~ge~~ … 4
berufen, (sich^A ~), ~~ge~~ … 65
beruhigen, (sich^A ~), ~~ge~~ … 4
berühren, ~~ge~~ … 4
beschädigen, ~~ge~~ … 4
beschäftigen, (sich^A ~), ~~ge~~ … 4
beschimpfen, ~~ge~~ … 4
beschleunigen, (sich^A ~), ~~ge~~ … 4
beschließen, ~~ge~~ … 35
beschmutzen,
(sich^A ~), ~~ge~~ … 4, 14
beschränken, (sich^A ~), ~~ge~~ … 4
beschreiben, ~~ge~~ … 24
beschuldigen, ~~ge~~ … 4

beschützen, ~~ge~~ … 4, 14
beschweren, sich^A ~, ~~ge~~ … 4
beseitigen, ~~ge~~ … 4
besetzen, ~~ge~~ … 4, 14
besichtigen, ~~ge~~ … 4
besiegen, ~~ge~~ … 4
besitzen, ~~ge~~ … 75
besorgen,
(sich^D etw. ~), ~~ge~~ … 4
besprechen, ~~ge~~ … 25
bessern, sich^A ~ … 4, 15
bestätigen, (sich^A ~), ~~ge~~ … 4
bestehen, ~~ge~~ … 78
bestellen, ~~ge~~ … 4
bestimmen, ~~ge~~ … 4
bestrafen, ~~ge~~ … 4
besuchen, ~~ge~~ … 4
beteiligen, (sich^A ~), ~~ge~~ … 4
beten … 4, 11
betrachten, (sich^A ~), ~~ge~~ … 4, 11
betragen, ~~ge~~ … 82
betreffen, ~~ge~~ … 83
betreten, ~~ge~~ … 84
betreuen, ~~ge~~ … 4
betrügen, ~~ge~~ … 57
beugen, (sich^A ~) … 4
beunruhigen, (sich^A ~), ~~ge~~ … 4
beurteilen, ~~ge~~ … 4
bevorzugen, ~~ge~~ … 4
bewachen, ~~ge~~ … 4
bewähren, sich^A ~, ~~ge~~ … 4
bewahren, ~~ge~~ … 4
bewältigen, ~~ge~~ … 4
bewegen, (sich^A ~), ~~ge~~ … 4
beweisen, ~~ge~~ … 62
bewerben, (sich^A ~), ~~ge~~ … 80
bewirken, ~~ge~~ … 4
bewohnen, ~~ge~~ … 4
bewölken, sich^A ~, ~~ge~~ … 4
bewundern, ~~ge~~ … 4, 15
bezahlen, ~~ge~~ … 4
bezeichnen, ~~ge~~ … 4, 12
beziehen, (sich^A ~), ~~ge~~ … 91
bezweifeln, ~~ge~~ … 4, 15
bezwingen, ~~ge~~ … 77
biegen, (sich^A ~) … 88
bieten … 21
bilden … 4, 11
binden, (sich^A ~) … 34
bitten … 22
blasen … 23
bleiben, sein … **24**
bleichen, haben +
sein → 📖 … 4/39

blicken … 4
blitzen … 4, 14
blockieren, ~~ge~~ … 18
blühen … 4
bluten … 4, 11
bohren … 4
borgen … 4
braten … 63
brauchen … 4
brechen, (sich^D etw. ~/sich^A ~),
haben + sein → 📖 … **25**
bremsen … 4, 14
brennen … 47
bringen … 26
brüllen … 4
buchen … 4
buchstabieren, ~~ge~~ … 18
bücken, sich^A ~ … 4
bügeln … 4, 15
bürsten … 4, 11
büßen … 4, 14

C

charakterisieren, ~~ge~~ … 18

D

da sein, sein … 2
dabei sein, sein … 2
dämmern … 4, 15
danken … 4
dar•stellen, (sich^A ~) … 4
dauern … 4, 15
dazu•gehören, ~~ge~~ … 4
dazwischen•kommen, sein … 48
dehnen, (sich^A ~) … 4
demonstrieren, ~~ge~~ … 18
denken … 27
dichten … 4, 11
dienen … 4
diktieren, ~~ge~~ … 18
dingen … 93
diskutieren, ~~ge~~ … 18
donnern … 4, 15
drängen … 4
dran•kommen, sein … 48
drehen, (sich^A ~) … 4
dreschen … 29
dringen, haben + sein → 📖 77
drohen … 4
drucken … 4
drücken … 4
duften … 4, 11
dulden … 4, 11
dünken … 94

durch•brechen, haben + sein → 📖 ... 25
durchbrechen, ~~ge~~ ... 25
durch•bringen ... 26
durcheinander•bringen ... 26
durchfahren, ~~ge~~ ... 82
durch•fahren, sein ... 82
durch•fallen, sein ... 32
durch•geben ... 36
durch•halten ... 42
durch•lassen ... 51
durchlaufen, ~~ge~~, haben + sein → 📖 ... 52
durch•laufen, ... 52
durch•lesen ... 55
durchschauen, ~~ge~~ ... 4
durch•schauen ... 4
durch•sehen ... 72
durchsetzen, sein, ~~ge~~ ... 4, 14
durch•setzen, (sich^A ~) ... 4, 14
durch•streichen ... 39
durchsuchen, ~~ge~~ ... 4
durch•suchen ... 4
dürfen ... 28
duschen, (sich^A ~) ... 4

E

ehren ... 4
eignen, sich^A ~ ... 4, 12
ein•arbeiten, (sich^A ~) ... 4, 11
ein•atmen ... 4, 12
ein•bilden, sich^D ~ ... 4, 11
ein•brechen, haben + sein → 📖 ... 25
ein•dringen, sein ... 77
ein•fallen, sein ... 32
ein•frieren, haben + sein → 📖 ... 86
ein•fügen ... 4
ein•führen ... 4
ein•greifen ... 41
ein•halten ... 42
ein•hängen ... 4
einigen, sich^A ~ ... 4
ein•kaufen ... 4
ein•kehren, sein ... 4
ein•laden ... 50
ein•leben, sich^A ~ ... 4
ein•leiten ... 4, 11
ein•leuchten ... 4, 11
ein•mischen, sich^A ~ ... 4
ein•packen ... 4
ein•reden, (sich^D ~) ... 4, 11
ein•reisen, sein ... 4, 14
ein•richten, (sich^A ~) ... 4, 11
ein•schalten, (sich^A ~) ... 4, 11
ein•schlafen, sein ... 68
ein•schlagen, haben + sein → 📖 ... 82
ein•schließen, (sich^A ~) ... 35
ein•schränken, (sich^A ~) ... 4
ein•sehen ... 72
ein•setzen, (sich^A ~) ... 4, 14
ein•steigen, sein ... 24
ein•stellen, (sich^A ~) ... 4
ein•stürzen, sein ... 4, 14
ein•tauschen ... 4
ein•tragen, (sich^A ~) ... 82
ein•treffen, sein ... 83
ein•treten, sein ... 84
ein•wandern, sein ... 4, 15
ein•wenden ... 4/73
ein•werfen ... 80
ein•willigen ... 4
ein•zahlen ... 4
ein•ziehen, haben + sein → 📖 ... 91
ekeln, sich^A ~ ... 4, 15
empfangen, ~~ge~~ ... 33
empfehlen, ~~ge~~ ... 79
empfinden, ~~ge~~ ... 34
empören, sich^A ~, ~~ge~~ ... 4
enden ... 4, 11
entdecken, ~~ge~~ ... 4
entfernen, (sich^A ~), ~~ge~~ ... 4
entführen, ~~ge~~ ... 4
enthalten, (sich^A ~), ~~ge~~ ... 42
entlassen, ~~ge~~ ... 51
entlaufen, sein, ~~ge~~ ... 52
entleihen, ~~ge~~ ... 54
entmutigen, ~~ge~~ ... 4
entnehmen, ~~ge~~ ... 61
entrichten, ~~ge~~ ... 4, 11
entschädigen, ~~ge~~ ... 4
entscheiden, (sich^A ~), ~~ge~~ ... 11, 24
entschließen, (sich^A ~), ~~ge~~ ... 35
entschuldigen, (sich^A ~), ~~ge~~ ... 4
entspannen, sich^A ~, ~~ge~~ ... 4
entsprechen, ~~ge~~ ... 25
entstehen, sein, ~~ge~~ ... 78
enttäuschen, ~~ge~~ ... 4
entwerfen, ~~ge~~ ... 80
entwickeln, (sich^A ~), ~~ge~~ ... 4, 15
erarbeiten, ~~ge~~ ... 4, 11
erbauen, ~~ge~~ ... 4
erben ... 4
erblicken, ~~ge~~ ... 4
ereignen, sich^A ~, ~~ge~~ ... 4, 12
erfahren, ~~ge~~ ... 82
erfinden, ~~ge~~ ... 34
erfordern, ~~ge~~ ... 4, 15
erforschen, ~~ge~~ ... 4
erfrieren, sein, ~~ge~~ ... 86
erfüllen, (sich^A ~), ~~ge~~ ... 4
ergänzen, ~~ge~~ ... 4, 14
ergeben, (sich^A ~), ~~ge~~ ... 36
ergehen, sein, ~~ge~~ ... 37
erhalten, ~~ge~~ ... 42
erhöhen, (sich^A ~), ~~ge~~ ... 4
erholen, sich^A ~, ~~ge~~ ... 4
erinnern, (sich^A ~), ~~ge~~ ... 4, 15
erkälten, sich^A ~, ~~ge~~ ... 4, 11
erkennen, ~~ge~~ ... 47
erkiesen ... 95
erklären, ~~ge~~ ... 4
erkundigen, sich^A ~, ~~ge~~ ... 4
erlassen, ~~ge~~ ... 51
erlauben, (sich^D ~), ~~ge~~ ... 4
erleben, ~~ge~~ ... 4
erledigen, (sich^A ~), ~~ge~~ ... 4
erleichtern, ~~ge~~ ... 4, 15
erlernen, ~~ge~~ ... 4
erlöschen, sein, ~~ge~~ ... **96**
ermahnen, ~~ge~~ ... 4
ermöglichen, ~~ge~~ ... 4
ermüden, haben + sein → 📖, ~~ge~~ ... 4, 11
ermutigen, ~~ge~~ ... 4
ernähren, (sich^A ~), ~~ge~~ ... 4
erneuern, (sich^A ~), ~~ge~~ ... 4, 15
ernten ... 4, 11
eröffnen, ~~ge~~ ... 4, 12
erraten, ~~ge~~ ... 63
erreichen, ~~ge~~ ... 4
errichten, ~~ge~~ ... 4, 11
erschallen, sein, ~~ge~~ ... 4/109
erscheinen, sein, ~~ge~~ ... 24
erschrecken, (sich^A ~), ~~ge~~ ... **30**
ersetzen, ~~ge~~ ... 4, 14
ersparen, (sich^D etw. ~), ~~ge~~ ... 4
erstatten, ~~ge~~ ... 4, 11
erstaunen, ~~ge~~ ... 4
ersticken, ~~ge~~ ... 4
erstrecken, sich^A ~, ~~ge~~ ... 4
erteilen, ~~ge~~ ... 4
ertragen, ~~ge~~ ... 82
ertrinken, sein, ~~ge~~ ... 77
erwägen, ~~ge~~ ... **31**
erwarten, ~~ge~~ ... 4, 11
erweitern, (sich^A ~), ~~ge~~ ... 4, 15
erwidern, ~~ge~~ ... 4, 15
erzählen, ~~ge~~ ... 4

erzeugen, ~~ge~~ 4
erziehen, ~~ge~~ 91
erzielen, ~~ge~~ 4
erzwingen, ~~ge~~ 77
essen, *PII:* gegessen 58
existieren, ~~ge~~ 18

F

fahren, haben + sein → 📖 82
fallen, sein **32**
fälschen 4
falten 4, 11
fangen **33**
fassen 4, 14
fasten 4, 11
faulenzen 4, 14
faxen 4, 14
fechten 11, 29
fegen 4
fehlen 4
fehl•schlagen, sein 82
feiern 4, 15
fern•sehen 72
fertigen 4
fest•halten, (sich^{A} ~) 42
festigen, (sich^{A} ~) 4
fest•legen, (sich^{A} ~) 4
fest•machen 4
fest•nehmen 61
fest•stellen 4
filmen 4
finden, (sich^{A} ~) **34**
fischen 4
flattern, haben + sein → 📖 4, 15
flechten 11, 29
flehen 4
flicken 4
fliegen, haben + sein → 📖 88
fliehen, sein 88
fließen, sein 35
fluchen 4
flüchten, (sich^{A} ~), sein 4, 11
flüstern 4, 15
folgen, haben + sein → 📖 4
folgern 4, 15
fördern 4, 15
fordern 4, 15
formen 4
forschen 4
fort•führen 4
fort•pflanzen, sich^{A} ~ 4, 14
fort•setzen, (sich^{A} ~) 4, 14
fotografieren, ~~ge~~ 18
fragen, (sich^{A} ~) 4
frei•lassen 51
fressen 58
freuen, sich^{A} ~ 4
frieren 86
frühstücken 4
fügen, (sich^{A} ~) 4
fühlen, (sich^{A} ~) 4
führen 4
füllen 4
funktionieren, ~~ge~~ 18
fürchten, (sich^{A} ~) 4, 11
füttern 4, 15

G

gähnen 4
garantieren, ~~ge~~ 18
gären, haben + sein → 📖 **97**
gebären, ~~ge~~ **98**
geben **36**
gebrauchen, ~~ge~~ 4
gedeihen, sein, ~~ge~~ 54
gefährden, ~~ge~~ 4, 11
gefallen, ~~ge~~ 32
gehen, sein **37**
gehorchen, ~~ge~~ 4
gehören, ~~ge~~ 4
geizen 4, 14
gelangen, sein, ~~ge~~ 4
geleiten, ~~ge~~ 4, 11
gelingen, sein, ~~ge~~ 77
gelten **38**
genehmigen, (sich^{D} etw. ~), ~~ge~~ 4
genesen, sein, ~~ge~~ **99**
genießen, ~~ge~~ 35
genügen, ~~ge~~ 4
geraten, sein, ~~ge~~ 63
geschehen, sein, ~~ge~~ 72
gestalten, ~~ge~~ 4, 11
gestatten, (sich^{D} ~), ~~ge~~ 4, 11
gestehen, ~~ge~~ 78
gewähren, ~~ge~~ 4
gewinnen, ~~ge~~, *KII:* ö 19
gewöhnen, (sich^{A} ~), ~~ge~~ 4
gießen 35
glänzen 4, 14
glätten, (sich^{A} ~) 4, 11
glauben 4
gleichen, (sich^{D} ~) **39**
gleiten, sein **40**
gliedern, (sich^{A} ~) 4, 15
glimmen **100**
glücken, sein 4
glühen 4
graben 82
gratulieren, ~~ge~~ 18
greifen **41**
grenzen 4, 14
grollen 4
grübeln 4, 15
gründen 4, 11
grünen 4
grüßen, (sich^{A} ~) 4, 14
gucken 4
gurgeln 4, 15
gut•heißen 45
gut•tun 85

H

haben **1**
haften 4, 11
hageln 4, 15
halten, (sich^{A} ~) **42**
hämmern 4, 15
handeln, (sich^{A} ~) 4, 15
handhaben 4
hängen **43**
hassen 4, 14
hasten, sein 4, 11
hauen **101**
häufen, (sich^{A} ~) 4
heben **44**
heilen 4
heim•kehren, sein 4
heiraten 4, 11
heißen **45**
heizen 4, 14
helfen **46**
hemmen 4
heraus•fordern 4, 15
heraus•geben 36
herein•fallen, sein 32
herrschen 4
her•stellen 4
herum•gehen, sein 37
herum•treiben, (sich^{A} ~) 24
herunter•laden 50
hervor•bringen 26
hervor•rufen 65
hetzen 4, 14
heucheln 4, 15
heulen 4
hinaus•werfen 80
hinaus•zögern 4, 15
hindern 4, 15
hinein•legen 4
hin•fallen, sein 32

hin•führen 4
hin•halten 42
hinken, haben + sein → 4
hin•legen, (sich^A ~) 4
hin•setzen, (sich^A ~) 4, 14
hintergehen, 37
hinterlassen, 51
hin•weisen 62
hoch•heben 44
hoch•laden 50
hocken, haben + sein (*reg.*) → 4
hoffen 4
holen, (sich^D etw. ~) 4
hopsen, sein 4, 14
horchen 4
hören 4
hungern 4, 15
hupen 4
hüpfen, sein 4
husten 4, 11
hüten, (sich^A ~) 4, 11

I

ignorieren, 18
impfen 4
importieren, 18
informieren, (sich^A ~), 18
inne•haben 1
integrieren, (sich^A ~), 18
interessieren, (sich^A ~), 18
interviewen, 4
irre•führen 4
irren, (sich^A ~), haben + sein → 4

J

jagen 4
jammern 4, 15
jubeln 4, 15
jucken 4

K

kämmen, (sich^A ~) 4
kämpfen 4
kassieren, 18
kauen 4
kaufen 4
kehren 4
keimen 4
kennen 47
kennen•lernen 4
kennzeichnen 4, 13
kichern 4, 15
kippen 4
klagen 4
klappen 4
klappern 4, 15
klären, (sich^A ~) 4
klauen 4
kleben 4
kleiden, (sich^A ~) 4, 11
klemmen 4
klettern, sein 4, 15
klicken 4
klimmen, sein 102
klingeln 4, 15
klingen 77
klopfen 4
knabbern 4, 15
knallen 4
kneifen 41
kneten 4, 11
knicken 4
knien, haben + sein (*reg.*) → 4
knistern 4, 15
knoten 4, 11
knüpfen 4
kochen 4
kommandieren, 18
kommen, sein **48**
können 49
kontrollieren, (sich^A ~), 18
konzentrieren, (sich^A ~), 18
kopieren, 18
korrigieren, (sich^A ~), 18
kosten 4, 11
krachen 4
krähen 4
kränken 4
kratzen, (sich^A ~) 4, 14
kreisen, sein 4, 14
kreuzen, (sich^A ~) 4, 14
kriechen, sein 64
kriegen 4
krümmen, (sich^A ~) 4
kühlen 4
kümmern, (sich^A ~) 4, 15
kündigen 4
kürzen 4, 14
küssen, (sich^A ~) 4, 14

L

lächeln 4, 15
lachen 4
laden 50
lagern 4, 15
lähmen 4
landen, sein 4, 11
langweilen, (sich^A ~) 4
lassen 51
lauern 4, 15
laufen, sein **52**
lauschen 4
lauten 4, 11
läuten 4, 11
leben 4
lecken, (sich^A ~) 4
leeren 4
legen, (sich^A ~) 4
lehnen, (sich^A ~) 4
lehren 4
leicht•fallen, sein 32
leiden 53
leid•tun 85
leihen, (sich^D etw. ~) **54**
leisten, (sich^D etw. ~) 4, 11
leiten 4, 11
lenken 4
lernen 4
lesen 55
leuchten 4, 11
lieben 4
liefern 4, 15
liegen 56
lindern 4, 15
loben 4
locken 4
lohnen, (sich^A ~) 4
löschen 4
lösen, (sich^A ~) 4, 14
los•lassen 51
lüften 4, 11
lügen 57
lutschen 4

M

machen 4
mähen 4
mahlen 103
mahnen 4
malen 4
mangeln 4, 15
markieren, 18
marschieren, sein, 18
maskieren, (sich^A ~), 18
mäßigen, (sich^A ~) 4
meckern 4, 15
meiden 11, 24
meinen 4
meistern 4, 15

S

steigern, (sich^{A} ~) ... 4, 15
stellen, (sich^{A} ~) ... 4
sterben, sein ... **80**
steuern, (sich^{A} ~) ... 4, 15
stieben, sein ... 88
stiften ... 4, 11
still•legen ... 4
stimmen ... 4
stinken ... 77
stocken ... 4
stöhnen ... 4
stolpern, sein ... 4, 15
stopfen ... 4
stoppen ... 4
stören ... 4
stoßen, (sich^{A} ~) ... **81**
strafen ... 4
strahlen ... 4
streben, haben + sein → ... 4
strecken, (sich^{A} ~) ... 4
streichen ... 39
streifen, haben + sein → ... 4
streiken ... 4
streiten, sich^{A} ~ ... 40
streuen ... 4
strömen, sein ... 4
studieren, ~~ge~~ ... 18
stürmen, haben + sein → ... 4
stürzen, (sich^{A} ~), haben + sein → ... 4, 14
stützen, (sich^{A} ~) ... 4, 14
suchen ... 4
sündigen ... 4
süßen ... 4, 14

T

tadeln ... 4, 15
tanken ... 4
tanzen ... 4, 14
tarnen, (sich^{A} ~) ... 4
tauchen, haben + sein → ... 4
tauen, haben + sein → ... 4
taugen ... 4
tauschen ... 4
täuschen, (sich^{A} ~) ... 4
teilen, (sich^{A} ~) ... 4
teil•nehmen ... 61
telefonieren, ~~ge~~ ... 18
testen ... 4, 11
tippen ... 4
toben ... 4
tönen, (sich^{A} ~) ... 4
töten ... 4, 11
tot•schlagen ... 82
tragen, (sich^{A} ~) ... **82**
trainieren, ~~ge~~ ... 18
trampeln, haben + sein → ... 4, 15
tränken ... 4
transportieren, ~~ge~~ ... 18
trauen, (sich^{A} ~) ... 4
träumen ... 4
treffen, (sich^{A} ~) ... **83**
treiben, haben + sein → ... 24
trennen, (sich^{A} ~) ... 4
treten, haben + sein → ... **84**
triefen ... **118**
trinken ... 77
trocknen, haben + sein → ... 4, 12
trödeln ... 4, 15
trommeln ... 4, 15
tropfen, haben + sein → ... 4
trösten, (sich^{A} ~) ... 4, 11
trotzen ... 4, 14
trügen ... 57
tummeln, sich^{A} ~ ... 4, 15
tun ... **85**
turnen ... 4

U

übel nehmen ... 61
üben, (sich^{A} ~) ... 4
überanstrengen, sich^{A} ~, ~~ge~~ ... 4
überarbeiten, sich^{A} ~, ~~ge~~ ... 4, 11
überbieten, ~~ge~~ ... 21
überdenken, ~~ge~~ ... 27
überfahren, ~~ge~~ ... 82
überfallen, ~~ge~~ ... 32
überfliegen, ~~ge~~ ... 88
überfordern, (sich^{A} ~), ~~ge~~ ... 4, 15
übergehen, ~~ge~~ ... 37
überholen, ~~ge~~ ... 4
überleben, ~~ge~~ ... 4
überlegen, sich^{D} ~, ~~ge~~ ... **8**
übernachten, ~~ge~~ ... 4, 11
übernehmen, (sich^{A} ~), ~~ge~~ ... 61
überprüfen, ~~ge~~ ... 4
überqueren, ~~ge~~ ... 4
überraschen, ~~ge~~ ... 4
überreden, ~~ge~~ ... 4, 11
überschätzen, (sich^{A} ~), ~~ge~~ ... 4, 14
überschneiden, sich^{A} ~, ~~ge~~ ... 53
überschwemmen, ~~ge~~ ... 4
übersehen, ~~ge~~ ... 72
über•setzen, haben + sein → ... 4, 14
übersetzen, ~~ge~~ ... 4, 14
überstehen, ~~ge~~ ... 78
übersteigen, ~~ge~~ ... 24
übertragen, ~~ge~~ ... 82
übertreiben, ~~ge~~ ... 24
überwachen, ~~ge~~ ... 4
überweisen, ~~ge~~ ... 62
überwinden, (sich^{A} ~), ~~ge~~ ... 34
überzeugen, (sich^{A} ~), ~~ge~~ ... 4
umarmen, (sich^{A} ~), ~~ge~~ ... 4
um•bringen, (sich^{A} ~) ... 26
um•drehen, (sich^{A} ~) ... 4
um•fallen, sein ... 32
umfassen, ~~ge~~ ... 4, 14
umgehen, sein → ... 37
umgehen, ~~ge~~ ... 37
um•graben ... 82
um•kehren, haben + sein → ... 4
um•kommen, sein ... 48
um•rühren ... 4
um•schalten ... 4, 11
um•steigen, sein ... 24
um•stoßen ... 81
um•tauschen ... 4
um•ziehen, (sich^{A} ~), haben + sein → ... 91
unterbrechen, ~~ge~~ ... 25
unterdrücken, ~~ge~~ ... 4
unter•gehen, sein ... 37
unterhalten, (sich^{A} ~), ~~ge~~ ... 42
unternehmen, ~~ge~~ ... 61
unterrichten, ~~ge~~ ... 4, 11
untersagen, ~~ge~~ ... 4
unterschätzen, ~~ge~~ ... 4, 14
unterscheiden, (sich^{A} ~), ~~ge~~ ... 11, 24
unterschlagen, ~~ge~~ ... 82
unterschreiben, ~~ge~~ ... 24
unterstreichen, ~~ge~~ ... 39
unterstützen, ~~ge~~ ... 4, 14
untersuchen, ~~ge~~ ... 4
unter•tauchen, sein ... 4
urteilen ... 4

V

verabreden, sich^{A} ~, ~~ge~~ ... 4, 11

verabscheuen, ~~ge~~ 4
verachten, (sich^{A} ~), ~~ge~~ 4, 11
verändern, (sich^{A} ~), ~~ge~~ 4, 15
verantwortern, (sich^{A} ~), ~~ge~~ 4, 11
verärgern, ~~ge~~ 4, 15
verbergen, (sich^{A} ~), ~~ge~~ 80
verbessern, (sich^{A} ~), ~~ge~~ 4, 15
verbeugen, sich^{A} ~, ~~ge~~ 4
verbieten, ~~ge~~ 21
verbinden, ~~ge~~ 34
verbitten, sich^{D} ~, ~~ge~~ 22
verblühen, sein, ~~ge~~ 4
verbluten, sein, ~~ge~~ 4, 11
verbrauchen, (sich^{A} ~), ~~ge~~ 4
verbrechen, ~~ge~~ 25
verbrennen, (sich^{A} ~), ~~ge~~ 47
verbringen, ~~ge~~ 26
verdächtigen, ~~ge~~ 4
verdanken, ~~ge~~ 4
verderben, ~~ge~~ 80
verdienen, ~~ge~~ 4
verdrießen, ~~ge~~ 35
verehren, ~~ge~~ 4
vereinbaren, ~~ge~~ 4
vereinfachen, ~~ge~~ 4
verfallen, sein, ~~ge~~ 32
verfilmen, ~~ge~~ 4
verfluchen, ~~ge~~ 4
verfolgen, ~~ge~~ 4
verführen, ~~ge~~ 4
vergessen, ~~ge~~ 58
vergewissern, sich^{A} ~, ~~ge~~ 4, 15
vergleichen, (sich^{A} ~), ~~ge~~ 39
vergrößern, (sich^{A} ~), ~~ge~~ 4, 15
verhaften, ~~ge~~ 4, 11
verhalten, sich^{A} ~, ~~ge~~ 42
verhandeln, ~~ge~~ 4, 15
verhindern, ~~ge~~ 4, 15
verhören, (sich^{A} ~), ~~ge~~ 4
verhungern, sein, ~~ge~~ 4, 15
verirren, sich^{A} ~, ~~ge~~ 4
verkaufen, (sich^{A} ~), ~~ge~~ 4
verkleiden, (sich^{A} ~), ~~ge~~ 4, 11
verkürzen, (sich^{A} ~), ~~ge~~ 4, 14
verlangen, ~~ge~~ 4
verlängern, (sich^{A} ~), ~~ge~~ 4, 15
verleihen, ~~ge~~ 54
verletzen, (sich^{A} ~), ~~ge~~ 4, 14
verleugnen, ~~ge~~ 4, 12
verlieben, sich^{A} ~, ~~ge~~ 4
verlieren, (sich^{A} ~), ~~ge~~ **86**
verloben, sich^{A} ~, ~~ge~~ 4
verloren gehen, sein 37
verlöschen, sein, ~~ge~~ 96
vermehren, (sich^{A} ~), ~~ge~~ 4
vermieten, ~~ge~~ 4, 11
vermögen, ~~ge~~ 59
vermuten, ~~ge~~ 4, 11
vernachlässigen, ~~ge~~ 4
vernichten, ~~ge~~ 4, 11
veröffentlichen, ~~ge~~ 4
verpacken, ~~ge~~ 4
verpassen, ~~ge~~ 4, 14
verraten, (sich^{A} ~), ~~ge~~ 63
verreisen, sein, ~~ge~~ 4, 14
versammeln, (sich^{A} ~), ~~ge~~ 4, 15
verschenken, ~~ge~~ 4
verschlafen, ~~ge~~ 68
verschlechtern, (sich^{A} ~), ~~ge~~ 4, 15
verschleißen, haben, ~~ge~~ 112
verschlimmern, (sich^{A} ~), ~~ge~~ 4, 15
verschlucken, (sich^{A} ~), ~~ge~~ 4
verschreiben, (sich^{A} ~), ~~ge~~ 24
verschweigen, ~~ge~~ 24
verschwinden, sein, ~~ge~~ 34
verschwören, sich^{A} ~, ~~ge~~ 71
versichern, (sich^{A} ~), ~~ge~~ 4, 15
versöhnen, (sich^{A} ~), ~~ge~~ 4
verspäten, sich^{A} ~, ~~ge~~ 4, 11
versprechen, (sich^{A} ~), ~~ge~~ 25
verstärken, (sich^{A} ~), ~~ge~~ 4
verstecken, (sich^{A} ~), ~~ge~~ 4
verstehen, (sich^{A} ~), ~~ge~~ 78
versuchen, ~~ge~~ 4
verteidigen, (sich^{A} ~), ~~ge~~ 4
verteilen, (sich^{A} ~), ~~ge~~ 4
vertragen, (sich^{A} ~), ~~ge~~ 82
vertrauen, ~~ge~~ 4
vertreten, ~~ge~~ 84
verursachen, ~~ge~~ 4
verurteilen, ~~ge~~ 4
verwandeln, (sich^{A} ~), ~~ge~~ 4, 15
verwechseln, ~~ge~~ 4, 15
verweisen, ~~ge~~ 62
verwenden, ~~ge~~ 4/73
verwirklichen, (sich^{A} ~), ~~ge~~ 4
verwirren, ~~ge~~ 4
verwöhnen, (sich^{A} ~), ~~ge~~ 4
verzaubern, ~~ge~~ 4, 15
verzeihen, (sich^{D} ~), ~~ge~~ 54
verzichten, ~~ge~~ 4, 11
verzögern, (sich^{A} ~), ~~ge~~ 4, 15
verzweifeln, sein, ~~ge~~ 4, 15
vollenden, ~~ge~~ 4, 11
voraus•sagen 4
vor•bereiten, (sich^{A} ~), ~~ge~~ 4, 11
vor•beugen, (sich^{A} ~) 4
vor•finden 34
vor•gehen, sein 37
vor•haben 1
vor•kommen, sein 48
vor•nehmen, (sich^{D} etw. ~) 61
vor•schlagen 82
vor•stellen, (sich^{A} ~) 4
vor•tragen 82
vor•ziehen 91

W

wachen 4
wachsen 13, 14, 87
wagen 4
wählen 4
wahr•nehmen 61
wandern, sein 4, 15
wärmen, (sich^{A} ~) 4
warnen 4
warten 4, 11
waschen, (sich^{A} ~) **87**
weben **119**
wechseln 4, 15
wecken 4
weg•fahren, haben + sein → 📖 82
weg•laufen, sein 52
weg•werfen 80
wehren, (sich^{A} ~) 4
weh•tun, (sich^{D} ~) 85
weichen, sein 39
weigern, sich^{A} ~ 4, 15
weinen 4
weisen, sich^{A} ~ unpers. 62
weiter•gehen, sein 37
welken, sein 4
wenden, (sich^{A} ~), → 📖 4/73
werben 80
werden, sein **3**
werfen 80
wetten 4, 11
wickeln 4, 15
widerlegen, ~~ge~~ 4
widersetzen, sich^{A} ~, ~~ge~~ 4, 14
widersprechen, (sich^{A} ~), ~~ge~~ 25
wiederholen, (sich^{A} ~), ~~ge~~ 4
wieder•sehen, (sich^{A} ~) 72
wiegen **88**

Grammatikbegriffe im Überblick

Lateinische Bezeichnung	Deutsch
Akkusativ	Wenfall
Aktiv	Tatform
Dativ	Wemfall
Futur I	unvollendete Zukunft
Futur II	vollendete Zukunft
Hilfsverb	Hilfszeitwort
Imperativ	Befehlsform
Indikativ	Wirklichkeitsform
Infinitiv	Grundform des Zeitworts
intransitives Verb	Tätigkeitswort ohne Akkusativobjekt
Kompositum	zusammengesetztes Wort
Konjugation	Beugung des Zeitworts
Konjunktiv I	Möglichkeitsform in der Gegenwart
Konjunktiv II	Möglichkeitsform in der Vergangenheit
Konsonant	Mitlaut
Modalverb	Zeitwort der Art und Weise
Objekt	Ergänzung
Orthografie	Rechtschreibung
Partizip I	Mittelwort der Gegenwart
Partizip II	Mittelwort der Vergangenheit
Passiv	Leideform
Perfekt	vollendete Gegenwart
Personalpronomen	persönliches Fürwort
Plural	Mehrzahl
Plusquamperfekt	Vorvergangenheit
Prädikat	Satzaussage
Präfix	Vorsilbe
Präsens	Gegenwart
Präteritum	unvollendete Vergangenheit
reflexives Verb	rückbezügliches Zeitwort
Reflexivpronomen	rückbezügliches Fürwort
Singular	Einzahl
Subjekt	Satzgegenstand
Tempus	Zeitform
transitives Verb	Tätigkeitswort mit Akkusativobjekt
Verb	Zeitwort
Vokal	Selbstlaut

1 haben

haben – hatte – gehabt

Indikativ

Präsens	Perfekt	Futur I
ich habe	ich habe gehabt	ich werde haben
du **hast**	du hast gehabt	du wirst haben
er **hat**	er hat gehabt	er wird haben
wir haben	wir haben gehabt	wir werden haben
ihr habt	ihr habt gehabt	ihr werdet haben
sie haben	sie haben gehabt	sie werden haben

Präteritum	Plusquamperfekt	Futur II
ich **hatt**e	ich hatte gehabt	ich werde gehabt haben
du **hatt**est	du hattest gehabt	du wirst gehabt haben
er **hatt**e	er hatte gehabt	er wird gehabt haben
wir **hatt**en	wir hatten gehabt	wir werden gehabt haben
ihr **hatt**et	ihr hattet gehabt	ihr werdet gehabt haben
sie **hatt**en	sie hatten gehabt	sie werden gehabt haben

Konjunktiv

Präsens	Perfekt	Futur I
ich habe	ich habe gehabt	ich werde haben
du habest	du habest gehabt	du werdest haben
er habe	er habe gehabt	er werde haben
wir haben	wir haben gehabt	wir werden haben
ihr habet	ihr habet gehabt	ihr werdet haben
sie haben	sie haben gehabt	sie werden haben

Präteritum	Plusquamperfekt	Futur II
ich **hätt**e	ich hätte gehabt	ich werde gehabt haben
du **hätt**est	du hättest gehabt	du werdest gehabt haben
er **hätt**e	er hätte gehabt	er werde gehabt haben
wir **hätt**en	wir hätten gehabt	wir werden gehabt haben
ihr **hätt**et	ihr hättet gehabt	ihr werdet gehabt haben
sie **hätt**en	sie hätten gehabt	sie werden gehabt haben

Infinitiv

Präsens

haben

Perfekt

gehabt haben

Partizip

Partizip I

habend

Partizip II

gehabt

Imperativ

hab(e) (du)
haben wir
habt (ihr)
haben Sie

Beispiele und Wendungen

Anna hat viele Schuhe.
Tim und Tina Müller haben eine Katze und einen Hamster.

Angst haben	*sich fürchten*
Spaß haben	*sich amüsieren*
Hunger haben	*hungrig sein*
Durst haben	*durstig sein*
eine Idee haben	*denken, sich etw. ausdenken*
Grippe / Schnupfen haben	*an Grippe / Schnupfen leiden*
etwas dagegen haben	*etwas nicht wollen*
etwas davon haben	*von etwas profitieren*
Er hat es gut.	*Er ist in einer guten Lage.*
Ich habe viel zu tun.	*Ich habe viel Arbeit.*
Ich habe es satt.	*Ich will das nicht länger.*
Ich hab's!	*Ich weiß es jetzt!*

Besonderheiten

Haben wird häufig als Hilfsverb zur Bildung der zusammengesetzten Zeiten (Perfekt, Plusquamperfekt, Futur II) verwendet.

z. B. Hast du dieses Buch schon gelesen?
Bevor ich etwas sagen konnte, hatte Marie die Tür schon geschlossen.
Vielleicht werde ich diese Arbeit morgen bereits erledigt haben.

Tipp

Die Wendung **ich hätte gern** bedeutet dasselbe wie *ich möchte* oder *ich will*, ist aber höflicher.

z. B. Ich hätte gern zwei Kilo Bananen.

2 sein

sein – war – gewesen

Indikativ

Präsens	Perfekt	Futur I
ich **bin**	ich bin gewesen	ich werde sein
du **bist**	du bist gewesen	du wirst sein
er **ist**	er ist gewesen	er wird sein
wir **sind**	wir sind gewesen	wir werden sein
ihr **seid**	ihr seid gewesen	ihr werdet sein
sie **sind**	sie sind gewesen	sie werden sein

Präteritum	Plusquamperfekt	Futur II
ich **war**	ich war gewesen	ich werde gewesen sein
du **war**st	du warst gewesen	du wirst gewesen sein
er **war**	er war gewesen	er wird gewesen sein
wir **war**en	wir waren gewesen	wir werden gewesen sein
ihr **war**t	ihr wart gewesen	ihr werdet gewesen sein
sie **war**en	sie waren gewesen	sie werden gewesen sein

Konjunktiv

Präsens	Perfekt	Futur I
ich sei	ich sei gewesen	ich werde sein
du sei(e)st	du sei(e)st gewesen	du werdest sein
er sei	er sei gewesen	er werde sein
wir seien	wir seien gewesen	wir werden sein
ihr sei(e)t	ihr sei(e)t gewesen	ihr werdet sein
sie seien	sie seien gewesen	sie werden sein

Präteritum	Plusquamperfekt	Futur II
ich **wäre**	ich wäre gewesen	ich werde gewesen sein
du **wär**(e)st	du wär(e)st gewesen	du werdest gewesen sein
er **wäre**	er wäre gewesen	er werde gewesen sein
wir **wär**en	wir wären gewesen	wir werden gewesen sein
ihr **wär**(e)t	ihr wär(e)t gewesen	ihr werdet gewesen sein
sie **wär**en	sie wären gewesen	sie werden gewesen sein

Infinitiv

Präsens

sein

Perfekt

gewesen sein

Partizip

Partizip I

seiend

Partizip II

ge**wes**en

Imperativ

sei (du)
seien wir
seid (ihr)
seien Sie

Beispiele und Wendungen

Dina ist hübsch.
Abends war das Geschäft geschlossen.
Früher sind wir manchmal in den Wald gegangen.

jmdm. ist (es) kalt	*jmd. friert*
jmdm. ist (es) schlecht	*jmd. fühlt sich schlecht*
etwas ist zu tun	*etwas muss gemacht werden*
es sei denn ...	*außer, wenn ...*
wie dem auch sei ...	*egal wie es ist ...*
Es ist heiß.	*Das Wetter / die Temperatur ist heiß.*
Es ist Punkt zwölf.	*Die Uhrzeit ist zwölf Uhr.*
Er ist Lehrer.	*Sein Beruf ist Lehrer.*
Das Konzert ist um acht.	*Das Konzert beginnt um acht Uhr.*
Es ist viel zu tun.	*Wir müssen viel machen.*

Besonderheiten

Sein wird nicht nur als Vollverb, sondern auch als Hilfsverb gebraucht. Als Hilfsverb verwendet man *sein* bei manchen Verben (v.a. Verben der Bewegung oder Zustandsänderung) zur Bildung der zusammengesetzten Zeiten. Außerdem benutzt man es zur Bildung des Zustandspassivs.

z. B.	Dieser Pullover ist rot.	(Vollverb)
	Wir sind nach Italien gefahren.	(Perfekt)
	Dieses Bild ist bereits verkauft.	(Zustandspassiv)

Vorsicht, das Verb **sein** kann man im Infinitiv leicht mit dem Possessivpronomen **sein** verwechseln!

z. B.	Herr Müller wäscht sein Auto.	(Possessivpronomen)
	Das Auto muss immer sauber sein.	(Verb im Infinitiv)

3 werden

Stammvokalwechsel **e - u - o**

werden - wurde - worden/geworden

Indikativ

Präsens	Perfekt	Futur I
ich werde	ich bin (ge)worden	ich werde werden
du **wirst**	du bist (ge)worden	du wirst werden
er **wird**	er ist (ge)worden	er wird werden
wir werden	wir sind (ge)worden	wir werden werden
ihr werd**e**t	ihr seid (ge)worden	ihr werdet werden
sie werden	sie sind (ge)worden	sie werden werden

Präteritum	Plusquamperfekt	Futur II
ich w**u**rde	ich war (ge)worden	ich werde (ge)worden sein
du w**u**rd**e**st	du warst (ge)worden	du wirst (ge)worden sein
er w**u**rde	er war (ge)worden	er wird (ge)worden sein
wir w**u**rden	wir waren (ge)worden	wir werden (ge)worden sein
ihr w**u**rd**e**t	ihr wart (ge)worden	ihr werdet (ge)worden sein
sie w**u**rden	sie waren (ge)worden	sie werden (ge)worden sein

Konjunktiv

Präsens	Perfekt	Futur I
ich werde	ich sei (ge)worden	ich werde werden
du werdest	du sei(e)st (ge)worden	du werdest werden
er werde	er sei (ge)worden	er werde werden
wir werden	wir seien (ge)worden	wir werden werden
ihr werdet	ihr sei(e)t (ge)worden	ihr werdet werden
sie werden	sie seien (ge)worden	sie werden werden

Präteritum	Plusquamperfekt	Futur II
ich w**ü**rde	ich wäre (ge)worden	ich werde (ge)worden sein
du w**ü**rdest	du wär(e)st (ge)worden	du werdest (ge)worden sein
er w**ü**rde	er wäre (ge)worden	er werde (ge)worden sein
wir w**ü**rden	wir wären (ge)worden	wir werden (ge)worden sein
ihr w**ü**rdet	ihr wär(e)t (ge)worden	ihr werdet (ge)worden sein
sie w**ü**rden	sie wären (ge)worden	sie werden (ge)worden sein

Infinitiv

Präsens

werden

Perfekt

worden sein

Partizip

Partizip I

werdend

Partizip II

w**o**rden / gew**o**rden

Imperativ

werd(e) (du)
werden wir
werdet (ihr)
werden Sie

Beispiele und Wendungen

Das Auto wird oft gewaschen.
Wenn du zu viel Schokolade isst, wirst du dick.
Was willst du werden, wenn du groß bist? Astronaut oder Taxifahrer?

Es wird Frühling.	*Der Frühling kommt.*
Es wird spät.	*Etwas dauert länger.*
Er wird 40.	*Er hat bald 40. Geburtstag.*
Mir wird kalt.	*Ich beginne zu frieren.*
Die Raupe wird zum Schmetterling.	*Die Raupe entwickelt sich zum Schmetterling.*
Was möchtest du einmal werden?	*Welchen Beruf willst du einmal haben?*
Das wird schon wieder.	*Alles wird okay sein.*
Daraus wird nichts.	*Das wird nicht passieren / gemacht.*
Der Kuchen ist etwas geworden.	*Der Kuchen ist gut gelungen.*

Besonderheiten

werden wird nicht nur als Vollverb, sondern auch als Hilfsverb verwendet. Als Hilfsverb braucht man *werden*, um Geschehen in der Zukunft zu beschreiben (Futur I und II) sowie zur Bildung des Vorgangspassivs.

z. B. Langsam wird es dunkel. (Vollverb)
Ich werde dich gleich morgen früh anrufen. (Futur I)
Das Büro wird jeden Tag geputzt. (Vorgangspassiv)

Beim Hilfsverb lautet das Partizip **worden**.

z. B. Das Büro ist gerade geputzt worden.

Beim Vollverb lautet das Partizip **geworden.**

z. B. Tanja ist gestern 30 geworden.

4 spielen

spielen – spielte – gespielt

Indikativ

Präsens	Perfekt	Futur I
ich spiele	ich habe gespielt	ich werde spielen
du spielst	du hast gespielt	du wirst spielen
er spielt	er hat gespielt	er wird spielen
wir spielen	wir haben gespielt	wir werden spielen
ihr spielt	ihr habt gespielt	ihr werdet spielen
sie spielen	sie haben gespielt	sie werden spielen

Präteritum	Plusquamperfekt	Futur II
ich spielte	ich hatte gespielt	ich werde gespielt haben
du spieltest	du hattest gespielt	du wirst gespielt haben
er spielte	er hatte gespielt	er wird gespielt haben
wir spielten	wir hatten gespielt	wir werden gespielt haben
ihr spieltet	ihr hattet gespielt	ihr werdet gespielt haben
sie spielten	sie hatten gespielt	sie werden gespielt haben

Konjunktiv

Präsens	Perfekt	Futur I
ich spiele	ich habe gespielt	ich werde spielen
du spielest	du habest gespielt	du werdest spielen
er spiele	er habe gespielt	er werde spielen
wir spielen	wir haben gespielt	wir werden spielen
ihr spielet	ihr habet gespielt	ihr werdet spielen
sie spielen	sie haben gespielt	sie werden spielen

Präteritum	Plusquamperfekt	Futur II
ich spielte	ich hätte gespielt	ich werde gespielt haben
du spieltest	du hättest gespielt	du werdest gespielt haben
er spielte	er hätte gespielt	er werde gespielt haben
wir spielten	wir hätten gespielt	wir werden gespielt haben
ihr spieltet	ihr hättet gespielt	ihr werdet gespielt haben
sie spielten	sie hätten gespielt	sie werden gespielt haben

Infinitiv

Präsens

spiel**en**

Perfekt

gespielt haben

Partizip

Partizip I

spiel**end**

Partizip II

gespiel**t**

Imperativ

spiel**(e)** (du)
spiel**en** wir
spiel**t** (ihr)
spiel**en** Sie

Beispiele und Wendungen

David spielt Fußball.
In diesem Film spielt Mel Gibson den Hamlet.
Mein Bruder spielt gerne Schach, ich spiele lieber Karten.
Maria ist sehr musikalisch. Sie spielt Geige, Klavier und Gitarre.

keine Rolle spielen	*nicht wichtig sein*
eine große Rolle spielen	*wichtig sein*
Der Film spielt in Mexiko.	*Die Handlung des Films ist in Mexiko.*

Weitere Verben

bauen – brauchen – kämpfen – hören – hoffen – machen – rauchen

einen Moment brauchen	*etwas Zeit benötigen*
das Essen machen	*das Essen kochen oder zubereiten*
sich Sorgen machen	*Angst haben, dass etwas passiert*
Das macht keinen Sinn.	*Das ist nicht logisch.*
Das macht 10 Euro.	*Das kostet 10 Euro.*

Besonderheiten

Spielen ist ein Beispiel für ein regelmäßiges Verb – die meisten Verben im Deutschen gehören zu dieser Gruppe. Alle regelmäßigen Verben haben die gleichen einfachen Formen für das Präteritum und für das Partizip.

Tipp

Prägen Sie sich dieses Verb gut ein. Wenn Sie die Formen beherrschen, können Sie jedes beliebige regelmäßige Verb konjugieren, ohne dafür eigene Formen lernen zu müssen.

5 singen

Stammvokalwechsel **i - a - u**

singen – sang – gesungen

Indikativ

Präsens	Perfekt	Futur I
ich singe	ich habe gesungen	ich werde singen
du singst	du hast gesungen	du wirst singen
er singt	er hat gesungen	er wird singen
wir singen	wir haben gesungen	wir werden singen
ihr singt	ihr habt gesungen	ihr werdet singen
sie singen	sie haben gesungen	sie werden singen

Präteritum	Plusquamperfekt	Futur II
ich s**a**ng	ich hatte gesungen	ich werde gesungen haben
du s**a**ng(e)st	du hattest gesungen	du wirst gesungen haben
er s**a**ng	er hatte gesungen	er wird gesungen haben
wir s**a**ngen	wir hatten gesungen	wir werden gesungen haben
ihr s**a**ng(e)t	ihr hattet gesungen	ihr werdet gesungen haben
sie s**a**ngen	sie hatten gesungen	sie werden gesungen haben

Konjunktiv

Präsens	Perfekt	Futur I
ich singe	ich habe gesungen	ich werde singen
du singest	du habest gesungen	du werdest singen
er singe	er habe gesungen	er werde singen
wir singen	wir haben gesungen	wir werden singen
ihr singet	ihr habet gesungen	ihr werdet singen
sie singen	sie haben gesungen	sie werden singen

Präteritum	Plusquamperfekt	Futur II
ich s**ä**nge	ich hätte gesungen	ich werde gesungen haben
du s**ä**ngest	du hättest gesungen	du werdest gesungen haben
er s**ä**nge	er hätte gesungen	er werde gesungen haben
wir s**ä**ngen	wir hätten gesungen	wir werden gesungen haben
ihr s**ä**nget	ihr hättet gesungen	ihr werdet gesungen haben
sie s**ä**ngen	sie hätten gesungen	sie werden gesungen haben

Infinitiv

Präsens

sing**en**

Perfekt

gesungen haben

Partizip

Partizip I

sing**end**

Partizip II

gesung**en**

Imperativ

sing**(e)** (du)
sing**en** wir
sing**t** (ihr)
sing**en** Sie

Beispiele und Wendungen

Die Vögel singen im Garten.
Lina kann sehr schön singen.
Am Ende der Feier sang der Chor noch ein paar schöne Lieder.

im Chor singen	*in einer Gruppe singen*
in den Schlaf singen	*durch Gesang zum Einschlafen bringen*
(beim Verhör) singen	*aussagen, jmdn. belasten* (umg.)

Weitere Verben

besingen - mit•singen - nach•singen - vor•singen

etwas besingen	*etwas loben, positiv darstellen*
Alle singen mit.	*Alle singen gemeinsam.*
Die Schüler singen das Lied nach.	*Die Schüler wiederholen das Lied.*
jmdm. ein Lied vorsingen	*so singen, dass jmd. das Lied lernt*

Tipp

Wenn Sie musikalisch sind, hilft es Ihnen vielleicht, wenn Sie kleine Melodien erfinden und sich die Konjugationsmuster oder die Formen mit den Stammvokalwechseln vorsingen. Experimentieren Sie mit Tonhöhe und Rhythmus, oder probieren Sie einen Rap - so prägen Sie sich vor allem häufige Muster gut ein.

Mehrere Verben bestehen aus dem Wort **singen** und einer Vorsilbe (z. B. **vor**singen, **mit**singen). Lernen Sie diese gleich zusammen. Genauso können Sie es auch bei vielen anderen Verben machen und damit gut und schnell Ihren Wortschatz erweitern (z. B. bieten - **an**bieten, **ver**bieten usw.).

6 aus•suchen

Verb mit trennbarem Präfix

aussuchen – suchte aus – ausgesucht

Indikativ

Präsens			Perfekt			Futur I		
ich	suche	**aus**	ich	habe	**aus**gesucht	ich	werde	**aus**suchen
du	suchst	**aus**	du	hast	**aus**gesucht	du	wirst	**aus**suchen
er	sucht	**aus**	er	hat	**aus**gesucht	er	wird	**aus**suchen
wir	suchen	**aus**	wir	haben	**aus**gesucht	wir	werden	**aus**suchen
ihr	sucht	**aus**	ihr	habt	**aus**gesucht	ihr	werdet	**aus**suchen
sie	suchen	**aus**	sie	haben	**aus**gesucht	sie	werden	**aus**suchen

Präteritum			Plusquamperfekt			Futur II		
ich	suchte	**aus**	ich	hatte	**aus**gesucht	ich	werde	**aus**gesucht haben
du	suchtest	**aus**	du	hattest	**aus**gesucht	du	wirst	**aus**gesucht haben
er	suchte	**aus**	er	hatte	**aus**gesucht	er	wird	**aus**gesucht haben
wir	suchten	**aus**	wir	hatten	**aus**gesucht	wir	werden	**aus**gesucht haben
ihr	suchtet	**aus**	ihr	hattet	**aus**gesucht	ihr	werdet	**aus**gesucht haben
sie	suchten	**aus**	sie	hatten	**aus**gesucht	sie	werden	**aus**gesucht haben

Konjunktiv

Präsens			Perfekt			Futur I		
ich	suche	**aus**	ich	habe	**aus**gesucht	ich	werde	**aus**suchen
du	suchest	**aus**	du	habest	**aus**gesucht	du	werdest	**aus**suchen
er	suche	**aus**	er	habe	**aus**gesucht	er	werde	**aus**suchen
wir	suchen	**aus**	wir	haben	**aus**gesucht	wir	werden	**aus**suchen
ihr	suchet	**aus**	ihr	habet	**aus**gesucht	ihr	werdet	**aus**suchen
sie	suchen	**aus**	sie	haben	**aus**gesucht	sie	werden	**aus**suchen

Präteritum			Plusquamperfekt			Futur II		
ich	suchte	**aus**	ich	hätte	**aus**gesucht	ich	werde	**aus**gesucht haben
du	suchtest	**aus**	du	hättest	**aus**gesucht	du	werdest	**aus**gesucht haben
er	suchte	**aus**	er	hätte	**aus**gesucht	er	werde	**aus**gesucht haben
wir	suchten	**aus**	wir	hätten	**aus**gesucht	wir	werden	**aus**gesucht haben
ihr	suchtet	**aus**	ihr	hättet	**aus**gesucht	ihr	werdet	**aus**gesucht haben
sie	suchten	**aus**	sie	hätten	**aus**gesucht	sie	werden	**aus**gesucht haben

Infinitiv

Präsens

aussuchen

Perfekt

ausgesucht haben

Partizip

Partizip I

aussuchend

Partizip II

ausgesucht

Imperativ

such(e)	(du)	**aus**
suchen	wir	**aus**
sucht	(ihr)	**aus**
suchen	Sie	**aus**

Beispiele und Wendungen

Maria sucht sich ein neues Kleid aus.
Nehmen Sie, was Sie wollen: Sie können sich etwas aussuchen!

Such dir etwas aus! *Wähle etwas aus!*

Weitere Verben

ab•holen - an•schauen - mit•spielen - nach•machen - zu•hören

Ich hole dich heute Abend ab. *Ich komme zu dir, dann gehen wir los.*
Wir schauen einen Film an. *Wir sehen einen Film.*
Da spiele ich nicht mit! *Da mache ich nicht mit!*
Kannst du das nachmachen? *Kannst du das imitieren?*
Hör bitte gut zu! *Achte genau auf das, was ich sage!*

Besonderheiten

aus•suchen ist ein Beispiel für ein regelmäßiges Verb mit einem trennbaren Präfix. Das Präfix steht meist vom Verb getrennt am Ende des Satzes.

z. B. Die Kinder suchten die schönste Katze aus.

Beim Partizip II geht das Präfix **aus** an den Beginn des Wortes. Es steht also vor dem Präfix **ge-**, das zum Partizip gehört: **aus•ge•sucht**

z. B. Welches Buch hast du ausgesucht?

Tipp

Viele Präfixe sind trennbar. Die wichtigsten sind: ab-, an-, auf-, aus-, bei-, ein-, mit-, nach-, vor- und zu-.

7 sich sehnen

Reflexives Verb mit Reflexivpronomen im Akkusativ

Indikativ

Präsens	Perfekt	Futur I
ich sehne **mich**	ich habe **mich** gesehnt	ich werde **mich** sehnen
du sehnst **dich**	du hast **dich** gesehnt	du wirst **dich** sehnen
er sehnt **sich**	er hat **sich** gesehnt	er wird **sich** sehnen
wir sehnen **uns**	wir haben **uns** gesehnt	wir werden **uns** sehnen
ihr sehnt **euch**	ihr habt **euch** gesehnt	ihr werdet **euch** sehnen
sie sehnen **sich**	sie haben **sich** gesehnt	sie werden **sich** sehnen

Präteritum	Plusquamperfekt	Futur II
ich sehnte **mich**	ich hatte **mich** gesehnt	ich werde **mich** gesehnt haben
du sehntest **dich**	du hattest **dich** gesehnt	du wirst **dich** gesehnt haben
er sehnte **sich**	er hatte **sich** gesehnt	er wird **sich** gesehnt haben
wir sehnten **uns**	wir hatten **uns** gesehnt	wir werden **uns** gesehnt haben
ihr sehntet **euch**	ihr hattet **euch** gesehnt	ihr werdet **euch** gesehnt haben
sie sehnten **sich**	sie hatten **sich** gesehnt	sie werden **sich** gesehnt haben

Konjunktiv

Präsens	Perfekt	Futur I
ich sehne **mich**	ich habe **mich** gesehnt	ich werde **mich** sehnen
du sehnest **dich**	du habest **dich** gesehnt	du werdest **dich** sehnen
er sehne **sich**	er habe **sich** gesehnt	er werde **sich** sehnen
wir sehnen **uns**	wir haben **uns** gesehnt	wir werden **uns** sehnen
ihr sehnet **euch**	ihr habet **euch** gesehnt	ihr werdet **euch** sehnen
sie sehnen **sich**	sie haben **sich** gesehnt	sie werden **sich** sehnen

Präteritum	Plusquamperfekt	Futur II
ich sehnte **mich**	ich hätte **mich** gesehnt	ich werde **mich** gesehnt haben
du sehntest **dich**	du hättest **dich** gesehnt	du werdest **dich** gesehnt haben
er sehnte **sich**	er hätte **sich** gesehnt	er werde **sich** gesehnt haben
wir sehnten **uns**	wir hätten **uns** gesehnt	wir werden **uns** gesehnt haben
ihr sehntet **euch**	ihr hättet **euch** gesehnt	ihr werdet **euch** gesehnt haben
sie sehnten **sich**	sie hätten **sich** gesehnt	sie werden **sich** gesehnt haben

Infinitiv

Präsens

sich sehnen

Perfekt

sich gesehnt haben

Partizip

Partizip I

sich sehnend

Partizip II

sich gesehnt

Imperativ

sehn(e) **dich**
sehnen **wir** uns
sehnt **euch**
sehnen Sie **sich**

Beispiele und Wendungen

Romeo sehnt sich nach Julia.
Der Pinguin im Zoo sehnt sich nach der Antarktis.

sich nach etwas sehnen	*etwas vermissen*
Ich sehne mich nach Urlaub.	*Ich wünsche mir dringend Urlaub.*
Er sehnt sich nach Ruhe.	*Er wünscht sich, dass es still ist.*
Sie hat sich nach ihrer Heimat gesehnt.	*Sie hatte Heimweh.*

Weitere Verben

sich erinnern - sich freuen - sich irren - sich verspäten - sich wundern

Ich erinnere mich genau.	*Ich weiß noch genau, wie das war.*
sich über etwas freuen	*wegen etwas glücklich sein*
Du irrst dich!	*Du hast nicht recht!*
Wenn ich mich nicht irre, ...	*Wenn ich das richtig sehe, ...*
sich zu einem Termin verspäten	*zu einem Termin zu spät kommen*
Das würde mich wundern.	*Ich glaube nicht, dass das stimmt.*

Tipp

sich sehnen braucht das Reflexivpronomen im Akkusativ. Wenn Sie nur den Infinitiv lernen, können Sie es leicht mit einem Verb mit dem Reflexivpronomen im Dativ (siehe *sich überlegen*) verwechseln. Lernen Sie daher am besten immer gleich einen Beispielsatz.

z. B. sich sehnen – Ich sehne mich nach dir!

Es gibt neben den sog. echten reflexiven Verben auch viele sog. unechte, bei denen anstelle des Reflexivpronomens auch etwas anderes stehen kann.

z. B. Ich bade mich. – Ich bade meinen Hund.

sich überlegen

Reflexives Verb mit Reflexivpronomen im Dativ

Indikativ

Präsens

ich	überlege	**mir**
du	überlegst	**dir**
er	überlegt	**sich**
wir	überlegen	**uns**
ihr	überlegt	**euch**
sie	überlegen	**sich**

Perfekt

ich	habe	**mir**	überlegt
du	hast	**dir**	überlegt
er	hat	**sich**	überlegt
wir	haben	**uns**	überlegt
ihr	habt	**euch**	überlegt
sie	haben	**sich**	überlegt

Futur I

ich	werde	**mir**	überlegen
du	wirst	**dir**	überlegen
er	wird	**sich**	überlegen
wir	werden	**uns**	überlegen
ihr	werdet	**euch**	überlegen
sie	werden	**sich**	überlegen

Präteritum

ich	überlegte	**mir**
du	überlegtest	**dir**
er	überlegte	**sich**
wir	überlegten	**uns**
ihr	überlegtet	**euch**
sie	überlegten	**sich**

Plusquamperfekt

ich	hatte	**mir**	überlegt
du	hattest	**dir**	überlegt
er	hatte	**sich**	überlegt
wir	hatten	**uns**	überlegt
ihr	hattet	**euch**	überlegt
sie	hatten	**sich**	überlegt

Futur II

ich	werde	**mir**	überlegt haben
du	wirst	**dir**	überlegt haben
er	wird	**sich**	überlegt haben
wir	werden	**uns**	überlegt haben
ihr	werdet	**euch**	überlegt haben
sie	werden	**sich**	überlegt haben

Konjunktiv

Präsens

ich	überlege	**mir**
du	überlegest	**dir**
er	überlege	**sich**
wir	überlegen	**uns**
ihr	überleget	**euch**
sie	überlegen	**sich**

Perfekt

ich	habe	**mir**	überlegt
du	habest	**dir**	überlegt
er	habe	**sich**	überlegt
wir	haben	**uns**	überlegt
ihr	habet	**euch**	überlegt
sie	haben	**sich**	überlegt

Futur I

ich	werde	**mir**	überlegen
du	werdest	**dir**	überlegen
er	werde	**sich**	überlegen
wir	werden	**uns**	überlegen
ihr	werdet	**euch**	überlegen
sie	werden	**sich**	überlegen

Präteritum

ich	überlegte	**mir**
du	überlegtest	**dir**
er	überlegte	**sich**
wir	überlegten	**uns**
ihr	überlegtet	**euch**
sie	überlegten	**sich**

Plusquamperfekt

ich	hätte	**mir**	überlegt
du	hättest	**dir**	überlegt
er	hätte	**sich**	überlegt
wir	hätten	**uns**	überlegt
ihr	hättet	**euch**	überlegt
sie	hätten	**sich**	überlegt

Futur II

ich	werde	**mir**	überlegt haben
du	werdest	**dir**	überlegt haben
er	werde	**sich**	überlegt haben
wir	werden	**uns**	überlegt haben
ihr	werdet	**euch**	überlegt haben
sie	werden	**sich**	überlegt haben

Infinitiv

Präsens

sich überlegen

Perfekt

sich überlegt haben

Partizip

Partizip I

sich überlegend

Partizip II

sich überlegt

Imperativ

überleg(e) **dir**
überlegen wir **uns**
überlegt **euch**
überlegen Sie **sich**

Beispiele und Wendungen

Ich habe mir alles genau überlegt.
Wir sollten uns bald überlegen, wohin wir in den Urlaub fahren wollen.

sich etwas überlegen	*über etwas nachdenken*
Das muss ich mir noch überlegen.	*Ich will noch darüber nachdenken.*
Hast du dir schon etwas überlegt?	*Hast du schon eine Idee?*

Weitere Verben

sich (etwas) an•schauen – sich (etwas) nehmen – sich (etwas) vor•nehmen

Ich schaue mir einen Film an.	*Ich sehe einen Film.*
sich für etwas Zeit nehmen	*etwas langsam und in Ruhe tun*
Er nimmt sich morgen frei.	*Er wird morgen Urlaub machen.*
Was hast du dir vorgenommen?	*Was hast du geplant?*

Tipp

sich überlegen braucht das Reflexivpronomen im Dativ. Wenn Sie nur den Infinitiv lernen, können Sie es leicht mit einem Verb mit dem Reflexivpronomen im Akkusativ (siehe *sich sehnen*) verwechseln. Lernen Sie daher am besten immer gleich einen Beispielsatz.

z. B. sich anschauen – Ich schaue mich im Spiegel an.
– Ich schaue mir einen Film an.

Bei den sog. echten reflexiven Verben muss immer das Reflexivpronomen für die jeweilige Person stehen. Es lässt sich nicht ersetzen.
Neben den echten reflexiven Verben gibt es aber auch viele sog. unechte, bei denen anstelle dieses Pronomens auch etwas anderes stehen kann.

z. B. Ich koche mir Tee. – Ich koche dir Tee.

9 geliebt werden

Indikativ

Präsens

ich **werde** geliebt
du **wirst** geliebt
er **wird** geliebt
wir **werden** geliebt
ihr **werdet** geliebt
sie **werden** geliebt

Perfekt

ich **bin** geliebt **worden**
du **bist** geliebt **worden**
er **ist** geliebt **worden**
wir **sind** geliebt **worden**
ihr **seid** geliebt **worden**
sie **sind** geliebt **worden**

Futur I

ich **werde** geliebt **werden**
du **wirst** geliebt **werden**
er **wird** geliebt **werden**
wir **werden** geliebt **werden**
ihr **werdet** geliebt **werden**
sie **werden** geliebt **werden**

Präteritum

ich **wurde** geliebt
du **wurdest** geliebt
er **wurde** geliebt
wir **wurden** geliebt
ihr **wurdet** geliebt
sie **wurden** geliebt

Plusquamperfekt

ich **war** geliebt **worden**
du **warst** geliebt **worden**
er **war** geliebt **worden**
wir **waren** geliebt **worden**
ihr **wart** geliebt **worden**
sie **waren** geliebt **worden**

Futur II

ich **werde** geliebt **worden sein**
du **wirst** geliebt **worden sein**
er **wird** geliebt **worden sein**
wir **werden** geliebt **worden sein**
ihr **werdet** geliebt **worden sein**
sie **werden** geliebt **worden sein**

Konjunktiv

Präsens

ich **werde** geliebt
du **werdest** geliebt
er **werde** geliebt
wir **werden** geliebt
ihr **werdet** geliebt
sie **werden** geliebt

Perfekt

ich **sei** geliebt **worden**
du **sei(e)st** geliebt **worden**
er **sei** geliebt **worden**
wir **seien** geliebt **worden**
ihr **sei(e)t** geliebt **worden**
sie **seien** geliebt **worden**

Futur I

ich **werde** geliebt **werden**
du **werdest** geliebt **werden**
er **werde** geliebt **werden**
wir **werden** geliebt **werden**
ihr **werdet** geliebt **werden**
sie **werden** geliebt **werden**

Präteritum

ich **würde** geliebt
du **würdest** geliebt
er **würde** geliebt
wir **würden** geliebt
ihr **würdet** geliebt
sie **würden** geliebt

Plusquamperfekt

ich **wäre** geliebt **worden**
du **wär(e)st** geliebt **worden**
er **wäre** geliebt **worden**
wir **wären** geliebt **worden**
ihr **wär(e)t** geliebt **worden**
sie **wären** geliebt **worden**

Futur II

ich **werde** geliebt **worden sein**
du **werdest** geliebt **worden sein**
er **werde** geliebt **worden sein**
wir **werden** geliebt **worden sein**
ihr **werdet** geliebt **worden sein**
sie **werden** geliebt **worden sein**

Infinitiv

Präsens

geliebt **werden**

Perfekt

geliebt **worden sein**

Partizip

Partizip I

geliebt **werdend**

Partizip II

geliebt **worden**

Imperativ

—
—
—
—

Beispiele und Wendungen

Die Queen wurde von vielen Menschen sehr geliebt.

Wie wird das gemacht?	*Wie funktioniert das?*
Der Fisch wird gebacken.	*Zur Zubereitung bäckt man den Fisch.*
Wird erledigt!	*Ich mache das!*
Plastik wird aus Erdöl gewonnen.	*Man macht Plastik aus Erdöl.*
Fenster werden aus Glas gemacht.	*Man stellt Fenster aus Glas her.*
1898 wurde das Polonium entdeckt.	*1898 entdeckte Marie Curie das Polonium.*
Wann wurde das Penicillin erfunden?	*Wann erfand jemand das Penicillin?*
Das wird gern genommen.	*Das ist sehr beliebt.*
Das wird mit Sahne gegessen.	*Die meisten Leute essen das mit Sahne.*
An Ostern werden Eier versteckt.	*Es ist üblich, an Ostern Eier zu verstecken.*
Es wird erzählt, dass …	*Die Leute sagen, dass …*
Darüber wurde lange gesprochen.	*Das war lange ein wichtiges Thema.*
Der Verstorbene wird beerdigt.	*Er ist gestorben und erhält nun ein Begräbnis.*
Die Ergebnisse werden veröffentlicht.	*Man macht die Ergebnisse öffentlich.*
Hier wird nicht geraucht!	*Rauchen ist hier verboten!*
Die Lottozahlen werden gezogen.	*Lottozahlen werden durch eine Maschine ausgesucht.*
Die Olympiasieger und -siegerinnen werden geehrt.	*Die Olympiasieger und -siegerinnen erhalten Ehrungen.*
Das Diplom wird hier anerkannt.	*Das Diplom hat hier Gültigkeit.*

Besonderheiten

geliebt werden ist ein Beispiel für das Vorgangspassiv. Das Vorgangspassiv wird immer mit **werden** und dem **Partizip II** gebildet.
Die meisten transitiven Verben, das heißt Verben, die eine Ergänzung im Akkusativ brauchen, können das Vorgangspassiv bilden.

verliebt sein

Indikativ

Präsens		Perfekt		Futur I	
ich **bin**	verliebt	ich **bin**	verliebt **gewesen**	ich **werde**	verliebt sein
du **bist**	verliebt	du **bist**	verliebt **gewesen**	du **wirst**	verliebt sein
er **ist**	verliebt	er **ist**	verliebt **gewesen**	er **wird**	verliebt sein
wir **sind**	verliebt	wir **sind**	verliebt **gewesen**	wir **werden**	verliebt sein
ihr **seid**	verliebt	ihr **seid**	verliebt **gewesen**	ihr **werdet**	verliebt sein
sie **sind**	verliebt	sie **sind**	verliebt **gewesen**	sie **werden**	verliebt sein

Präteritum		Plusquamperfekt		Futur II	
ich **war**	verliebt	ich **war**	verliebt **gewesen**	ich **werde**	verliebt **gewesen sein**
du **warst**	verliebt	du **warst**	verliebt **gewesen**	du **wirst**	verliebt **gewesen sein**
er **war**	verliebt	er **war**	verliebt **gewesen**	er **wird**	verliebt **gewesen sein**
wir **waren**	verliebt	wir **waren**	verliebt **gewesen**	wir **werden**	verliebt **gewesen sein**
ihr **wart**	verliebt	ihr **wart**	verliebt **gewesen**	ihr **werdet**	verliebt **gewesen sein**
sie **waren**	verliebt	sie **waren**	verliebt **gewesen**	sie **werden**	verliebt **gewesen sein**

Konjunktiv

Präsens		Perfekt		Futur I	
ich **sei**	verliebt	ich **sei**	verliebt **gewesen**	ich **werde**	verliebt sein
du **sei(e)st**	verliebt	du **sei(e)st**	verliebt **gewesen**	du **werdest**	verliebt sein
er **sei**	verliebt	er **sei**	verliebt **gewesen**	er **werde**	verliebt sein
wir **seien**	verliebt	wir **seien**	verliebt **gewesen**	wir **werden**	verliebt sein
ihr **sei(e)t**	verliebt	ihr **sei(e)t**	verliebt **gewesen**	ihr **werdet**	verliebt sein
sie **seien**	verliebt	sie **seien**	verliebt **gewesen**	sie **seien**	verliebt sein

Präteritum		Plusquamperfekt		Futur II	
ich **wäre**	verliebt	ich **wäre**	verliebt **gewesen**	ich **werde**	verliebt **gewesen sein**
du **wär(e)st**	verliebt	du **wär(e)st**	verliebt **gewesen**	du **werdest**	verliebt **gewesen sein**
er **wäre**	verliebt	er **wäre**	verliebt **gewesen**	er **werde**	verliebt **gewesen sein**
wir **wären**	verliebt	wir **wären**	verliebt **gewesen**	wir **werden**	verliebt **gewesen sein**
ihr **wär(e)t**	verliebt	ihr **wär(e)t**	verliebt **gewesen**	ihr **werdet**	verliebt **gewesen sein**
sie **wären**	verliebt	sie **wären**	verliebt **gewesen**	sie **werden**	verliebt **gewesen sein**

Infinitiv

Präsens

verliebt **sein**

Perfekt

verliebt **gewesen sein**

Partizip

Partizip I

verliebt **seiend**

Partizip II

verliebt **gewesen**

Imperativ

sei	(du)	verliebt
seien	wir	verliebt
seid	(ihr)	verliebt
seien	Sie	verliebt

Beispiele und Wendungen

Das Bild war zwei Tage zuvor verkauft worden.
Nach vierzig Jahren Ehe ist er immer noch in seine Frau verliebt.

in jmdn. verliebt sein	*jmdn. lieben*
verboten sein	*etwas darf nicht getan werden*
verletzt sein	*jmd. hat eine Verletzung*
gelogen sein	*unwahr sein*
Die Tür ist geschlossen.	*Die Tür ist zu.*
Die Aufgabe ist erledigt.	*Die Aufgabe wurde zu Ende gemacht.*
Das Problem ist gelöst.	*Jemand hat eine Lösung gefunden.*
Der Koffer ist gepackt.	*Die Sachen sind im Koffer.*
Der Brief ist adressiert.	*Die Adresse steht auf dem Brief.*
Er ist verheiratet.	*Er hat eine Ehefrau oder einen Ehemann.*

Besonderheiten

Das Zustandspassiv wird immer mit einer Form von **sein** und dem **Partizip II** gebildet. Es beschreibt das (statische) Ergebnis einer Handlung, nicht die Handlung selbst.

z. B. Das Haus wird gebaut. (*Vorgangspassiv*)
→ Die Aktion des Bauens ist wichtig.
→ Das Haus ist noch nicht fertig.

Das Haus ist gebaut. (*Zustandspassiv*)
→ Das Ergebnis des Bauens ist wichtig.
→ Das Haus ist fertig.

Da es im Zustandspassiv auf das Ergebnis einer Handlung ankommt, nicht aber auf die Handlung selbst, gibt es fast nie eine handelnde Person. Stattdessen werden häufig andere Informationen (wo? woraus? worauf?) gegeben.

z. B. Das Haus ist ~~von Otto~~ gebaut.
Das Haus ist *aus Holz und Stein* gebaut.
Das Haus ist *im modernen Stil* gebaut.

11 ...

Orthografisch-lautliche Besonderheiten

Bei der Konjugation der verschiedenen Verbgruppen treten immer wieder bestimmte orthografisch-lautliche Besonderheiten auf.

11 e-Einschub bei Verben auf *-den* und *-ten*

Regelmäßige Verben

reden

Indikativ Präsens	Indikativ Präteritum
ich rede	ich redete
du redest	du redetest
er redet	er redete
wir reden	wir redeten
ihr redet	ihr redetet
sie reden	sie redeten

Partizip II: geredet

arbeiten

Indikativ Präsens	Indikativ Präteritum
ich arbeite	ich arbeitete
du arbeitest	du arbeitetest
er arbeitet	er arbeitete
wir arbeiten	wir arbeiteten
ihr arbeitet	ihr arbeitet
sie arbeiten	sie arbeiteten

Partizip II: gearbeitet

Unregelmäßige Verben

reiten (ohne Vokaländerung im Präsens)

Indikativ Präsens	Indikativ Präteritum
ich reite	ich ritt
du reitest	du rittst
er reitet	er ritt
wir reiten	wir ritten
ihr reitet	ihr rittet
sie reiten	sie ritten

Partizip II: geritten

laden (mit Vokaländerung im Präsens)

Indikativ Präsens	Indikativ Präteritum
ich lade	ich lud
du lädst	du ludst
er lädt	er lud
wir laden	wir luden
ihr ladet	ihr ludet
sie laden	sie luden

Partizip II: geladen

12 e-Einschub bei Verben auf *-men* und *-nen*, deren Stamm auf einen Konsonanten (außer l, r, m, n) + m oder n endet

rechnen

Indikativ Präsens	Indikativ Präteritum
ich rechne	ich rechnete
du rechnest	du rechnetest
er rechnet	er rechnete
wir rechnen	wir rechneten
ihr rechnet	ihr rechnetet
sie rechnen	sie rechneten

Partizip II: gerechnet

atmen

Indikativ Präsens	Indikativ Präteritum
ich atme	ich atmete
du atmest	du atmetest
er atmet	er atmete
wir atmen	wir atmeten
ihr atmet	ihr atmetet
sie atmen	sie atmeten

Partizip II: geatmet

13 e-Einschub bei unregelmäßigen Verben auf *-sen*, *-ssen*, *-zen* und *-ßen*

Indikativ Präteritum

preisen	lassen	schmelzen	fließen
ich pries	ich ließ	ich schmolz	ich floss
du pries**e**st	du ließ**e**st	du schmolz**e**st	du floss**e**st
er pries	er ließ	er schmolz	er floss
wir priesen	wir ließen	wir schmolzen	wir flossen
ihr pries(e)t*	ihr ließ(e)t*	ihr schmolz(e)t*	ihr floss(e)t*
sie priesen	sie ließen	sie schmolzen	sie flossen

14 s-Ausfall bei Verben auf *-sen*, *-xen*, *-zen*, *-ssen* und *-ßen*

Indikativ Präsens

reisen	faxen	geizen	küssen	grüßen
ich reise	ich faxe	ich geize	ich küsse	ich grüße
du rei**st**	du fa**xt**	du gei**zt**	du kü**sst**	du grü**ßt**
er reist	er faxt	er geizt	er küsst	er grüßt
wir reisen	wir faxen	wir geizen	wir küssen	wir grüßen
ihr reist	ihr faxt	ihr geizt	ihr küsst	ihr grüßt
sie reisen	sie faxen	sie geizen	sie küssen	sie grüßen

15 e-Ausfall bei Verben auf *-eln* und *-ern*

klingeln		erinnern**	
Indikativ Präsens	Konjunktiv I	Indikativ Präsens	Konjunktiv I
ich klin**gl**e	ich klin**gl**e	ich erinn(e)re	ich erinnere
du klingelst	du klin**gl**est	du erinnerst	du erinnerest
er klingelt	er klin**gl**e	er erinnert	er erinnere
wir klinge**ln**	wir klin**gl**en	wir erinne**rn**	wir erinneren
ihr klingelt	ihr klin**gl**et	ihr erinnert	ihr erinneret
sie klinge**ln**	sie klin**gl**en	sie erinne**rn**	sie erinneren

Imperativ: klin**gl**e

Imperativ: erinn(e)re

* **e**-Einschub nur in gehobener Sprache

** Der **e**-Ausfall bei Verben auf -ern ist umgangssprachlich.

16 Konsonantendopplung bei unregelmäßigen Verben auf *-ten, -fen* und *-ßen*, deren Stammvokal sich von einem langen zu einem kurzen Vokal ändert

Infinitiv		Indikativ Präteritum	Partizip II
reiten	**ei → i**	ritt	geritten
greifen	**ei → i**	griff	gegriffen
beißen	**ei → i**	biss	gebissen

17 Ausfall des Doppelkonsonanten bei unregelmäßigen Verben auf *-tten, -ffen, -mmen, -llen* und *-ssen,* deren Stammvokal sich von einem kurzen zu einem langen Vokal ändert

Infinitiv		Indikativ Präteritum		Partizip II
treffen	**e → a**	traf	**a → o**	getroffen
kommen	**o → a**	kam	**a → o**	gekommen
fallen	**a → ie**	fiel	**ie → a**	gefallen
bitten	**i → a**	bat	**a → e**	gebeten
messen	**e → a**	maß	**a → e**	gemessen

Formale Besonderheiten

18 Verben auf *-ieren*

bilden das Partizip II ohne Präfix ge- und mit -t am Ende. In allen anderen Formen richten sie sich nach der regelmäßigen Konjugation (→ Nr. 4)

probieren
Indikativ Perfekt

ich	habe	probiert	wir	haben	probiert
du	hast	probiert	ihr	habt	probiert
er	hat	probiert	sie	haben	probiert

Nützliche Wendungen für Verben 11-18

Beispiele und Wendungen

Du **redest** oft mit Franziska.
Klaus **lädt** seine Freunde zur Party **ein**.
Ihr **reitet** auf euren Pferden durch den Wald.

über etwas **reden**	*etwas diskutieren*
Du hast gut **reden**!	*Das kannst du leicht behaupten!*
als Lehrer/in **arbeiten**	*von Beruf Lehrer/in sein*
an sich **arbeiten**	*versuchen, sich zu verbessern*
auf einem Esel **reiten**	*sich auf einem Esel tragen lassen*
eine Batterie **laden**	*eine Batterie mit Strom „füllen"*
Grüß dich!	*Hallo!*
Kisten in ein Auto **laden**	*Kisten in ein Auto stellen*
eine Datei **laden**	*eine Datei auf den Computer bringen*
jmdn. **einladen**	*jmdn. zu sich bitten*
jmdn. zu seinen Freunden/Freundinnen **rechnen**	*jmdn. als Freund/in sehen*
mit etwas **rechnen**	*etwas erwarten*
Der Patient **atmet** normal.	*Der Patient holt gleichmäßig Luft.*
etwas sein **lassen**	*etwas nicht tun*
Lass das!	*Hör auf damit!*
Der Verkehr **fließt**.	*Kein Stau, die Autos bewegen sich.*
Er **reist** gerne.	*Er fährt gerne weg.*
ein Dokument **faxen**	*ein Dokument per Faxgerät senden*
mit etwas **geizen**	*mit etwas übertrieben sparsam sein*
von jmdm. **grüßen**	*Grüße von jmdm. weitergeben*
bei jmdm. **klingeln**	*zu jmdm. gehen und an der Tür läuten*
jmdn. an etwas **erinnern**	*dafür sorgen, dass jmd. etwas nicht vergisst*
die Suppe **probieren**	*von der Suppe kosten*
probieren, etwas zu tun	*sich bemühen, etwas zu tun*

beginnen

Stammvokalwechsel **i – a – o**

beginnen – begann – begonnen

Indikativ

Präsens	Perfekt	Futur I
ich beginne	ich habe begonnen	ich werde beginnen
du beginnst	du hast begonnen	du wirst beginnen
er beginnt	er hat begonnen	er wird beginnen
wir beginnen	wir haben begonnen	wir werden beginnen
ihr beginnt	ihr habt begonnen	ihr werdet beginnen
sie beginnen	sie haben begonnen	sie werden beginnen

Präteritum	Plusquamperfekt	Futur II
ich begann	ich hatte begonnen	ich werde begonnen haben
du begannst	du hattest begonnen	du wirst begonnen haben
er begann	er hatte begonnen	er wird begonnen haben
wir begannen	wir hatten begonnen	wir werden begonnen haben
ihr begannt	ihr hattet begonnen	ihr werdet begonnen haben
sie begannen	sie hatten begonnen	sie werden begonnen haben

Konjunktiv

Präsens	Perfekt	Futur I
ich beginne	ich habe begonnen	ich werde beginnen
du beginnest	du habest begonnen	du werdest beginnen
er beginne	er habe begonnen	er werde beginnen
wir beginnen	wir haben begonnen	wir werden beginnen
ihr beginnet	ihr habet begonnen	ihr werdet beginnen
sie beginnen	sie haben begonnen	sie werden beginnen

Präteritum	Plusquamperfekt	Futur II
ich begänne / begönne*	ich hätte begonnen	ich werde begonnen haben
du begännest / begönnest*	du hättest begonnen	du werdest begonnen haben
er begänne / begönne*	er hätte begonnen	er werde begonnen haben
wir begännen / begönnen*	wir hätten begonnen	wir werden begonnen haben
ihr begännet / begönnet*	ihr hättet begonnen	ihr werdet begonnen haben
sie begännen / begönnen*	sie hätten begonnen	sie werden begonnen haben

Infinitiv

Präsens

beginnen

Perfekt

begonnen haben

Partizip

Partizip I

beginnend

Partizip II

begonnen

Imperativ

beginn(e) (du)
beginnen wir
beginnt (ihr)
beginnen Sie

* selten

Beispiele und Wendungen

Der Deutschkurs beginnt um neun Uhr.
Er begann einen Streit mit seinen Nachbarn.
Die Opernsängerin hatte soeben begonnen, ein Lied zu singen.

etwas beginnt	*etwas startet / fängt an*
ein Gespräch beginnen	*anfangen, mit jmdm. zu sprechen*
jmd. beginnt zu schreiben	*jmd. fängt an zu schreiben*
Lasst uns damit beginnen!	*Lasst uns damit anfangen!*

Weitere Verben

gewinnen - sinnen - spinnen

ein Spiel gewinnen	*bei einem Spiel besser sein und siegen*
einen Kampf gewinnen	*den Gegner / die Gegnerin besiegen*
Einfluss gewinnen	*für etwas wichtiger werden*
an Bedeutung gewinnen	*wichtiger werden*
Benzin gewinnt man aus Erdöl.	*Benzin wird aus Erdöl hergestellt.*
auf Rache sinnen	*über Rache nachdenken*
Wolle spinnen	*Fäden aus Wolle herstellen*
jmd. spinnt	*jmd. ist seltsam / erzählt Unsinn*
Spinnst du?	*Bist du verrückt?*

Besonderheiten

Verben, die im Infinitiv die Präfixe **ge-** oder **be-** haben (z. B. *gewinnen*), bilden das Partizip II ohne ein zusätzliches **ge-**.

z. B. ich beginne	→	ich habe be~~ge~~gonnen
du gewinnst	→	du hast ge~~ge~~wonnen

20 beißen

beißen – biss – gebissen

Stammvokalwechsel **ei – i – i**
s-Ausfall (siehe Nr. 14) / Konsonantendopplung (siehe Nr. 16) / **e**-Einschub (siehe Nr. 13)

Indikativ

Präsens	Perfekt	Futur I
ich beiße	ich habe gebissen	ich werde beißen
du beißt	du hast gebissen	du wirst beißen
er beißt	er hat gebissen	er wird beißen
wir beißen	wir haben gebissen	wir werden beißen
ihr beißt	ihr habt gebissen	ihr werdet beißen
sie beißen	sie haben gebissen	sie werden beißen

Präteritum	Plusquamperfekt	Futur II
ich b**iss**	ich hatte gebissen	ich werde gebissen haben
du b**iss**est	du hattest gebissen	du wirst gebissen haben
er b**iss**	er hatte gebissen	er wird gebissen haben
wir b**iss**en	wir hatten gebissen	wir werden gebissen haben
ihr b**iss**(e)t	ihr hattet gebissen	ihr werdet gebissen haben
sie b**iss**en	sie hatten gebissen	sie werden gebissen haben

Konjunktiv

Präsens	Perfekt	Futur I
ich beiße	ich habe gebissen	ich werde beißen
du beißest	du habest gebissen	du werdest beißen
er beiße	er habe gebissen	er werde beißen
wir beißen	wir haben gebissen	wir werden beißen
ihr beißet	ihr habet gebissen	ihr werdet beißen
sie beißen	sie haben gebissen	sie werden beißen

Präteritum	Plusquamperfekt	Futur II
ich b**iss**e	ich hätte gebissen	ich werde gebissen haben
du b**iss**est	du hättest gebissen	du werdest gebissen haben
er b**iss**e	er hätte gebissen	er werde gebissen haben
wir b**iss**en	wir hätten gebissen	wir werden gebissen haben
ihr b**iss**et	ihr hättet gebissen	ihr werdet gebissen haben
sie b**iss**en	sie hätten gebissen	sie werden gebissen haben

Infinitiv

Präsens

beißen

Perfekt

gebissen haben

Partizip

Partizip I

beißend

Partizip II

geb**iss**en

Imperativ

beiß(e) (du)
beißen wir
beißt (ihr)
beißen Sie

Beispiele und Wendungen

Keine Angst, der Hund beißt nicht.
Emmas Hund hat gestern den Briefträger gebissen.

jmdn. beißen	*jmdn. mit den Zähnen verletzen*
in ein Brot beißen	*beginnen, ein Brot zu essen*
Rauch beißt in den Augen	*Rauch verursacht ein brennendes Gefühl in den Augen*

Weitere Verben

mit•reißen - reißen - schmeißen - weg•schmeißen - zerreißen

Diese Musik reißt mit.	*Diese Musik begeistert die Leute.*
etwas reißt leicht	*etwas geht leicht kaputt*
jmd. reißt etwas an sich	*jmd. nimmt sich etwas mit Gewalt*
hin- und hergerissen sein	*sich nicht entscheiden können*
die Schule schmeißen	*die Schule aufgeben*
mit Geld um sich schmeißen	*viel Geld ohne Überlegen ausgeben*
Das kann man wegschmeißen.	*Das kann man wegwerfen.*
etwas zerreißen	*etwas durch Ziehen in Stücke teilen*

Besonderheiten

Hier kommt es zum Wechsel zwischen **ß** und **ss**. Der Grund dafür ist, dass **ß** nach langen Vokalen und doppelten Vokalen (z. B. **ei**) steht, **ss** dagegen nach kurzen Vokalen (hier: **i**). Wenn Sie unsicher sind, merken Sie sich einfach, dass Sie immer genau **3** Zeichen schreiben: → **e-i-ß** / **i-s-s**.

Tipp

reißen kann man leicht mit dem regelmäßigen Verb (→ Nr. 4) **reisen** verwechseln. Das **ß** in *reißen* klingt stimmlos (wie in *Fluss*), das **s** in *reisen* ist dagegen stimmhaft (wie in *sie*).

21 bieten

bieten – bot – geboten

Stammvokalwechsel **ie – o – o**

e-Einschub (siehe Nr. 11)

Indikativ

Präsens	Perfekt	Futur I
ich biete	ich habe geboten	ich werde bieten
du bietest	du hast geboten	du wirst bieten
er bietet	er hat geboten	er wird bieten
wir bieten	wir haben geboten	wir werden bieten
ihr bietet	ihr habt geboten	ihr werdet bieten
sie bieten	sie haben geboten	sie werden bieten

Präteritum	Plusquamperfekt	Futur II
ich bot	ich hatte geboten	ich werde geboten haben
du bot(e)st	du hattest geboten	du wirst geboten haben
er bot	er hatte geboten	er wird geboten haben
wir boten	wir hatten geboten	wir werden geboten haben
ihr botet	ihr hattet geboten	ihr werdet geboten haben
sie boten	sie hatten geboten	sie werden geboten haben

Konjunktiv

Präsens	Perfekt	Futur I
ich biete	ich habe geboten	ich werde bieten
du bietest	du habest geboten	du werdest bieten
er biete	er habe geboten	er werde bieten
wir bieten	wir haben geboten	wir werden bieten
ihr bietet	ihr habet geboten	ihr werdet bieten
sie bieten	sie haben geboten	sie werden bieten

Präteritum	Plusquamperfekt	Futur II
ich böte	ich hätte geboten	ich werde geboten haben
du bötest	du hättest geboten	du werdest geboten haben
er böte	er hätte geboten	er werde geboten haben
wir böten	wir hätten geboten	wir werden geboten haben
ihr bötet	ihr hättet geboten	ihr werdet geboten haben
sie böten	sie hätten geboten	sie werden geboten haben

Infinitiv

Präsens

bieten

Perfekt

geboten haben

Partizip

Partizip I

bietend

Partizip II

geboten

Imperativ

biet(e) (du)
bieten wir
bietet (ihr)
bieten Sie

Beispiele und Wendungen

Ich biete 500 Euro für dieses Gemälde.
Unser Hotel bietet hervorragenden Service und eine angenehme Atmosphäre.

etwas bieten	*etwas anbieten, zur Verfügung stellen*
50 Euro bieten	*zahlen wollen (bei einer Auktion)*
wenn sich die Gelegenheit bietet	*wenn es möglich ist*
Das lasse ich mir nicht bieten.	*Das akzeptiere ich nicht.*

Weitere Verben

an•bieten - dar•bieten - gebieten - überbieten - verbieten

Was kann ich dir anbieten?	*Was kann ich dir geben?*
ein Schauspiel darbieten	*ein Theaterstück spielen*
Hier ist Vorsicht geboten.	*Hier muss man vorsichtig sein.*
Sie hat mich hier überboten.	*Sie hat hier mehr Geld geboten als ich.*
jmdm. etwas verbieten	*jmdm. etwas nicht erlauben*
Rauchen verboten.	*Hier darf man nicht rauchen.*

Tipp

Die Verben **bieten** und **bitten** kann man leicht verwechseln.
Achten Sie auf die Schreibung und die Aussprache: **ie** spricht man immer lang, vor doppelten Konsonanten (z. B. **tt**, **nn**, **ll**) spricht man **i** immer kurz.
Dieser Unterschied ist nicht nur für die Aussprache wichtig, denn die Wörter mit langem **ie** und kurzem **i** werden auch unterschiedlich konjugiert.

z. B. Ich biete 50 Euro.	- Ich bot 50 Euro.	- Ich habe 50 Euro geboten.
Ich bitte dich.	- Ich bat dich.	- Ich habe dich gebeten.

bitten

bitten – bat – gebeten

Stammvokalwechsel **i – a – e**
e-Einschub (siehe Nr. 11) / Ausfall des Doppelkonsonanten (siehe Nr. 17)

Indikativ

Präsens	Perfekt	Futur I
ich bitte	ich habe gebeten	ich werde bitten
du bittest	du hast gebeten	du wirst bitten
er bittet	er hat gebeten	er wird bitten
wir bitten	wir haben gebeten	wir werden bitten
ihr bittet	ihr habt gebeten	ihr werdet bitten
sie bitten	sie haben gebeten	sie werden bitten

Präteritum	Plusquamperfekt	Futur II
ich **bat**	ich hatte gebeten	ich werde gebeten haben
du **bat**(e)st	du hattest gebeten	du wirst gebeten haben
er **bat**	er hatte gebeten	er wird gebeten haben
wir **bat**en	wir hatten gebeten	wir werden gebeten haben
ihr **bat**et	ihr hattet gebeten	ihr werdet gebeten haben
sie **bat**en	sie hatten gebeten	sie werden gebeten haben

Konjunktiv

Präsens	Perfekt	Futur I
ich bitte	ich habe gebeten	ich werde bitten
du bittest	du habest gebeten	du werdest bitten
er bitte	er habe gebeten	er werde bitten
wir bitten	wir haben gebeten	wir werden bitten
ihr bittet	ihr habet gebeten	ihr werdet bitten
sie bitten	sie haben gebeten	sie werden bitten

Präteritum	Plusquamperfekt	Futur II
ich **bät**e	ich hätte gebeten	ich werde gebeten haben
du **bät**est	du hättest gebeten	du werdest gebeten haben
er **bät**e	er hätte gebeten	er werde gebeten haben
wir **bät**en	wir hätten gebeten	wir werden gebeten haben
ihr **bät**et	ihr hättet gebeten	ihr werdet gebeten haben
sie **bät**en	sie hätten gebeten	sie werden gebeten haben

Infinitiv

Präsens

bitten

Perfekt

gebeten haben

Partizip

Partizip I

bittend

Partizip II

geb**et**en

Imperativ

bitte (du)
bitten wir
bittet (ihr)
bitten Sie

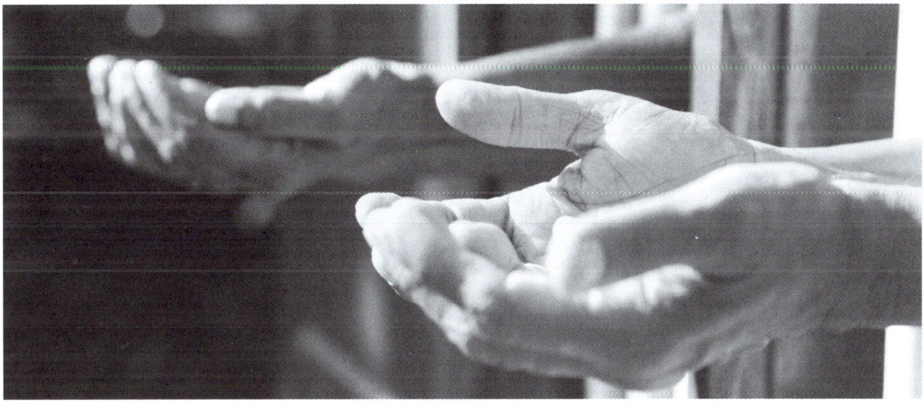

Beispiele und Wendungen

Ich bitte um Aufmerksamkeit.
In ihrem Brief hat sie um Hilfe gebeten.

um etwas bitten	*von anderen etwas höflich verlangen*
um Ruhe bitten	*sagen, dass man sich Ruhe wünscht*
um Entschuldigung bitten	*sagen, dass einem etwas leidtut*
um Hilfe bitten	*ausdrücken, dass man Hilfe möchte*
zum Tanz bitten	*zum Tanz auffordern*
zum Essen bitten	*zum Essen einladen*
Der Chef hat ihn in sein Büro gebeten.	*Er wurde ins Büro des Chefs gerufen.*

Besonderheiten

Im Präteritum wechselt der Vokal im Verbstamm zu einem langen **a:**. Da nach langen Vokalen niemals Doppelkonsonanten stehen, entfällt in dieser Zeitstufe das zweite **t**.

z. B. ich bitte	(kurzes **i** - Doppel-**t**)
ich bat	(langes **a:** - nur ein **t**)

Tipp

bitten kann man leicht mit **bieten** verwechseln (siehe → bieten, Nr. 21).

Beachten Sie den Unterschied zwischen **ich bitte** und **bitte**: Das Wort *bitte* kommt ursprünglich von dem Verb **bitten**. Es wird aber - im Gegensatz zum Verb - nicht mehr konjugiert, sondern bleibt immer unverändert.

z. B. Ich bitte Sie, hier nicht zu rauchen.	→ Verb, wird verändert
Bitte rauchen Sie hier nicht!	→ Interjektion, unveränderlich

Die Interjektion *bitte* kommt in Imperativsätzen vor und dient vor allem dazu, eine Aufforderung höflicher zu machen.

23 blasen

blasen – blies – geblasen

Stammvokalwechsel **a – ie – a**
Vokalwechsel im Präsens (siehe S. 198) / **s**-Ausfall (siehe Nr. 14) / **e**-Einschub (siehe Nr. 13)

Indikativ

Präsens	Perfekt	Futur I
ich blase	ich habe geblasen	ich werde blasen
du bl**ä**st	du hast geblasen	du wirst blasen
er bl**ä**st	er hat geblasen	er wird blasen
wir blasen	wir haben geblasen	wir werden blasen
ihr blast	ihr habt geblasen	ihr werdet blasen
sie blasen	sie haben geblasen	sie werden blasen

Präteritum	Plusquamperfekt	Futur II
ich bl**ie**s	ich hatte geblasen	ich werde geblasen haben
du bl**ie**s**e**st	du hattest geblasen	du wirst geblasen haben
er bl**ie**s	er hatte geblasen	er wird geblasen haben
wir bl**ie**sen	wir hatten geblasen	wir werden geblasen haben
ihr bl**ie**s(e)t	ihr hattet geblasen	ihr werdet geblasen haben
sie bl**ie**sen	sie hatten geblasen	sie werden geblasen haben

Konjunktiv

Präsens	Perfekt	Futur I
ich blase	ich habe geblasen	ich werde blasen
du blasest	du habest geblasen	du werdest blasen
er blase	er habe geblasen	er werde blasen
wir blasen	wir haben geblasen	wir werden blasen
ihr blaset	ihr habet geblasen	ihr werdet blasen
sie blasen	sie haben geblasen	sie werden blasen

Präteritum	Plusquamperfekt	Futur II
ich bl**ie**se	ich hätte geblasen	ich werde geblasen haben
du bl**ie**sest	du hättest geblasen	du werdest geblasen haben
er bl**ie**se	er hätte geblasen	er werde geblasen haben
wir bl**ie**sen	wir hätten geblasen	wir werden geblasen haben
ihr bl**ie**set	ihr hättet geblasen	ihr werdet geblasen haben
sie bl**ie**sen	sie hätten geblasen	sie werden geblasen haben

Infinitiv

Präsens

blasen

Perfekt

geblasen haben

Partizip

Partizip I

blasend

Partizip II

geblasen

Imperativ

blas(e) (du)
blasen wir
blast (ihr)
blasen Sie

Beispiele und Wendungen

Der Wind bläst durch die Straßen.
Er zog an seiner Zigarette und blies dann den Rauch in die Luft.

die Trompete blasen	*auf der Trompete spielen*
in etwas hineinblasen	*(Atem-)Luft in etwas hineinpressen*
Draußen bläst es ziemlich stark.	*Draußen ist es ziemlich windig.*
Der Wind bläst stark aus Westen.	*Der Wind kommt stark aus Westen.*

Weitere Verben

ab•blasen – auf•blasen – aus•blasen – um•blasen – weg•blasen

einen Termin abblasen	*einen Termin absagen*
Die Hochzeit wurde abgeblasen.	*Die Hochzeit findet nicht statt.*
einen Luftballon aufblasen	*einen Luftballon mit Luft füllen*
ein Schlauchboot aufblasen	*ein Schlauchboot mit Luft füllen*
Er bläst sich immer so auf.	*Er macht sich immer so wichtig.*
eine Kerze ausblasen	*eine Kerze mit Atemluft löschen*
Der Sturm hat den Baum umgeblasen.	*Der Sturm hat den Baum umgeworfen.*
Der Wind hat die Blätter weggeblasen.	*Der Wind hat die Blätter fortgetragen.*
wie weggeblasen sein	*spurlos verschwunden sein*

Tipp

Dies ist ein Verb, das mit verschiedenen Präfixen unterschiedliche Bedeutungen hat. Die Präfixe sind alle trennbar. Lernen Sie deswegen am besten neben dem Infinitiv immer auch einen kurzen Satz, bei dem das Präfix am Ende steht.

z. B. ausblasen – Er bläst die Kerze aus.
abblasen – Sie blasen die Party ab.

bleiben

Stammvokalwechsel **ei - ie - ie**

bleiben - blieb - geblieben

Indikativ

Präsens	Perfekt	Futur I
ich bleibe	ich bin geblieben	ich werde bleiben
du bleibst	du bist geblieben	du wirst bleiben
er bleibt	er ist geblieben	er wird bleiben
wir bleiben	wir sind geblieben	wir werden bleiben
ihr bleibt	ihr seid geblieben	ihr werdet bleiben
sie bleiben	sie sind geblieben	sie werden bleiben

Präteritum	Plusquamperfekt	Futur II
ich bl**ie**b	ich war geblieben	ich werde geblieben sein
du bl**ie**bst	du warst geblieben	du wirst geblieben sein
er bl**ie**b	er war geblieben	er wird geblieben sein
wir bl**ie**ben	wir waren geblieben	wir werden geblieben sein
ihr bl**ie**bt	ihr wart geblieben	ihr werdet geblieben sein
sie bl**ie**ben	sie waren geblieben	sie werden geblieben sein

Konjunktiv

Präsens	Perfekt	Futur I
ich bleibe	ich sei geblieben	ich werde bleiben
du bleibest	du sei(e)st geblieben	du werdest bleiben
er bleibe	er sei geblieben	er werde bleiben
wir bleiben	wir seien geblieben	wir werden bleiben
ihr bleibet	ihr sei(e)t geblieben	ihr werdet bleiben
sie bleiben	sie seien geblieben	sie werden bleiben

Präteritum	Plusquamperfekt	Futur II
ich bl**ie**be	ich wäre geblieben	ich werde geblieben sein
du bl**ie**best	du wär(e)st geblieben	du werdest geblieben sein
er bl**ie**be	er wäre geblieben	er werde geblieben sein
wir bl**ie**ben	wir wären geblieben	wir werden geblieben sein
ihr bl**ie**bet	ihr wär(e)t geblieben	ihr werdet geblieben sein
sie bl**ie**ben	sie wären geblieben	sie werden geblieben sein

Infinitiv

Präsens

bleiben

Perfekt

geblieben sein

Partizip

Partizip I

bleibend

Partizip II

gebl**ie**ben

Imperativ

bleib(e) (du)
bleiben wir
bleibt (ihr)
bleiben Sie

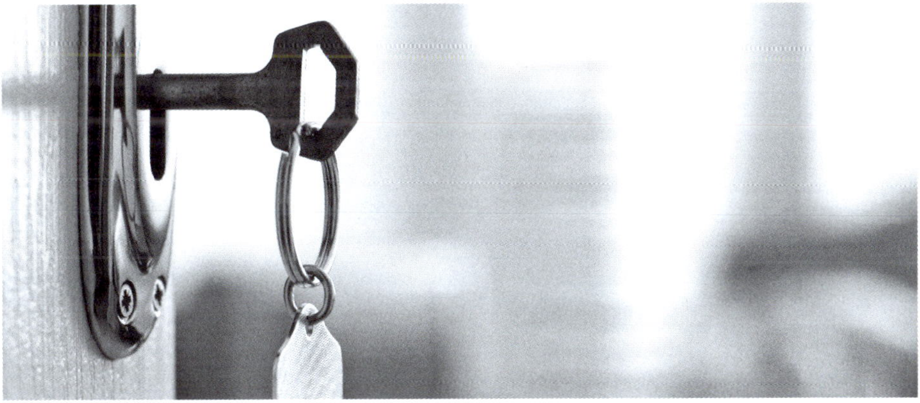

Beispiele und Wendungen

Ich bleibe hier.
Er bleibt bei seiner Entscheidung.
Das Wetter bleibt noch für drei Tage so, wie es ist.

Er bleibt heute zu Hause.	*Er ist zu Hause und geht nicht weg.*
Ich bleibe dabei.	*Ich ändere meine Meinung nicht.*
Es bleibt dabei!	*Die Entscheidung wird nicht geändert.*
Die Tür bleibt zu!	*Die Tür soll nicht geöffnet werden.*
Uns bleibt nichts, als zu akzeptieren.	*Wir haben keine andere Möglichkeit, als zu akzeptieren.*

Weitere Verben

(sich) entscheiden - scheinen - schreiben - schweigen - steigen

sich für etwas entscheiden	*etwas auswählen*
Das Café scheint gut zu sein.	*Das Café macht einen guten Eindruck.*
Die Sonne scheint.	*Die Sonne steht hell am Himmel.*
einen Brief schreiben	*einen Brief verfassen*
Geschichte schreiben	*Dinge tun, die große Bedeutung haben*
schweigen wie ein Grab	*absolut nichts zu etwas sagen*
die Temperatur steigt	*die Temperatur wird mehr oder höher*
das Wasser steigt	*der Wasserstand wächst an*
auf einen Berg steigen	*auf einen Berg hinaufgehen*

Tipp

Alle hier genannten Verben haben eine Vielzahl von Kombinationen mit verschiedenen Präfixen (z. B. einsteigen, aufschreiben, verschweigen ...). Notieren Sie sich hier alle, die Sie finden, und schlagen Sie die Bedeutungen im Wörterbuch nach.

25 brechen

brechen – brach – gebrochen

Stammvokalwechsel **e – a – o**

Vokalwechsel im Präsens (siehe S. 198)

Indikativ

Präsens	Perfekt	Futur I
ich breche	ich habe gebrochen	ich werde brechen
du brichst	du hast gebrochen	du wirst brechen
er bricht	er hat gebrochen	er wird brechen
wir brechen	wir haben gebrochen	wir werden brechen
ihr brecht	ihr habt gebrochen	ihr werdet brechen
sie brechen	sie haben gebrochen	sie werden brechen

Präteritum	Plusquamperfekt	Futur II
ich brach	ich hatte gebrochen	ich werde gebrochen haben
du brachst	du hattest gebrochen	du wirst gebrochen haben
er brach	er hatte gebrochen	er wird gebrochen haben
wir brachen	wir hatten gebrochen	wir werden gebrochen haben
ihr bracht	ihr hattet gebrochen	ihr werdet gebrochen haben
sie brachen	sie hatten gebrochen	sie werden gebrochen haben

Konjunktiv

Präsens	Perfekt	Futur I
ich breche	ich habe gebrochen	ich werde brechen
du brechest	du habest gebrochen	du werdest brechen
er breche	er habe gebrochen	er werde brechen
wir brechen	wir haben gebrochen	wir werden brechen
ihr brechet	ihr habet gebrochen	ihr werdet brechen
sie brechen	sie haben gebrochen	sie werden brechen

Präteritum	Plusquamperfekt	Futur II
ich bräche	ich hätte gebrochen	ich werde gebrochen haben
du brächest	du hättest gebrochen	du werdest gebrochen haben
er bräche	er hätte gebrochen	er werde gebrochen haben
wir brächen	wir hätten gebrochen	wir werden gebrochen haben
ihr brächet	ihr hättet gebrochen	ihr werdet gebrochen haben
sie brächen	sie hätten gebrochen	sie werden gebrochen haben

Infinitiv

Präsens

brechen

Perfekt

gebrochen haben

Partizip

Partizip I

brechend

Partizip II

gebrochen

Imperativ

brich (du)
brechen wir
brecht (ihr)
brechen Sie

Beispiele und Wendungen

Er hat den Ast vom Baum gebrochen.
Sie hat sich letztes Jahr beim Skifahren das Bein gebrochen.

etwas bricht	*etwas hält nicht stand*
ein Versprechen brechen	*etwas Vereinbartes nicht tun*
einen Rekord brechen	*eine Höchstleistung überbieten*
das Eis brechen	*zwischen Unbekannten eine gute Atmosphäre schaffen*
jmdm. das Herz brechen	*jmdn. sehr traurig machen*

Weitere Verben

bergen - bersten - sprechen - stechen - verbergen

Die Verletzten wurden geborgen.	*Die Verletzten wurden in Sicherheit gebracht.*
etwas birst	*etwas platzt, bricht auseinander*
Deutsch sprechen	*Deutsch reden können*
Ich muss ihn dringend sprechen.	*Ich muss dringend mit ihm reden.*
Der Richter spricht ein Urteil.	*Der Richter verkündet eine Entscheidung.*
sich an etwas stechen	*sich an einem spitzen Gegenstand verletzen*
Die Biene hat ihn gestochen.	*Die Biene hat ihn mit dem Stachel verletzt.*
Es stach mir sofort ins Auge.	*Es fiel mir sofort auf.*
Ich habe nichts zu verbergen.	*Ich habe keine Geheimnisse.*

bringen

Stammvokalwechsel **i - a - a**

bringen - brachte - gebracht

Indikativ

Präsens	Perfekt	Futur I
ich bringe	ich habe gebracht	ich werde bringen
du bringst	du hast gebracht	du wirst bringen
er bringt	er hat gebracht	er wird bringen
wir bringen	wir haben gebracht	wir werden bringen
ihr bringt	ihr habt gebracht	ihr werdet bringen
sie bringen	sie haben gebracht	sie werden bringen

Präteritum	Plusquamperfekt	Futur II
ich br**ach**te	ich hatte gebracht	ich werde gebracht haben
du br**ach**test	du hattest gebracht	du wirst gebracht haben
er br**ach**te	er hatte gebracht	er wird gebracht haben
wir br**ach**ten	wir hatten gebracht	wir werden gebracht haben
ihr br**ach**tet	ihr hattet gebracht	ihr werdet gebracht haben
sie br**ach**ten	sie hatten gebracht	sie werden gebracht haben

Konjunktiv

Präsens	Perfekt	Futur I
ich bringe	ich habe gebracht	ich werde bringen
du bringest	du habest gebracht	du werdest bringen
er bringe	er habe gebracht	er werde bringen
wir bringen	wir haben gebracht	wir werden bringen
ihr bringet	ihr habet gebracht	ihr werdet bringen
sie bringen	sie haben gebracht	sie werden bringen

Präteritum	Plusquamperfekt	Futur II
ich br**äch**te	ich hätte gebracht	ich werde gebracht haben
du br**äch**test	du hättest gebracht	du werdest gebracht haben
er br**äch**te	er hätte gebracht	er werde gebracht haben
wir br**äch**ten	wir hätten gebracht	wir werden gebracht haben
ihr br**äch**tet	ihr hättet gebracht	ihr werdet gebracht haben
sie br**äch**ten	sie hätten gebracht	sie werden gebracht haben

Infinitiv

Präsens

bringen

Perfekt

gebracht haben

Partizip

Partizip I

bringend

Partizip II

gebr**acht**

Imperativ

bring(e) (du)
bringen wir
bringt (ihr)
bringen Sie

Beispiele und Wendungen

Die Briefträgerin bringt die Post.
Der Vater brachte sein Kind in den Kindergarten.
Nur regelmäßiges Üben und fleißiges Lernen bringen Erfolg.

jmdn. in Schwierigkeiten bringen	*bewirken, dass jmd. Probleme bekommt*
Das bringt nichts!	*Das wird keinen Erfolg haben!*
Was soll das bringen?	*Was soll das (Positives) bewirken?*
Das bringt nur Ärger.	*Das führt nur zu Ärger.*
Sie hat es im Betrieb zu etwas gebracht.	*Sie hat im Betrieb Karriere gemacht.*

Weitere Verben

ab•bringen – durch•bringen – mit•bringen – um•bringen – verbringen

jmdn. von etwas abbringen	*jmdn. überreden etwas nicht zu tun*
sein Geld durchbringen	*sein komplettes Geld sinnlos ausgeben*
jmdm. etwas mitbringen	*zu jmdm. gehen und ihm etwas geben*
jmdn. umbringen	*jmdn. töten*
sich umbringen	*sich selbst töten*
den Urlaub am Meer verbringen	*im Urlaub am Meer sein*

Besonderheiten

Verwechseln Sie **bringen** nicht mit *holen*! Das Verb *bringen* drückt aus, dass jemand etwas zu einem Ort oder einer Person transportiert, während **holen** ausdrückt, dass jemand etwas nimmt und herbringt.

z. B.	Mein Hund bringt mir die Zeitung.	→ Mein Hund transportiert die Zeitung zu mir.
	Mein Hund holt die Zeitung.	→ Mein Hund läuft nach draußen, nimmt die Zeitung und transportiert sie her.

27 denken

Stammvokalwechsel **e – a – a**

denken – dachte – gedacht

Indikativ

Präsens	Perfekt	Futur I
ich denke	ich habe gedacht	ich werde denken
du denkst	du hast gedacht	du wirst denken
er denkt	er hat gedacht	er wird denken
wir denken	wir haben gedacht	wir werden denken
ihr denkt	ihr habt gedacht	ihr werdet denken
sie denken	sie haben gedacht	sie werden denken

Präteritum	Plusquamperfekt	Futur II
ich d**ach**te	ich hatte gedacht	ich werde gedacht haben
du d**ach**test	du hattest gedacht	du wirst gedacht haben
er d**ach**te	er hatte gedacht	er wird gedacht haben
wir d**ach**ten	wir hatten gedacht	wir werden gedacht haben
ihr d**ach**tet	ihr hattet gedacht	ihr werdet gedacht haben
sie d**ach**ten	sie hatten gedacht	sie werden gedacht haben

Konjunktiv

Präsens	Perfekt	Futur I
ich denke	ich habe gedacht	ich werde denken
du denkest	du habest gedacht	du werdest denken
er denke	er habe gedacht	er werde denken
wir denken	wir haben gedacht	wir werden denken
ihr denket	ihr habet gedacht	ihr werdet denken
sie denken	sie haben gedacht	sie werden denken

Präteritum	Plusquamperfekt	Futur II
ich d**äch**te	ich hätte gedacht	ich werde gedacht haben
du d**äch**test	du hättest gedacht	du werdest gedacht haben
er d**äch**te	er hätte gedacht	er werde gedacht haben
wir d**äch**ten	wir hätten gedacht	wir werden gedacht haben
ihr d**äch**tet	ihr hättet gedacht	ihr werdet gedacht haben
sie d**äch**ten	sie hätten gedacht	sie werden gedacht haben

Infinitiv

Präsens

denken

Perfekt

gedacht haben

Partizip

Partizip I

denkend

Partizip II

ged**ach**t

Imperativ

denk(e) (du)
denken wir
denkt (ihr)
denken Sie

Beispiele und Wendungen

Ich denke, also bin ich.
Sie dachte, dass du zu Hause wärst.
Früher dachten die Menschen, die Erde sei eine Scheibe.

an jmdn. denken	*sich an jmdn. erinnern*
Bitte, denk daran ...	*Bitte, vergiss nicht ...*
Ich denke daran mitzumachen.	*Ich plane mitzumachen.*
Er denkt immer nur an Fußball.	*Er interessiert sich nur für Fußball.*
Wie denkst du darüber?	*Wie ist deine Meinung dazu?*
Was hast du dir dabei gedacht?	*Was wolltest du damit erreichen?*
Wer hätte das gedacht!	*Das ist aber eine Überraschung!*
Das kann ich mir denken.	*Das kann ich mir vorstellen.*
Ich denke überhaupt nicht daran!	*Ich habe nicht die Absicht, dies zu tun!*

Weitere Verben

nach•denken – überdenken

über etwas nachdenken	*eine Sache überlegen*
eine Entscheidung überdenken	*noch einmal über etwas nachdenken*

Tipp

Trainieren Sie die Konjugation eines unregelmäßigen Verbs, indem Sie würfeln. Die Zahl, die Sie würfeln, bedeutet die entsprechende Person des Verbs, das Sie bilden. 1: ich, 2: du, 3: er, sie, es, 4: wir, 5: ihr, 6: sie. Zum Beispiel: 4: wir denken.
Sie können auch einen zweiten Würfel für die Zeiten benutzen. 1: Präsens, 2: Perfekt, 3: Futur I, 4: Präteritum, 5: Plusquamperfekt, 6: Futur II. Zum Beispiel: 2+3: Du wirst denken.

28 dürfen

dürfen – durfte – gedurft

Indikativ

Präsens	Perfekt	Futur I
ich darf	ich habe gedurft	ich werde dürfen
du darfst	du hast gedurft	du wirst dürfen
er darf	er hat gedurft	er wird dürfen
wir dürfen	wir haben gedurft	wir werden dürfen
ihr dürft	ihr habt gedurft	ihr werdet dürfen
sie dürfen	sie haben gedurft	sie werden dürfen

Präteritum	Plusquamperfekt	Futur II
ich durfte	ich hatte gedurft	ich werde gedurft haben
du durftest	du hattest gedurft	du wirst gedurft haben
er durfte	er hatte gedurft	er wird gedurft haben
wir durften	wir hatten gedurft	wir werden gedurft haben
ihr durftet	ihr hattet gedurft	ihr werdet gedurft haben
sie durften	sie hatten gedurft	sie werden gedurft haben

Konjunktiv

Präsens	Perfekt	Futur I
ich dürfe	ich habe gedurft	ich werde dürfen
du dürfest	du habest gedurft	du werdest dürfen
er dürfe	er habe gedurft	er werde dürfen
wir dürfen	wir haben gedurft	wir werden dürfen
ihr dürfet	ihr habet gedurft	ihr werdet dürfen
sie dürfen	sie haben gedurft	sie werden dürfen

Präteritum	Plusquamperfekt	Futur II
ich dürfte	ich hätte gedurft	ich werde gedurft haben
du dürftest	du hättest gedurft	du werdest gedurft haben
er dürfte	er hätte gedurft	er werde gedurft haben
wir dürften	wir hätten gedurft	wir werden gedurft haben
ihr dürftet	ihr hättet gedurft	ihr werdet gedurft haben
sie dürften	sie hätten gedurft	sie werden gedurft haben

Infinitiv	Partizip	Imperativ
Präsens	**Partizip I**	–
dürfen	dürfend	–
Perfekt	**Partizip II**	–
gedurft haben	gedurft	–

Beispiele und Wendungen

Hier darf man rauchen.
Toni darf seinen Hochzeitstag nicht vergessen.
Tim und Moni durften am Samstag nicht ins Kino gehen.

Tom darf laut singen.	*Tom hat die Erlaubnis laut zu singen.*
Darf ich?	*Erlauben Sie (mir etwas)?*
Wolle darf man nicht heiß waschen.	*Man sollte Wolle nicht heiß waschen.*
Was darf es sein?	*Was wünschen Sie?*
Das dürfte alles sein.	*Ich nehme an, dass das alles war.*
Das darf nicht passieren.	*Dieser Fall soll nie eintreten.*
Das darf doch nicht wahr sein!	*Das ist unglaublich!*

Besonderheiten

dürfen ist ein Modalverb und drückt meistens die Erlaubnis oder auch das Recht aus, etwas zu tun. Es wird außerdem häufig verwendet, um eine höfliche Frage einzuleiten. Manchmal verwendet man hier auch den Konjunktiv II, da dieser noch höflicher wirkt.

z. B. Darf/Dürfte ich Sie etwas fragen? (Präsens/Konjunktiv II)

Die Verneinung **nicht dürfen** bedeutet ein Verbot oder eine Warnung.
z. B. Hier darfst du nicht rauchen!

Steht im Satz neben **dürfen** ein zweites Verb, so wird in Perfekt und Plusquamperfekt die Form *dürfen* statt Partizip II verwendet. Nur selten, wenn *dürfen* als selbstständiges Vollverb verwendet wird, benötigt man die Form *gedurft*.

z. B. Er hätte das nicht sagen dürfen.
Er hat nicht ins Kino gedurft.

Mehr zu Modalverben finden Sie im Grammatikteil auf S. 207.

29 dreschen

dreschen – drosch – gedroschen

Stammvokalwechsel **e - o - o**

Vokalwechsel im Präsens (siehe S. 198)

Indikativ

Präsens	Perfekt	Futur I
ich dresche	ich habe gedroschen	ich werde dreschen
du drischst	du hast gedroschen	du wirst dreschen
er drischt	er hat gedroschen	er wird dreschen
wir dreschen	wir haben gedroschen	wir werden dreschen
ihr drescht	ihr habt gedroschen	ihr werdet dreschen
sie dreschen	sie haben gedroschen	sie werden dreschen

Präteritum	Plusquamperfekt	Futur II
ich drosch / drasch*	ich hatte gedroschen	ich werde gedroschen haben
du droschst / drasch(e)st*	du hattest gedroschen	du wirst gedroschen haben
er drosch / drasch*	er hatte gedroschen	er wird gedroschen haben
wir droschen / draschen*	wir hatten gedroschen	wir werden gedroschen haben
ihr droscht / drascht*	ihr hattet gedroschen	ihr werdet gedroschen haben
sie droschen / draschen*	sie hatten gedroschen	sie werden gedroschen haben

Konjunktiv

Präsens	Perfekt	Futur I
ich dresche	ich habe gedroschen	ich werde dreschen
du dreschest	du habest gedroschen	du werdest dreschen
er dresche	er habe gedroschen	er werde dreschen
wir dreschen	wir haben gedroschen	wir werden dreschen
ihr dreschet	ihr habet gedroschen	ihr werdet dreschen
sie dreschen	sie haben gedroschen	sie werden dreschen

Präteritum	Plusquamperfekt	Futur II
ich drösche / dräsche*	ich hätte gedroschen	ich werde gedroschen haben
du dröschest / dräschest*	du hättest gedroschen	du werdest gedroschen haben
er drösche / dräsche*	er hätte gedroschen	er werde gedroschen haben
wir dröschen / dräschen*	wir hätten gedroschen	wir werden gedroschen haben
ihr dröschet / dräschet*	ihr hättet gedroschen	ihr werdet gedroschen haben
sie dröschen / dräschen*	sie hätten gedroschen	sie werden gedroschen haben

Infinitiv

Präsens

dreschen

Perfekt

gedroschen haben

Partizip

Partizip I

dreschend

Partizip II

gedroschen

Imperativ

drisch (du)
dreschen wir
drescht (ihr)
dreschen Sie

* veraltet

Beispiele und Wendungen

Der Bauer drischt das Korn.
Komm zum Punkt, oder willst du ewig Phrasen dreschen?

Getreide dreschen	*die Körner aus dem Getreide schlagen*
Phrasen dreschen	*leere Worte machen*

Weitere Verben

an•schwellen - aus•fechten - fechten - flechten - verdreschen

Der Ton schwillt an.	*Der Ton wird lauter.*
Der Fluss war angeschwollen.	*Das Wasser im Fluss war gestiegen.*
Das verletzte Bein ist angeschwollen.	*Das verletzte Bein ist dick geworden.*
etwas ausfechten	*sich streiten, um etwas zu klären*
mit Worten fechten	*miteinander hart diskutieren*
für etwas fechten	*sich für etwas einsetzen*
einen Korb flechten	*einen Korb herstellen*
einen Zopf flechten	*Haare zu einem Zopf formen*
jmdn. verdreschen	*jmdn. brutal schlagen*

Tipp

Auch Verbformen können wie Vokabeln mit Vokabelkärtchen gelernt werden. Schreiben Sie sich dazu je eine Verbform auf ein Kärtchen und den Infinitiv mit Beschreibung der Form auf die Rückseite, z. B. „flechten - 1. Person Plural, Präteritum" auf der Rückseite von „wir flochten". Sie müssen dabei nicht alle Verbformen verwenden - wählen Sie einfach die aus, die am häufigsten sind, und die, die Ihnen am schwersten fallen. Testen Sie nun Ihre Kenntnisse, indem Sie immer die Seite mit dem Infinitiv ansehen und die passende Form dazu bilden.

30 erschrecken

erschrecken - erschrak - erschrocken

Stammvokalwechsel **e - a - e**
Vokalwechsel im Präsens (siehe S. 198) / Wegfall des Doppelkonsonanten (**ck** → **k**) (siehe Nr. 17)

Indikativ

Präsens	Perfekt		Futur I	
ich erschrecke	ich bin	erschrocken	ich werde	erschrecken
du erschri**ck**st	du bist	erschrocken	du wirst	erschrecken
er erschri**ck**t	er ist	erschrocken	er wird	erschrecken
wir erschrecken	wir sind	erschrocken	wir werden	erschrecken
ihr erschreckt	ihr seid	erschrocken	ihr werdet	erschrecken
sie erschrecken	sie sind	erschrocken	sie werden	erschrecken

Präteritum	Plusquamperfekt		Futur II	
ich erschr**ak**	ich war	erschrocken	ich werde	erschrocken sein
du erschr**ak**st	du warst	erschrocken	du wirst	erschrocken sein
er erschr**ak**	er war	erschrocken	er wird	erschrocken sein
wir erschr**ak**en	wir waren	erschrocken	wir werden	erschrocken sein
ihr erschr**ak**t	ihr wart	erschrocken	ihr werdet	erschrocken sein
sie erschr**ak**en	sie waren	erschrocken	sie werden	erschrocken sein

Konjunktiv

Präsens	Perfekt		Futur I	
ich erschrecke	ich sei	erschrocken	ich werde	erschrecken
du erschreckest	du sei(e)st	erschrocken	du werdest	erschrecken
er erschrecke	er sei	erschrocken	er werde	erschrecken
wir erschrecken	wir seien	erschrocken	wir werden	erschrecken
ihr erschrecket	ihr sei(e)t	erschrocken	ihr werdet	erschrecken
sie erschrecken	sie seien	erschrocken	sie werden	erschrecken

Präteritum	Plusquamperfekt		Futur II	
ich erschr**äk**e	ich wäre	erschrocken	ich werde	erschrocken sein
du erschr**äk**est	du wär(e)st	erschrocken	du werdest	erschrocken sein
er erschr**äk**e	er wäre	erschrocken	er werde	erschrocken sein
wir erschr**äk**en	wir wären	erschrocken	wir werden	erschrocken sein
ihr erschr**äk**et	ihr wär(e)t	erschrocken	ihr werdet	erschrocken sein
sie erschr**äk**en	sie wären	erschrocken	sie werden	erschrocken sein

Infinitiv

Präsens

erschrecken

Perfekt

erschrocken sein

Partizip

Partizip I

erschreckend

Partizip II

erschr**o**cken

Imperativ

erschri**ck** (du)
erschrecken wir
erschreckt (ihr)
erschrecken Sie

Beispiele und Wendungen

Anna erschrak.
Sie erschrickt sehr leicht.
Als er die Spinne sah, erschrak er und schrie.

Erschrick nicht!	*Sei nicht überrascht!/Habe keine Angst!*
Ich bin sehr erschrocken.	*Ich habe große Angst bekommen.*

Besonderheiten

Wenn das Verb **erschrecken** bedeutet, dass man selbst Angst bekommt, wird es unregelmäßig konjugiert und bildet die zusammengesetzten Vergangenheiten mit dem Hilfsverb *sein*.

Daneben bedeutet **erschrecken** aber auch häufig, dass man jemandem Angst einjagt. Dann steht das Wort mit einem Akkusativ-Objekt (jemanden *erschrecken*). In diesem Fall wird das Verb regelmäßig konjugiert (→ Nr. 4) und bildet die zusammengesetzten Zeiten mit *haben*.

z. B. Ich versteckte mich hinterm Schrank und erschreckte meine Tante.
Er hat mich erschreckt.

Es gibt auch die reflexive Form **sich erschrecken**, die meist regelmäßig konjugiert wird. Die zusammengesetzten Zeiten werden hier mit *haben* gebildet.
z. B. Als plötzlich die Vase vom Schrank fiel, erschreckte er sich sehr.

Tipp

Im Deutschen kann ein Doppelkonsonant nur nach einem kurzen Vokal stehen. Wenn bei **erschrecken** im Präteritum ein langes **a** das kurze **e** ersetzt, fällt durch diese Regel gleichzeitig der Doppelkonsonant weg: **ck** wird zu **k**.

31 erwägen

Stammvokalwechsel **ä - o - o**

erwägen - erwog - erwogen

Indikativ

Präsens	Perfekt	Futur I
ich erwäge	ich habe erwogen	ich werde erwägen
du erwägst	du hast erwogen	du wirst erwägen
er erwägt	er hat erwogen	er wird erwägen
wir erwägen	wir haben erwogen	wir werden erwägen
ihr erwägt	ihr habt erwogen	ihr werdet erwägen
sie erwägen	sie haben erwogen	sie werden erwägen

Präteritum	Plusquamperfekt	Futur II
ich erw**o**g	ich hatte erwogen	ich werde erwogen haben
du erw**o**gst	du hattest erwogen	du wirst erwogen haben
er erw**o**g	er hatte erwogen	er wird erwogen haben
wir erw**o**gen	wir hatten erwogen	wir werden erwogen haben
ihr erw**o**gt	ihr hattet erwogen	ihr werdet erwogen haben
sie erw**o**gen	sie hatten erwogen	sie werden erwogen haben

Konjunktiv

Präsens	Perfekt	Futur I
ich erwäge	ich habe erwogen	ich werde erwägen
du erwägest	du habest erwogen	du werdest erwägen
er erwäge	er habe erwogen	er werde erwägen
wir erwägen	wir haben erwogen	wir werden erwägen
ihr erwäget	ihr habet erwogen	ihr werdet erwägen
sie erwägen	sie haben erwogen	sie werden erwägen

Präteritum	Plusquamperfekt	Futur II
ich erw**ö**ge	ich hätte erwogen	ich werde erwogen haben
du erw**ö**gest	du hättest erwogen	du werdest erwogen haben
er erw**ö**ge	er hätte erwogen	er werde erwogen haben
wir erw**ö**gen	wir hätten erwogen	wir werden erwogen haben
ihr erw**ö**get	ihr hättet erwogen	ihr werdet erwogen haben
sie erw**ö**gen	sie hätten erwogen	sie werden erwogen haben

Infinitiv

Präsens

erwägen

Perfekt

erwogen haben

Partizip

Partizip I

erwägend

Partizip II

erw**o**gen / erwägt

Imperativ

erwäg(e) (du)
erwägen wir
erwägt (ihr)
erwägen Sie

Beispiele und Wendungen

Sie erwägen, nächstes Jahr ein Haus zu kaufen.
Wir werden die Vor- und Nachteile dieses Angebots erwägen.

etwas erwägen	*etwas sorgfältig prüfen*
erwägen etwas zu tun	*überlegen etwas zu tun*

Besonderheiten

Kein anderes Verb wird so konjugiert wie **erwägen**. Das macht es auf den ersten Blick etwas schwierig zu merken. Bis auf die Formen des Indikativ Präsens und den Konjunktiv I ist die Konjugation aber mit den häufigeren Formen des Verbmusters *wiegen* (→ Nr. 88) identisch.
Lernen Sie dieses Verb am besten gleich zusammen mit den Verben aus Nr. 88.

Tipp

Denken Sie einfach! Manche Verbformen sind selten und deshalb schwierig. Und nicht immer haben Sie Ihre Verbtabellen zur Hand. Wenn Sie nicht wissen, wie man ein Wort benutzt, überlegen Sie, ob Sie sich einfacher ausdrücken können.

z. B. **Ich erwäge**, nach Berlin zu fahren.	→ *Ich überlege*, ob ich nach Berlin fahren soll.
	→ *Ich denke darüber nach*, nach Berlin zu fahren.

Schreiben Sie sich aber das Wort, bei dem sie unsicher waren, auf! Dann können Sie es zu Hause nachschlagen und sind beim nächsten Mal bestens vorbereitet.

Erweitern Sie einfach Ihren Wortschatz! Von vielen Verben lassen sich Substantive auf **-ung** bilden, die man dann in Wendungen verwenden kann:

z. B. erwägen	→ in Erwägung ziehen

32 fallen

fallen - fiel - gefallen

Stammvokalwechsel **a - ie - a**
Vokalwechsel im Präsens (siehe S. 198) / Ausfall des Doppelkonsonanten (siehe Nr. 17)

Indikativ

Präsens	Perfekt	Futur I
ich falle	ich bin gefallen	ich werde fallen
du **fä**llst	du bist gefallen	du wirst fallen
er **fä**llt	er ist gefallen	er wird fallen
wir fallen	wir sind gefallen	wir werden fallen
ihr fallt	ihr seid gefallen	ihr werdet fallen
sie fallen	sie sind gefallen	sie werden fallen

Präteritum	Plusquamperfekt	Futur II
ich **fiel**	ich war gefallen	ich werde gefallen sein
du **fiel**st	du warst gefallen	du wirst gefallen sein
er **fiel**	er war gefallen	er wird gefallen sein
wir **fiel**en	wir waren gefallen	wir werden gefallen sein
ihr **fiel**t	ihr wart gefallen	ihr werdet gefallen sein
sie **fiel**en	sie waren gefallen	sie werden gefallen sein

Konjunktiv

Präsens	Perfekt	Futur I
ich falle	ich sei gefallen	ich werde fallen
du fallest	du sei(e)st gefallen	du werdest fallen
er falle	er sei gefallen	er werde fallen
wir fallen	wir seien gefallen	wir werden fallen
ihr fallet	ihr sei(e)t gefallen	ihr werdet fallen
sie fallen	sie seien gefallen	sie werden fallen

Präteritum	Plusquamperfekt	Futur II
ich **fiel**e	ich wäre gefallen	ich werde gefallen sein
du **fiel**est	du wär(e)st gefallen	du werdest gefallen sein
er **fiel**e	er wäre gefallen	er werde gefallen sein
wir **fiel**en	wir wären gefallen	wir werden gefallen sein
ihr **fiel**et	ihr wär(e)t gefallen	ihr werdet gefallen sein
sie **fiel**en	sie wären gefallen	sie werden gefallen sein

Infinitiv

Präsens

fallen

Perfekt

gefallen sein

Partizip

Partizip I

fallend

Partizip II

gefallen

Imperativ

fall(e) (du)
fallen wir
fallt (ihr)
fallen Sie

Beispiele und Wendungen

Im Herbst fallen die Blätter.
Die Skifahrerin ist gefallen und hat sich dabei das Bein gebrochen.
Der 23. März fällt dieses Jahr auf einen Donnerstag.

Der Regen fällt.	*Es regnet.*
Die Temperatur fällt.	*Die Temperatur sinkt.*
Die Aktien sind gefallen.	*Die Aktien haben an Wert verloren.*
Plötzlich fiel ein Schuss.	*Plötzlich hörte man einen Schuss.*
Dabei ist dein Name gefallen.	*Dabei wurde dein Name genannt.*
Der Soldat ist im Krieg gefallen.	*Der Soldat kam im Krieg ums Leben.*

Weitere Verben

aus•fallen - durch•fallen - ein•fallen- gefallen - hin•fallen - überfallen

etwas fällt aus	*etwas findet nicht statt*
bei einer Prüfung durchfallen	*eine Prüfung nicht bestehen*
Mir fällt dazu nichts ein.	*Ich habe dazu keine Idee.*
etwas gefällt mir	*Ich finde etwas schön.*
jmdn. überfallen	*jmdn. bedrohen und berauben*

Besonderheiten

Die meisten Verben mit **fallen** bilden die zusammengesetzten Zeiten mit dem Hilfsverb **sein**.
z. B. Er ist hingefallen. / Sie ist durch die Prüfung gefallen.

Ein paar Verben auf **-fallen** bilden die zusammengesetzten Zeiten aber mit dem Hilfsverb **haben**:
z. B. Er hat die Bank überfallen. / Das Konzert hat mir gut gefallen.

fangen

fangen – fing – gefangen

Stammvokalwechsel **a – i – a**

Vokalwechsel im Präsens (siehe S. 198)

Indikativ

Präsens	Perfekt	Futur I
ich fange	ich habe gefangen	ich werde fangen
du fängst	du hast gefangen	du wirst fangen
er fängt	er hat gefangen	er wird fangen
wir fangen	wir haben gefangen	wir werden fangen
ihr fangt	ihr habt gefangen	ihr werdet fangen
sie fangen	sie haben gefangen	sie werden fangen

Präteritum	Plusquamperfekt	Futur II
ich fing	ich hatte gefangen	ich werde gefangen haben
du fingst	du hattest gefangen	du wirst gefangen haben
er fing	er hatte gefangen	er wird gefangen haben
wir fingen	wir hatten gefangen	wir werden gefangen haben
ihr fingt	ihr hattet gefangen	ihr werdet gefangen haben
sie fingen	sie hatten gefangen	sie werden gefangen haben

Konjunktiv

Präsens	Perfekt	Futur I
ich fange	ich habe gefangen	ich werde fangen
du fangest	du habest gefangen	du werdest fangen
er fange	er habe gefangen	er werde fangen
wir fangen	wir haben gefangen	wir werden fangen
ihr fanget	ihr habet gefangen	ihr werdet fangen
sie fangen	sie haben gefangen	sie werden fangen

Präteritum	Plusquamperfekt	Futur II
ich finge	ich hätte gefangen	ich werde gefangen haben
du fingest	du hättest gefangen	du werdest gefangen haben
er finge	er hätte gefangen	er werde gefangen haben
wir fingen	wir hätten gefangen	wir werden gefangen haben
ihr finget	ihr hättet gefangen	ihr werdet gefangen haben
sie fingen	sie hätten gefangen	sie werden gefangen haben

Infinitiv

Präsens

fangen

Perfekt

gefangen haben

Partizip

Partizip I

fangend

Partizip II

gefangen

Imperativ

fang(e) (du)
fangen wir
fangt (ihr)
fangen Sie

Beispiele und Wendungen

Die Polizei konnte den Dieb fangen.
Die Kinder fangen und werfen den Ball.

Fische fangen	*angeln*
Er hat sich wieder gefangen.	*Er hat sich wieder unter Kontrolle.*

Weitere Verben

ab•fangen – an•fangen – auf•fangen – empfangen

einen Brief abfangen	*einen Brief stehlen, bevor er ankommt*
Der Film fängt an.	*Der Film beginnt.*
Es fängt an zu regnen.	*Es beginnt zu regnen.*
Was sollen wir damit anfangen?	*Wozu sollen wir das verwenden?*
etwas auffangen	*etwas fangen, das herunterfällt*
einen Brief empfangen	*einen Brief bekommen*
einen Gast empfangen	*einen Gast begrüßen*
einen Radiosender empfangen	*einen Radiosender hören können*

Tipp

fangen gehört zu den Verben, die auch im Präsens einen Vokalwechsel haben. Deshalb ist es wichtig, dass Sie sich die Formen gut einprägen. Schreiben Sie Mustersätze auf Kärtchen und lernen Sie die vollständigen Formulierungen.

z. B. Ich fange an!   aber: Wann fängt das Konzert an?

34 finden

finden – fand – gefunden

Stammvokalwechsel **i – a – u**

e-Einschub (siehe Nr. 11)

Indikativ

Präsens	Perfekt	Futur I
ich finde	ich habe gefunden	ich werde finden
du findest	du hast gefunden	du wirst finden
er findet	er hat gefunden	er wird finden
wir finden	wir haben gefunden	wir werden finden
ihr findet	ihr habt gefunden	ihr werdet finden
sie finden	sie haben gefunden	sie werden finden

Präteritum	Plusquamperfekt	Futur II
ich fand	ich hatte gefunden	ich werde gefunden haben
du fandst	du hattest gefunden	du wirst gefunden haben
er fand	er hatte gefunden	er wird gefunden haben
wir fanden	wir hatten gefunden	wir werden gefunden haben
ihr fandet	ihr hattet gefunden	ihr werdet gefunden haben
sie fanden	sie hatten gefunden	sie werden gefunden haben

Konjunktiv

Präsens	Perfekt	Futur I
ich finde	ich habe gefunden	ich werde finden
du findest	du habest gefunden	du werdest finden
er finde	er habe gefunden	er werde finden
wir finden	wir haben gefunden	wir werden finden
ihr findet	ihr habet gefunden	ihr werdet finden
sie finden	sie haben gefunden	sie werden finden

Präteritum	Plusquamperfekt	Futur II
ich fände	ich hätte gefunden	ich werde gefunden haben
du fändest	du hättest gefunden	du werdest gefunden haben
er fände	er hätte gefunden	er werde gefunden haben
wir fänden	wir hätten gefunden	wir werden gefunden haben
ihr fändet	ihr hättet gefunden	ihr werdet gefunden haben
sie fänden	sie hätten gefunden	sie werden gefunden haben

Infinitiv

Präsens

finden

Perfekt

gefunden haben

Partizip

Partizip I

findend

Partizip II

gefunden

Imperativ

find(e) (du)
finden wir
findet (ihr)
finden Sie

Beispiele und Wendungen

Hast du den Schlüssel gefunden?
Endlich fanden wir den richtigen Weg.
Ich finde, dass dir die neue Frisur sehr gut steht.

eine Lösung finden	*zu einer Lösung kommen*
Freunde finden	*sich mit Leuten anfreunden*
zum Bahnhof finden	*zum Bahnhof kommen*
einen Termin finden	*gemeinsam einen Termin vereinbaren*
jmdn. nett finden	*die Meinung haben, dass jmd. nett ist*
etwas langweilig finden	*etwas als uninteressant beurteilen*
Ich finde, dass ...	*Ich bin der Meinung, dass ...*

Weitere Verben

sich befinden – erfinden – statt•finden – überwinden – verbinden – verschwinden

Das Hemd befindet sich im Schrank.	*Das Hemd ist im Schrank.*
Geschichten erfinden	*sich Geschichten ausdenken*
Das Konzert findet heute statt.	*Das Konzert ist heute.*
sich zu etwas überwinden	*etwas tun, was man nicht gern tut*
Bitte verbinden Sie mich mit Tina.	*Bitte geben Sie mir Tina ans Telefon.*
spurlos verschwinden	*nirgendwo mehr zu finden sein*
eine Wunde verbinden	*eine Verletzung versorgen / bedecken*

Tipp

Wenn Sie einen Text auf Deutsch lesen, konzentrieren Sie sich zunächst auf die Ihnen bereits bekannten Wörter! Versuchen Sie dann, die unbekannten Wörter aus dem Kontext zu erschließen.

35 fließen

fließen – floss – geflossen

Stammvokalwechsel **ie – o – o**
s-Ausfall (siehe Nr. 14) / Konsonantendopplung (siehe Nr. 16) / **e**-Einschub (siehe Nr. 13)

Indikativ

Präsens	Perfekt	Futur I
ich fließe	ich bin geflossen	ich werde fließen
du fließt	du bist geflossen	du wirst fließen
er fließt	er ist geflossen	er wird fließen
wir fließen	wir sind geflossen	wir werden fließen
ihr fließt	ihr seid geflossen	ihr werdet fließen
sie fließen	sie sind geflossen	sie werden fließen

Präteritum	Plusquamperfekt	Futur II
ich fl**oss**	ich war geflossen	ich werde geflossen sein
du fl**osse**st	du warst geflossen	du wirst geflossen sein
er fl**oss**	er war geflossen	er wird geflossen sein
wir fl**oss**en	wir waren geflossen	wir werden geflossen sein
ihr fl**oss**(e)t	ihr wart geflossen	ihr werdet geflossen sein
sie fl**oss**en	sie waren geflossen	sie werden geflossen sein

Konjunktiv

Präsens	Perfekt	Futur I
ich fließe	ich sei geflossen	ich werde fließen
du fließest	du sei(e)st geflossen	du werdest fließen
er fließe	er sei geflossen	er werde fließen
wir fließen	wir seien geflossen	wir werden fließen
ihr fließet	ihr sei(e)t geflossen	ihr werdet fließen
sie fließen	sie seien geflossen	sie werden fließen

Präteritum	Plusquamperfekt	Futur II
ich fl**össe**	ich wäre geflossen	ich werde geflossen sein
du fl**össe**st	du wär(e)st geflossen	du werdest geflossen sein
er fl**össe**	er wäre geflossen	er werde geflossen sein
wir fl**öss**en	wir wären geflossen	wir werden geflossen sein
ihr fl**öss**et	ihr wär(e)t geflossen	ihr werdet geflossen sein
sie fl**öss**en	sie wären geflossen	sie werden geflossen sein

Infinitiv

Präsens

fließen

Perfekt

geflossen sein

Partizip

Partizip I

fließend

Partizip II

gefl**oss**en

Imperativ

fließ(e) (du)
fließen wir
fließt (ihr)
fließen Sie

Beispiele und Wendungen

Der Fluss fließt zum Meer.
Beim Abschied flossen viele Tränen.

Der Strom fließt.	*Die Elektrizität ist an.*
Der Verkehr fließt.	*Die Autos bewegen sich vorwärts.*
Hier ist Geld geflossen.	*Hier wurde Geld gezahlt.*

Weitere Verben

(sich) an•schließen - aus•schließen - beschließen - entschließen

sich einer Gruppe anschließen	*Mitglied einer Gruppe werden*
Es ist nicht auszuschließen, dass ...	*Es ist möglich, dass ...*
Das können wir ausschließen.	*Wir wissen, dass das nicht möglich ist.*
etwas beschließen	*einen Plan fassen*
Wir haben uns entschlossen zu bleiben.	*Wir entschieden, dass wir bleiben.*

Besonderheiten

Die Wörter **ausschließen**, **beschließen**, (**sich**) **anschließen** und **entschließen** bilden die zusammengesetzten Zeiten mit **haben**. Diese Verben werden aber auch sehr häufig im Zustandspassiv benutzt (vgl. Grammatik S. 206), das mit **sein** gebildet wird.

z. B. Der Plan ist beschlossen. *Der Plan wurde vereinbart / steht fest.*

Tipp

Im Präsens steht nach dem langen **ie** ein **ß**. In anderen Zeitformen steht anstelle von **ie** ein kurzes **o** - deshalb schreibt man hier **ss**.

z. B. Es fließt. (langes ie → ß) Es floss. (kurzes o → ss)

geben

geben – gab – gegeben

Stammvokalwechsel **e – a – e**

Vokalwechsel im Präsens (siehe S. 198)

Indikativ

Präsens	Perfekt	Futur I
ich gebe	ich habe gegeben	ich werde geben
du gibst	du hast gegeben	du wirst geben
er gibt	er hat gegeben	er wird geben
wir geben	wir haben gegeben	wir werden geben
ihr gebt	ihr habt gegeben	ihr werdet geben
sie geben	sie haben gegeben	sie werden geben

Präteritum	Plusquamperfekt	Futur II
ich gab	ich hatte gegeben	ich werde gegeben haben
du gabst	du hattest gegeben	du wirst gegeben haben
er gab	er hatte gegeben	er wird gegeben haben
wir gaben	wir hatten gegeben	wir werden gegeben haben
ihr gabt	ihr hattet gegeben	ihr werdet gegeben haben
sie gaben	sie hatten gegeben	sie werden gegeben haben

Konjunktiv

Präsens	Perfekt	Futur I
ich gebe	ich habe gegeben	ich werde geben
du gebest	du habest gegeben	du werdest geben
er gebe	er habe gegeben	er werde geben
wir geben	wir haben gegeben	wir werden geben
ihr gebet	ihr habet gegeben	ihr werdet geben
sie geben	sie haben gegeben	sie werden geben

Präteritum	Plusquamperfekt	Futur II
ich gäbe	ich hätte gegeben	ich werde gegeben haben
du gäb(e)st	du hättest gegeben	du werdest gegeben haben
er gäbe	er hätte gegeben	er werde gegeben haben
wir gäben	wir hätten gegeben	wir werden gegeben haben
ihr gäb(e)t	ihr hättet gegeben	ihr werdet gegeben haben
sie gäben	sie hätten gegeben	sie werden gegeben haben

Infinitiv

Präsens

geben

Perfekt

gegeben haben

Partizip

Partizip I

gebend

Partizip II

gegeben

Imperativ

gib (du)
geben wir
gebt (ihr)
geben Sie

Beispiele und Wendungen

Amir gibt Thomas ein Buch.
Die Großmutter gibt ihrem Enkel ab und zu etwas Geld.

die Hand geben	*zur Begrüßung die Hand schütteln*
etwas zur Reparatur geben	*eine Sache reparieren lassen*
ein Interview geben	*einem Reporter / einer Reporterin Fragen beantworten*
eine Party geben	*eine Party veranstalten*

Weitere Verben

auf•geben - aus•geben - (sich) ergeben - heraus•geben - nach•geben - zu•geben

einen Plan aufgeben	*aufhören, etwas zu versuchen*
ein Paket aufgeben	*ein Paket verschicken*
Geld für etwas ausgeben	*Geld für etwas bezahlen*
Ich ergebe mich.	*Ich höre auf zu kämpfen.*
ein Buch herausgeben	*ein Buch veröffentlichen*
Er gibt nach.	*Er lässt jmd. anderes bestimmen.*
Die Tür gab nach.	*Die Tür ließ sich unter Druck bewegen.*
einen Fehler zugeben	*offen sagen, dass man einen Fehler gemacht hat*

Besonderheiten

Eine besondere Formulierung mit **geben** ist **es gibt** (+ Akkusativ). Es wird sehr häufig benutzt, um auszudrücken, was existiert oder vorhanden ist.

z. B. In Deutschland gibt es 16 Bundesländer.
Es gibt über sechs Millarden Menschen (auf der ganzen Welt).
Diesen Pullover gibt es auch in Grün.

37 gehen

Stammvokalwechsel **e - i - a**

gehen - ging - gegangen

Indikativ

Präsens	Perfekt	Futur I
ich gehe	ich bin gegangen	ich werde gehen
du gehst	du bist gegangen	du wirst gehen
er geht	er ist gegangen	er wird gehen
wir gehen	wir sind gegangen	wir werden gehen
ihr geht	ihr seid gegangen	ihr werdet gehen
sie gehen	sie sind gegangen	sie werden gehen

Präteritum	Plusquamperfekt	Futur II
ich **ging**	ich war gegangen	ich werde gegangen sein
du **ging**st	du warst gegangen	du wirst gegangen sein
er **ging**	er war gegangen	er wird gegangen sein
wir **ging**en	wir waren gegangen	wir werden gegangen sein
ihr **ging**t	ihr wart gegangen	ihr werdet gegangen sein
sie **ging**en	sie waren gegangen	sie werden gegangen sein

Konjunktiv

Präsens	Perfekt	Futur I
ich gehe	ich sei gegangen	ich werde gehen
du gehest	du sei(e)st gegangen	du werdest gehen
er gehe	er sei gegangen	er werde gehen
wir gehen	wir seien gegangen	wir werden gehen
ihr gehet	ihr sei(e)t gegangen	ihr werdet gehen
sie gehen	sie seien gegangen	sie werden gehen

Präteritum	Plusquamperfekt	Futur II
ich **ging**e	ich wäre gegangen	ich werde gegangen sein
du **ging**est	du wär(e)st gegangen	du werdest gegangen sein
er **ging**e	er wäre gegangen	er werde gegangen sein
wir **ging**en	wir wären gegangen	wir werden gegangen sein
ihr **ging**et	ihr wär(e)t gegangen	ihr werdet gegangen sein
sie **ging**en	sie wären gegangen	sie werden gegangen sein

Infinitiv

Präsens

gehen

Perfekt

gegangen sein

Partizip

Partizip I

gehend

Partizip II

geg**ang**en

Imperativ

geh(e) (du)
gehen wir
geht (ihr)
gehen Sie

Beispiele und Wendungen

Wir gehen in den Zoo.
Es tut mir leid, ich muss jetzt gehen.
Der Fernseher ist kaputt – er geht nicht mehr.

in die Schule gehen	*Schüler/in sein, die Schule besuchen*
in Urlaub gehen	*wegfahren, um Ferien zu machen*
etwas geht	*etwas funktioniert*
Geht das?	*Ist das möglich?*
Wie geht es dir?	*Wie fühlst du dich?*
Das geht mir nicht aus dem Kopf.	*Ich kann das nicht vergessen.*

Weitere Verben

an•gehen – aus•gehen – hintergehen – übergehen – unter•gehen – verloren•gehen

Das geht dich nichts an!	*Das ist nicht deine Sache!*
Wie gehen wir das Problem an?	*Was machen wir gegen das Problem?*
mit jmdm. ausgehen	*mit jmdm. Essen oder Tanzen gehen*
Ihm ist das Geld ausgegangen.	*Das Geld reichte ihm nicht.*
jmdn. hintergehen	*jmdn. betrügen*
Sie überging den Fehler.	*Sie beachtete den Fehler nicht.*
Das Schiff geht unter.	*Das Schiff sinkt.*
Die Sonne geht unter.	*Es wird Abend.*
verlorengegangen sein	*ergebnislos gesucht werden*

Besonderheiten

Nicht nur das Verb **gehen**, sondern auch viele Kombinationen **gehen** + Präfix (z. B. *vergehen*) bilden die zusammengesetzten Zeiten mit dem Hilfsverb **sein**.

38 gelten

gelten – galt – gegolten

Stammvokalwechsel **e – a – o**
Vokalwechsel im Präsens (siehe S. 198) /
e-Einschub (siehe Nr. 11)

Indikativ

Präsens	Perfekt	Futur I
ich gelte	ich habe gegolten	ich werde gelten
du g**i**ltst	du hast gegolten	du wirst gelten
er g**i**lt	er hat gegolten	er wird gelten
wir gelten	wir haben gegolten	wir werden gelten
ihr gelt**e**t	ihr habt gegolten	ihr werdet gelten
sie gelten	sie haben gegolten	sie werden gelten

Präteritum	Plusquamperfekt	Futur II
ich g**a**lt	ich hatte gegolten	ich werde gegolten haben
du g**a**lt(e)st	du hattest gegolten	du wirst gegolten haben
er g**a**lt	er hatte gegolten	er wird gegolten haben
wir g**a**lten	wir hatten gegolten	wir werden gegolten haben
ihr g**a**lt**e**t	ihr hattet gegolten	ihr werdet gegolten haben
sie g**a**lten	sie hatten gegolten	sie werden gegolten haben

Konjunktiv

Präsens	Perfekt	Futur I
ich gelte	ich habe gegolten	ich werde gelten
du geltest	du habest gegolten	du werdest gelten
er gelte	er habe gegolten	er werde gelten
wir gelten	wir haben gegolten	wir werden gelten
ihr geltet	ihr habet gegolten	ihr werdet gelten
sie gelten	sie haben gegolten	sie werden gelten

Präteritum	Plusquamperfekt	Futur II
ich g**ä**lte / g**ö**lte	ich hätte gegolten	ich werde gegolten haben
du g**ä**ltest / g**ö**ltest	du hättest gegolten	du werdest gegolten haben
er g**ä**lte / g**ö**lte	er hätte gegolten	er werde gegolten haben
wir g**ä**lten / g**ö**lten	wir hätten gegolten	wir werden gegolten haben
ihr g**ä**ltet /g**ö**ltet	ihr hättet gegolten	ihr werdet gegolten haben
sie g**ä**lten / g**ö**lten	sie hätten gegolten	sie werden gegolten haben

Infinitiv

Präsens

gelten

Perfekt

gegolten haben

Partizip

Partizip I

geltend

Partizip II

geg**o**lten

Imperativ

gelt(e) / g**i**lt* (du)
gelten wir
gelt**e**t (ihr)
gelten Sie

* selten

Beispiele und Wendungen

Das Ticket gilt nur für heute.
Frau Dr. Schmitt gilt als hervorragende Wissenschaftlerin.

jmd. gilt als intelligent	*jmd. wird als intelligent angesehen*
Dieses Ticket gilt nicht in Bussen.	*Dieses Ticket ist in Bussen nicht gültig.*
Die Wette gilt!	*Die Wette ist fest vereinbart.*
Das gilt auch für dich!	*Das musst auch du beachten!*
Die Regeln gelten für alle.	*Alle müssen nach den Regeln handeln.*
Der Gruß galt ihm.	*Der Gruß richtete sich an ihn.*
Die Prüfung gilt als schwierig.	*Man findet die Prüfung schwierig.*
Mein Interesse gilt der Forschung.	*Ich interessiere mich für die Forschung.*
Es gelten unsere Geschäftsbedingungen.	*Unsere Geschäftsbedingungen sind die Grundlage für alle Transaktionen.*

Weitere Verben

vergelten

Er wollte ihm diese Bosheit vergelten.	*Er wollte sich für diese Bosheit rächen.*
Wie kann ich dir deine Hilfe vergelten?	*Wie kann ich dir für deine Hilfe danken?*

Besonderheiten

Das Verb **vergelten** ist etwas veraltet. Heutzutage benutzt man meist *danken* in positiven und *heimzahlen* in negativen Fällen.

Tipp

Haben Sie mit einer Konjugation Schwierigkeiten, dann schreiben Sie das Verb mehrfach ab, das hilft sich die Formen einzuprägen. Markieren Sie dann die Endungen und Besonderheiten einzelner Verbformen farbig.

gleichen

Stammvokalwechsel **ei - i - i**

gleichen - glich - geglichen

Indikativ

Präsens	Perfekt	Futur I
ich gleiche	ich habe geglichen	ich werde gleichen
du gleichst	du hast geglichen	du wirst gleichen
er gleicht	er hat geglichen	er wird gleichen
wir gleichen	wir haben geglichen	wir werden gleichen
ihr gleicht	ihr habt geglichen	ihr werdet gleichen
sie gleichen	sie haben geglichen	sie werden gleichen

Präteritum	Plusquamperfekt	Futur II
ich glich	ich hatte geglichen	ich werde geglichen haben
du glichst	du hattest geglichen	du wirst geglichen haben
er glich	er hatte geglichen	er wird geglichen haben
wir glichen	wir hatten geglichen	wir werden geglichen haben
ihr glicht	ihr hattet geglichen	ihr werdet geglichen haben
sie glichen	sie hatten geglichen	sie werden geglichen haben

Konjunktiv

Präsens	Perfekt	Futur I
ich gleiche	ich habe geglichen	ich werde gleichen
du gleichest	du habest geglichen	du werdest gleichen
er gleiche	er habe geglichen	er werde gleichen
wir gleichen	wir haben geglichen	wir werden gleichen
ihr gleichet	ihr habet geglichen	ihr werdet gleichen
sie gleichen	sie haben geglichen	sie werden gleichen

Präteritum	Plusquamperfekt	Futur II
ich gliche	ich hätte geglichen	ich werde geglichen haben
du glichest	du hättest geglichen	du werdest geglichen haben
er gliche	er hätte geglichen	er werde geglichen haben
wir glichen	wir hätten geglichen	wir werden geglichen haben
ihr glichet	ihr hättet geglichen	ihr werdet geglichen haben
sie glichen	sie hätten geglichen	sie werden geglichen haben

Infinitiv

Präsens

gleichen

Perfekt

geglichen haben

Partizip

Partizip I

gleichend

Partizip II

geglichen

Imperativ

gleich(e) (du)
gleichen wir
gleicht (ihr)
gleichen Sie

Beispiele und Wendungen

Das Leben gleicht einem Fluss.
Die Schwestern gleichen sich wie ein Ei dem anderen.

dem Vater gleichen	*dem Vater sehr ähnlich sein*
einer Sache gleichen	*einer Sache ähnlich sein*
zwei Dinge gleichen sich	*zwei Dinge sehen identisch aus*

Weitere Verben

aus•gleichen - aus•weichen - bleichen - streichen - vergleichen

etwas ausgleichen	*etwas wieder in Balance bringen*
ein Konto ausgleichen	*Geld einzahlen, damit das Konto nicht mehr im Minus ist*
ausgeglichen sein	*guter (nicht extremer) Stimmung sein*
einem Blick ausweichen	*jmdm. nicht in die Augen schauen*
Er konnte gerade noch ausweichen.	*Er konnte so fahren, dass es nicht zum Unfall kam.*
sich die Haare bleichen	*die Haare heller färben*
eine Wand streichen	*eine Wand mit Farbe anmalen*
ein Brot streichen	*ein Brot mit Butter etc. bestreichen*
den Urlaub streichen	*den Urlaub absagen*
einige Dinge vergleichen	*Dinge in Relation zueinander beurteilen*
Das kann man nicht vergleichen.	*Das ist etwas ganz anderes.*

Tipp

Mit den Präfixen **ab-**, **an-**, und **be-** lassen sich weitere Wörter mit **gleichen** bilden. Schlagen Sie die Bedeutungen im Wörterbuch nach und notieren Sie sie hier. Auch **streichen** + Präfix führt zu neuen Wörtern. Kombinieren Sie **streichen** zum Beispiel mit *über-*, *unter-* und *aus-*.

40 gleiten

gleiten - glitt - geglitten

Stammvokalwechsel **ei - i - i**
e-Einschub (siehe Nr. 11) / Konsonantendopplung (siehe Nr. 16)

Indikativ

Präsens	Perfekt	Futur I
ich gleite	ich bin geglitten	ich werde gleiten
du gleitest	du bist geglitten	du wirst gleiten
er gleitet	er ist geglitten	er wird gleiten
wir gleiten	wir sind geglitten	wir werden gleiten
ihr gleitet	ihr seid geglitten	ihr werdet gleiten
sie gleiten	sie sind geglitten	sie werden gleiten

Präteritum	Plusquamperfekt	Futur II
ich glitt	ich war geglitten	ich werde geglitten sein
du glittst	du warst geglitten	du wirst geglitten sein
er glitt	er war geglitten	er wird geglitten sein
wir glitten	wir waren geglitten	wir werden geglitten sein
ihr glittet	ihr wart geglitten	ihr werdet geglitten sein
sie glitten	sie waren geglitten	sie werden geglitten sein

Konjunktiv

Präsens	Perfekt	Futur I
ich gleite	ich sei geglitten	ich werde gleiten
du gleitest	du sei(e)st geglitten	du werdest gleiten
er gleite	er sei geglitten	er werde gleiten
wir gleiten	wir seien geglitten	wir werden gleiten
ihr gleitet	ihr sei(e)t geglitten	ihr werdet gleiten
sie gleiten	sie seien geglitten	sie werden gleiten

Präteritum	Plusquamperfekt	Futur II
ich glitte	ich wäre geglitten	ich werde geglitten sein
du glittest	du wär(e)st geglitten	du werdest geglitten sein
er glitte	er wäre geglitten	er werde geglitten sein
wir glitten	wir wären geglitten	wir werden geglitten sein
ihr glittet	ihr wär(e)t geglitten	ihr werdet geglitten sein
sie glitten	sie wären geglitten	sie werden geglitten sein

Infinitiv

Präsens

gleiten

Perfekt

geglitten sein

Partizip

Partizip I

gleitend

Partizip II

geglitten

Imperativ

gleit(e) (du)
gleiten wir
gleitet (ihr)
gleiten Sie

Beispiele und Wendungen

Das Segelboot gleitet über das Wasser.
Die Eiskunstläufer glitten über das Eis.

zu Boden gleiten — *auf den Boden hinunterrutschen*
Das Messer glitt durch das Material wie durch Butter. — *Das Messer schnitt ohne Widerstand durch das Material.*

Weitere Verben

entgleiten - fort•schreiten - reiten - schreiten - (sich) streiten

Das Buch entglitt ihr. — *Das Buch ist ihr aus der Hand gerutscht.*
Das Projekt ist ihm entglitten. — *Er hat die Kontrolle über das Projekt verloren.*
Die Zeit schreitet fort. — *Die Zeit geht voran.*
im Galopp reiten — *auf einem Pferd galoppieren*
Die Reiterin ritt davon. — *Die Reiterin hat sich auf ihrem Pferd entfernt.*
Die Braut schreitet zum Altar. — *Die Braut geht feierlich zum Altar.*
sich mit jmdm. streiten — *mit jmdm. eine Auseinandersetzung haben*
Darüber lässt sich streiten. — *Darüber kann man diskutieren.*

Besonderheiten

Die Verben **reiten**, **entgleiten**, **gleiten** und **schreiten** bilden die zusammengesetzten Zeiten mit dem Hilfsverb **sein**, da sie alle eine Bewegung ausdrücken.

z. B. Ihre Hand ist mir entglitten.
Die Männer sind zur Ranch geritten.

41 greifen

greifen – griff – gegriffen

Stammvokalwechsel **ei - i - i**

Konsonantendopplung (siehe Nr. 16)

Indikativ

Präsens	Perfekt	Futur I
ich greife	ich habe gegriffen	ich werde greifen
du greifst	du hast gegriffen	du wirst greifen
er greift	er hat gegriffen	er wird greifen
wir greifen	wir haben gegriffen	wir werden greifen
ihr greift	ihr habt gegriffen	ihr werdet greifen
sie greifen	sie haben gegriffen	sie werden greifen

Präteritum	Plusquamperfekt	Futur II
ich gr**iff**	ich hatte gegriffen	ich werde gegriffen haben
du gr**iff**st	du hattest gegriffen	du wirst gegriffen haben
er gr**iff**	er hatte gegriffen	er wird gegriffen haben
wir gr**iff**en	wir hatten gegriffen	wir werden gegriffen haben
ihr gr**iff**t	ihr hattet gegriffen	ihr werdet gegriffen haben
sie gr**iff**en	sie hatten gegriffen	sie werden gegriffen haben

Konjunktiv

Präsens	Perfekt	Futur I
ich greife	ich habe gegriffen	ich werde greifen
du greifest	du habest gegriffen	du werdest greifen
er greife	er habe gegriffen	er werde greifen
wir greifen	wir haben gegriffen	wir werden greifen
ihr greifet	ihr habet gegriffen	ihr werdet greifen
sie greifen	sie haben gegriffen	sie werden greifen

Präteritum	Plusquamperfekt	Futur II
ich gr**iff**e	ich hätte gegriffen	ich werde gegriffen haben
du gr**iff**est	du hättest gegriffen	du werdest gegriffen haben
er gr**iff**e	er hätte gegriffen	er werde gegriffen haben
wir gr**iff**en	wir hätten gegriffen	wir werden gegriffen haben
ihr gr**iff**et	ihr hättet gegriffen	ihr werdet gegriffen haben
sie gr**iff**en	sie hätten gegriffen	sie werden gegriffen haben

Infinitiv

Präsens

greifen

Perfekt

gegriffen haben

Partizip

Partizip I

greifend

Partizip II

gegr**iff**en

Imperativ

greif(e) (du)
greifen wir
greift (ihr)
greifen Sie

Beispiele und Wendungen

Das Kind griff nach der Hand der Mutter.
Wenn das nicht hilft, müssen wir zu härteren Strafen greifen.

nach etwas greifen	*die Hand nach etwas ausstrecken*
zu einem Buch greifen	*sich ein Buch nehmen*

Weitere Verben

an•greifen – begreifen – ein•greifen – kneifen – schleichen – schleifen – zu•greifen

einen Gegner / eine Gegnerin angreifen	*den Kampf mit einem Gegner / einer Gegnerin beginnen*
jmdn. scharf angreifen	*jmdn. heftig kritisieren*
etwas begreifen	*etwas verstehen*
in ein Geschehen eingreifen	*handeln, um etwas zu verändern*
Die Polizei griff ein.	*Die Polizei übernahm die Kontrolle.*
vor etwas kneifen	*etwas aus Angst nicht tun wollen*
Die Hose kneift.	*Die Hose sitzt zu eng und drückt.*
sich leise aus dem Zimmer schleichen	*lautlos aus dem Zimmer gehen*
das Messer schleifen	*das Messer schärfer machen*
Greif zu!	*Nimm dir, so viel du willst!*
auf die Daten zugreifen	*die Daten lesen oder verwenden*

Tipp

Hier kommt es zur Verdoppelung des **f**. Achten Sie auf das kurze **i** in gr**i**ff und gr**i**ffen: Nach einem kurzen Vokal folgen fast immer mehrere Konsonanten.

Das Verb **schleifen** bedeutet manchmal auch, dass etwas irgendwohin gezogen wird. In diesem Fall wird es regelmäßig konjugiert.

z. B. Er hat den Sack über den Boden geschleift.

42

halten

halten – hielt – gehalten

Stammvokalwechsel **a – ie – a**
Vokalwechsel im Präsens (siehe S. 198) /
e-Einschub (siehe Nr. 11)

Indikativ

Präsens	Perfekt	Futur I
ich halte	ich habe gehalten	ich werde halten
du h**ä**ltst	du hast gehalten	du wirst halten
er h**ä**lt	er hat gehalten	er wird halten
wir halten	wir haben gehalten	wir werden halten
ihr halt**e**t	ihr habt gehalten	ihr werdet halten
sie halten	sie haben gehalten	sie werden halten

Präteritum	Plusquamperfekt	Futur II
ich h**ie**lt	ich hatte gehalten	ich werde gehalten haben
du h**ie**lt(e)st	du hattest gehalten	du wirst gehalten haben
er h**ie**lt	er hatte gehalten	er wird gehalten haben
wir h**ie**lten	wir hatten gehalten	wir werden gehalten haben
ihr h**ie**lt**e**t	ihr hattet gehalten	ihr werdet gehalten haben
sie h**ie**lten	sie hatten gehalten	sie werden gehalten haben

Konjunktiv

Präsens	Perfekt	Futur I
ich halte	ich habe gehalten	ich werde halten
du haltest	du habest gehalten	du werdest halten
er halte	er habe gehalten	er werde halten
wir halten	wir haben gehalten	wir werden halten
ihr haltet	ihr habet gehalten	ihr werdet halten
sie halten	sie haben gehalten	sie werden halten

Präteritum	Plusquamperfekt	Futur II
ich h**ie**lte	ich hätte gehalten	ich werde gehalten haben
du h**ie**ltest	du hättest gehalten	du werdest gehalten haben
er h**ie**lte	er hätte gehalten	er werde gehalten haben
wir h**ie**lten	wir hätten gehalten	wir werden gehalten haben
ihr h**ie**ltet	ihr hättet gehalten	ihr werdet gehalten haben
sie h**ie**lten	sie hätten gehalten	sie werden gehalten haben

Infinitiv

Präsens

halten

Perfekt

gehalten haben

Partizip

Partizip I

haltend

Partizip II

gehalten

Imperativ

halt(e) (du)
halten wir
haltet (ihr)
halten Sie

Beispiele und Wendungen

Die Fischerin hält das Netz.
In der einen Hand hielt er seinen Hut, in der anderen Hand einen Regenschirm.

einen Vortrag halten	*zu einem Thema sprechen*
etwas in der Hand halten	*etwas in der Hand haben*
ein Versprechen halten	*tun, was man versprochen hat*
Halt den Mund!	*Sag nichts!*
Davon halte ich nichts.	*Ich finde das nicht gut.*
jmdn. für klug halten	*glauben, dass jmd. klug ist*
Was hältst du von einer Tasse Tee?	*Hast du Lust auf eine Tasse Tee?*
Was hältst du von ihm?	*Was ist deine Meinung über ihn?*

Weitere Verben

auf•halten – aus•halten – behalten – durch•halten – enthalten – erhalten

jmdn. aufhalten	*verhindern, dass jmd. geht*
sich im Hotel aufhalten	*eine Zeit im Hotel verbringen*
Schmerzen aushalten	*Schmerzen ertragen*
Das halte ich nicht mehr aus!	*Das ertrage ich nicht länger.*
ein Buch behalten	*ein Buch nicht mehr zurückgeben*
Wir müssen durchhalten!	*Wir müssen die Situation überstehen.*
Das Buch enthält viele Bilder.	*In dem Buch sind viele Bilder.*
einen Brief erhalten	*einen Brief bekommen*
ein Haus erhalten	*ein Haus pflegen und konservieren*

Tipp

Schaffen Sie Zusammenhänge! Wenn Sie zum Beispiel das Wort **enthalten** lernen, finden Sie möglichst viele Beispiele dazu.
z. B. Kaffee enthält Koffein. / Eine Schachtel Eier enthält 10 Stück.

hängen

Stammvokalwechsel **ä - i - a**

hängen - hing - gehangen

Indikativ

Präsens	Perfekt	Futur I
ich hänge	ich habe gehangen	ich werde hängen
du hängst	du hast gehangen	du wirst hängen
er hängt	er hat gehangen	er wird hängen
wir hängen	wir haben gehangen	wir werden hängen
ihr hängt	ihr habt gehangen	ihr werdet hängen
sie hängen	sie haben gehangen	sie werden hängen

Präteritum	Plusquamperfekt	Futur II
ich hing	ich hatte gehangen	ich werde gehangen haben
du hing(e)st	du hattest gehangen	du wirst gehangen haben
er hing	er hatte gehangen	er wird gehangen haben
wir hingen	wir hatten gehangen	wir werden gehangen haben
ihr hingt	ihr hattet gehangen	ihr werdet gehangen haben
sie hingen	sie hatten gehangen	sie werden gehangen haben

Konjunktiv

Präsens	Perfekt	Futur I
ich hänge	ich habe gehangen	ich werde hängen
du hängest	du habest gehangen	du werdest hängen
er hänge	er habe gehangen	er werde hängen
wir hängen	wir haben gehangen	wir werden hängen
ihr hänget	ihr habet gehangen	ihr werdet hängen
sie hängen	sie haben gehangen	sie werden hängen

Präteritum	Plusquamperfekt	Futur II
ich hinge	ich hätte gehangen	ich werde gehangen haben
du hingest	du hättest gehangen	du werdest gehangen haben
er hinge	er hätte gehangen	er werde gehangen haben
wir hingen	wir hätten gehangen	wir werden gehangen haben
ihr hinget	ihr hättet gehangen	ihr werdet gehangen haben
sie hingen	sie hätten gehangen	sie werden gehangen haben

Infinitiv

Präsens

hängen

Perfekt

gehangen haben/sein*

Partizip

Partizip I

hängend

Partizip II

gehangen

Imperativ

häng(e) (du)
hängen wir
hängt (ihr)
hängen Sie

* in Süddeutschland auch mit *sein* konjugiert

Beispiele und Wendungen

Das Bild hängt an der Wand.
Dunkle Regenwolken hingen über der Stadt.

an etwas hängen	*etwas mögen*
Sie hängt an ihrer Mutter.	*Sie hat eine starke Bindung zu ihrer Mutter.*
Die Uhr hängt.	*Die Uhr bleibt stehen.*
Die Maschine hängt.	*Die Maschine funktioniert nicht.*
Der Rauch hängt in der Luft.	*Der Rauch schwebt in der Luft.*
Sie hängt ständig am Telefon.	*Sie telefoniert ständig.*
Der Baum hängt voller Äpfel.	*Der Baum trägt viele Äpfel.*

Weitere Verben

ab•hängen – herum•hängen

Das hängt vom Wetter ab.	*Das kommt aufs Wetter an.*
Das hängt ganz von dir ab.	*Das ist allein deine Entscheidung.*
in der Stadt herumhängen	*sich ohne bestimmten Plan in der Stadt aufhalten* (umgangssprachlich)

Besonderheiten

Je nach Bedeutung kann das Verb **hängen** unterschiedlich konjugiert werden. Wenn *hängen* den Zustand beschreibt, dass eine Sache irgendwo befestigt ist, dann wird das Wort unregelmäßig (siehe Verbtabelle) konjugiert. Wenn **hängen** dagegen die Aktion beschreibt, dass jemand etwas irgendwo befestigt, dann wird das Verb regelmäßig konjugiert.

z. B. Das Bild hing an der Wand. *(Zustand)*
Tom hängte das Bild an die Wand. *(Aktion)*

heben

Stammvokalwechsel **e - o - o**

heben - hob - gehoben

Indikativ

Präsens	Perfekt	Futur I
ich hebe	ich habe gehoben	ich werde heben
du hebst	du hast gehoben	du wirst heben
er hebt	er hat gehoben	er wird heben
wir heben	wir haben gehoben	wir werden heben
ihr hebt	ihr habt gehoben	ihr werdet heben
sie heben	sie haben gehoben	sie werden heben

Präteritum	Plusquamperfekt	Futur II
ich hob / hub*	ich hatte gehoben	ich werde gehoben haben
du hobst / hubst*	du hattest gehoben	du wirst gehoben haben
er hob / hub*	er hatte gehoben	er wird gehoben haben
wir hoben / huben*	wir hatten gehoben	wir werden gehoben haben
ihr hobt / hubt*	ihr hattet gehoben	ihr werdet gehoben haben
sie hoben / huben*	sie hatten gehoben	sie werden gehoben haben

Konjunktiv

Präsens	Perfekt	Futur I
ich hebe	ich habe gehoben	ich werde heben
du hebest	du habest gehoben	du werdest heben
er hebe	er habe gehoben	er werde heben
wir heben	wir haben gehoben	wir werden heben
ihr hebet	ihr habet gehoben	ihr werdet heben
sie heben	sie haben gehoben	sie werden heben

Präteritum	Plusquamperfekt	Futur II
ich höbe / hübe*	ich hätte gehoben	ich werde gehoben haben
du höbest / hübest*	du hättest gehoben	du werdest gehoben haben
er höbe / hübe*	er hätte gehoben	er werde gehoben haben
wir höben / hüben*	wir hätten gehoben	wir werden gehoben haben
ihr höbet / hübet*	ihr hättet gehoben	ihr werdet gehoben haben
sie höben / hüben*	sie hätten gehoben	sie werden gehoben haben

Infinitiv

Präsens

heben

Perfekt

gehoben haben

Partizip

Partizip I

hebend

Partizip II

gehoben

Imperativ

heb(e) (du)
heben wir
hebt (ihr)
heben Sie

* veraltete Formen, gelten nur für *heben* und Komposita

Beispiele und Wendungen

Sie hob die Kiste ins Auto.
Der Koffer war so schwer, dass ich ihn nicht heben konnte.

die Hand heben	*die Hand nach oben strecken; oft: sich für etwas melden*
die Stimme heben	*lauter / höher sprechen*
die Stimmung heben	*die Stimmung verbessern*
Der Vorhang im Theater hob sich.	*Der Vorhang bewegte sich nach oben.*
Der Kran hebt die Last.	*Der Kran zieht die Last nach oben.*

Weitere Verben

ab•heben - auf•heben - (sich) erheben - hervor•heben - hoch•heben

Geld vom Konto abheben	*Geld von der Bank holen*
Das Flugzeug hebt ab.	*Das Flugzeug startet.*
sich vom Hintergrund abheben	*vor einem Hintergrund deutlich sichtbar sein*
etwas vom Boden aufheben	*etwas nehmen, was unten liegt*
alte Kleider aufheben	*alte Kleider nicht wegwerfen*
Sie erhob sich.	*Sie stand auf.*
einen Satz hervorheben	*einen Satz im Text markieren*
Ich möchte hervorheben, dass ...	*Ich möchte betonen, dass ...*
ein Kind hochheben	*ein Kind hochhalten*

Tipp

Bestimmt haben Sie schon öfter Wörter als Gegensatzpaare gelernt - *schnell - langsam* beispielsweise. Sie können das auch mit Wendungen machen!

z. B. die Hand heben - die Hand senken
Geld abheben - Geld einzahlen

heißen

heißen – hieß – geheißen

Stammvokalwechsel **ei – ie – ei**

s-Ausfall (siehe Nr. 14) / **e**-Einschub (siehe Nr. 13)

Indikativ

Präsens	Perfekt	Futur I
ich heiße	ich habe geheißen	ich werde heißen
du heißt	du hast geheißen	du wirst heißen
er heißt	er hat geheißen	er wird heißen
wir heißen	wir haben geheißen	wir werden heißen
ihr heißt	ihr habt geheißen	ihr werdet heißen
sie heißen	sie haben geheißen	sie werden heißen

Präteritum	Plusquamperfekt	Futur II
ich h**ie**ß	ich hatte geheißen	ich werde geheißen haben
du h**ie**ß**e**st	du hattest geheißen	du wirst geheißen haben
er h**ie**ß	er hatte geheißen	er wird geheißen haben
wir h**ie**ßen	wir hatten geheißen	wir werden geheißen haben
ihr h**ie**ß(e)t	ihr hattet geheißen	ihr werdet geheißen haben
sie h**ie**ßen	sie hatten geheißen	sie werden geheißen haben

Konjunktiv

Präsens	Perfekt	Futur I
ich heiße	ich habe geheißen	ich werde heißen
du heißest	du habest geheißen	du werdest heißen
er heiße	er habe geheißen	er werde heißen
wir heißen	wir haben geheißen	wir werden heißen
ihr heißet	ihr habet geheißen	ihr werdet heißen
sie heißen	sie haben geheißen	sie werden heißen

Präteritum	Plusquamperfekt	Futur II
ich h**ie**ße	ich hätte geheißen	ich werde geheißen haben
du h**ie**ßest	du hättest geheißen	du werdest geheißen haben
er h**ie**ße	er hätte geheißen	er werde geheißen haben
wir h**ie**ßen	wir hätten geheißen	wir werden geheißen haben
ihr h**ie**ßet	ihr hättet geheißen	ihr werdet geheißen haben
sie h**ie**ßen	sie hätten geheißen	sie werden geheißen haben

Infinitiv

Präsens

heißen

Perfekt

geheißen haben

Partizip

Partizip I

heißend

Partizip II

geheißen

Imperativ

heiß(e) (du)
heißen wir
heißt (ihr)
heißen Sie

Beispiele und Wendungen

Hallo, ich heiße Marie.
Dieser Berg heißt Mount Everest.

Er heißt mit Nachnamen Schmidt.	*Sein Nachname ist Schmidt.*
jmdn. willkommen heißen	*jmdn. herzlich begrüßen*
Was heißt „Blume" auf Englisch?	*Was ist das englische Wort für Blume?*
Wie heißt das auf Deutsch?	*Wie ist die deutsche Übersetzung dafür?*
Was heißt das für uns?	*Welche Konsequenz hat das für uns?*
Was soll das denn heißen?	*Was soll das denn bedeuten?*
Heißt das, du kommst?	*Willst du damit sagen, dass du kommst?*
Es heißt, dass es kalt wird.	*Man sagt, dass es kalt wird.*
Ich komme gern, das heißt, wenn ich darf.	*Ich komme gern, natürlich nur, wenn ich darf.*

Weitere Verben

gut•heißen

etwas nicht gutheißen können	*etwas nicht für richtig halten*

Tipp

Lesen Sie sich die Wendungen und Beispielsätze mehrmals laut vor.
Ändern Sie dabei vielleicht auch einmal den Tonfall: Sprechen Sie die Wendungen einmal leise und freundlich, dann laut und ärgerlich, und beim nächsten Mal vielleicht so, als würden Sie mit jemandem flirten?
Auf diese Weise erhalten die Wörter mehr Bedeutung – und sind leichter zu lernen.

helfen

helfen - half - geholfen

Stammvokalwechsel **e - a - o**

Vokalwechsel im Präsens (siehe S. 198)

Indikativ

Präsens	Perfekt	Futur I
ich helfe	ich habe geholfen	ich werde helfen
du hilfst	du hast geholfen	du wirst helfen
er hilft	er hat geholfen	er wird helfen
wir helfen	wir haben geholfen	wir werden helfen
ihr helft	ihr habt geholfen	ihr werdet helfen
sie helfen	sie haben geholfen	sie werden helfen

Präteritum	Plusquamperfekt	Futur II
ich half	ich hatte geholfen	ich werde geholfen haben
du halfst	du hattest geholfen	du wirst geholfen haben
er half	er hatte geholfen	er wird geholfen haben
wir halfen	wir hatten geholfen	wir werden geholfen haben
ihr halft	ihr hattet geholfen	ihr werdet geholfen haben
sie halfen	sie hatten geholfen	sie werden geholfen haben

Konjunktiv

Präsens	Perfekt	Futur I
ich helfe	ich habe geholfen	ich werde helfen
du helfest	du habest geholfen	du werdest helfen
er helfe	er habe geholfen	er werde helfen
wir helfen	wir haben geholfen	wir werden helfen
ihr helfet	ihr habet geholfen	ihr werdet helfen
sie helfen	sie haben geholfen	sie werden helfen

Präteritum	Plusquamperfekt	Futur II
ich hülfe / hälfe*	ich hätte geholfen	ich werde geholfen haben
du hülfest / hälfest*	du hättest geholfen	du werdest geholfen haben
er hülfe / hälfe*	er hätte geholfen	er werde geholfen haben
wir hülfen / hälfen*	wir hätten geholfen	wir werden geholfen haben
ihr hülfet / hälfet*	ihr hättet geholfen	ihr werdet geholfen haben
sie hülfen / hälfen*	sie hätten geholfen	sie werden geholfen haben

Infinitiv

Präsens

helfen

Perfekt

geholfen haben

Partizip

Partizip I

helfend

Partizip II

geholfen

Imperativ

hilf (du)
helfen wir
helft (ihr)
helfen Sie

* selten

Beispiele und Wendungen

Hilfst du mir, die Kiste zu tragen?
Bei Kopfschmerzen hilft manchmal etwas frische Luft.

jmdm. bei etwas helfen	*jmdn. in einer Sache unterstützen*
jmdm. über die Straße helfen	*jmdn. über die Straße bringen*
Kann man Ihnen helfen?	*Kann ich etwas für Sie tun?*
Sie weiß sich nicht zu helfen	*Sie findet keine Lösung für ein Problem.*
Ihm ist nicht mehr zu helfen.	*Bei ihm sind alle Ratschläge umsonst.*

Weitere Verben

aus•helfen - mit•helfen - nach•helfen - weiter•helfen

in einem Unternehmen aushelfen	*jmdn. bei einer Aufgabe unterstützen*
bei einem Projekt mithelfen	*an einem Projekt mitarbeiten*
bei etwas nachhelfen	*gesonderte Unterstützung geben*
jmdm. weiterhelfen	*jmdn. in einem Vorhaben voranbringen*

Besonderheiten

Wenn nach **helfen** nur ein einfaches Verb steht, braucht man kein **zu**. Folgt aber eine längere Ergänzung, muss man das Wort **zu** verwenden.
z. B. Ich helfe dir kochen. Ich helfe dir, *das Essen* zu kochen.

Tipp

Erweitern Sie Ihren Wortschatz! Alle *‚weiteren Verben'* können Sie in Substantive umwandeln, indem Sie das Präfix mit dem Wort **Hilfe** kombinieren.
z. B. nachhelfen → Nachhilfe
Schlagen Sie die Bedeutungen im Wörterbuch nach und schreiben Sie sich die Wendungen mit den passenden Verben und jeweiligen Bedeutungen auf.
z. B. Nachhilfe → Nachhilfe nehmen, Nachhilfe geben ...

47 kennen

Stammvokalwechsel **e - a - a**

kennen - kannte - gekannt

Indikativ

Präsens	Perfekt	Futur I
ich kenne	ich habe gekannt	ich werde kennen
du kennst	du hast gekannt	du wirst kennen
er kennt	er hat gekannt	er wird kennen
wir kennen	wir haben gekannt	wir werden kennen
ihr kennt	ihr habt gekannt	ihr werdet kennen
sie kennen	sie haben gekannt	sie werden kennen

Präteritum	Plusquamperfekt	Futur II
ich kannte / kennte*	ich hatte gekannt	ich werde gekannt haben
du kanntest / kenntest*	du hattest gekannt	du wirst gekannt haben
er kannte / kennte*	er hatte gekannt	er wird gekannt haben
wir kannten / kennten*	wir hatten gekannt	wir werden gekannt haben
ihr kanntet / kenntet*	ihr hattet gekannt	ihr werdet gekannt haben
sie kannten / kennten*	sie hatten gekannt	sie werden gekannt haben

Konjunktiv

Präsens	Perfekt	Futur I
ich kenne	ich habe gekannt	ich werde kennen
du kennest	du habest gekannt	du werdest kennen
er kenne	er habe gekannt	er werde kennen
wir kennen	wir haben gekannt	wir werden kennen
ihr kennet	ihr habet gekannt	ihr werdet kennen
sie kennen	sie haben gekannt	sie werden kennen

Präteritum	Plusquamperfekt	Futur II
ich kennte	ich hätte gekannt	ich werde gekannt haben
du kenntest	du hättest gekannt	du werdest gekannt haben
er kennte	er hätte gekannt	er werde gekannt haben
wir kennten	wir hätten gekannt	wir werden gekannt haben
ihr kenntet	ihr hättet gekannt	ihr werdet gekannt haben
sie kennten	sie hätten gekannt	sie werden gekannt haben

Infinitiv

Präsens

kennen

Perfekt

gekannt haben

Partizip

Partizip I

kennend

Partizip II

gekannt

Imperativ

kenn(e) (du)
kennen wir
kennt (ihr)
kennen Sie

* selten

Beispiele und Wendungen

Sanne kennt Martin schon sehr lange.
Er kennt die Stadt sehr gut, da er hier aufgewachsen ist.

jmdn. gut kennen	*mit jmdm. sehr vertraut sein*
Ich kenne seinen Namen nicht.	*Ich weiß nicht, wie er heißt.*
Ich kenne da ein nettes Café.	*Ich weiß dort ein nettes Café.*
Man kennt Bob Dylan als Sänger.	*Bob Dylan ist als Sänger bekannt.*
Wie ich sie kenne, ist sie schon wach.	*Nach meiner Erfahrung / Einschätzung ist sie schon wach.*
Er kannte kein Mitleid.	*Er handelte, ohne Mitleid zu zeigen.*

Weitere Verben

ab•brennen - nennen - rennen - verbrennen

Ein Haus brennt ab.	*Ein Haus wird durch Feuer vernichtet.*
Sie nannte ihren Sohn Paul.	*Sie gab ihrem Sohn den Namen Paul.*
Er heißt Alfred, aber er nennt sich Ali.	*Sein Name ist Alfred, aber er lässt sich Ali rufen.*
aus dem Zimmer rennen	*schnell aus dem Zimmer laufen*
sich die Finger verbrennen	*sich die Finger am Feuer verletzen* übertragen: *etwas tun, was einem schadet*
Briefe verbrennen	*Briefe im Feuer vernichten*

Besonderheiten

Vorsicht! Die Konjunktivform von **kennen** leitet sich nicht vom Präteritum *kannte* ab, sondern lautet **kennte**:

z. B. Wenn du ihn wirklich *kenntest*, würdest du anders über ihn denken.
Diese Form ist allerdings nicht sehr geläufig.

48 kommen

kommen - kam - gekommen

Stammvokalwechsel **o - a - o**

Ausfall des Doppelkonsonanten (siehe Nr. 17)

Indikativ

Präsens	Perfekt	Futur I
ich komme	ich bin gekommen	ich werde kommen
du kommst	du bist gekommen	du wirst kommen
er kommt	er ist gekommen	er wird kommen
wir kommen	wir sind gekommen	wir werden kommen
ihr kommt	ihr seid gekommen	ihr werdet kommen
sie kommen	sie sind gekommen	sie werden kommen

Präteritum	Plusquamperfekt	Futur II
ich **kam**	ich war gekommen	ich werde gekommen sein
du **kam**st	du warst gekommen	du wirst gekommen sein
er **kam**	er war gekommen	er wird gekommen sein
wir **kam**en	wir waren gekommen	wir werden gekommen sein
ihr **kam**t	ihr wart gekommen	ihr werdet gekommen sein
sie **kam**en	sie waren gekommen	sie werden gekommen sein

Konjunktiv

Präsens	Perfekt	Futur I
ich komme	ich sei gekommen	ich werde kommen
du kommest	du sei(e)st gekommen	du werdest kommen
er komme	er sei gekommen	er werde kommen
wir kommen	wir seien gekommen	wir werden kommen
ihr kommet	ihr sei(e)t gekommen	ihr werdet kommen
sie kommen	sie seien gekommen	sie werden kommen

Präteritum	Plusquamperfekt	Futur II
ich **käm**e	ich wäre gekommen	ich werde gekommen sein
du **käm**(e)st	du wär(e)st gekommen	du werdest gekommen sein
er **käm**e	er wäre gekommen	er werde gekommen sein
wir **käm**en	wir wären gekommen	wir werden gekommen sein
ihr **käm**(e)t	ihr wär(e)t gekommen	ihr werdet gekommen sein
sie **käm**en	sie wären gekommen	sie werden gekommen sein

Infinitiv

Präsens

kommen

Perfekt

gekommen sein

Partizip

Partizip I

kommend

Partizip II

gekommen

Imperativ

komm(e) (du)
kommen wir
kommt (ihr)
kommen Sie

Beispiele und Wendungen

Tanja kommt immer pünktlich.
Emil kommt aus der Schweiz.
Wie kommt man von hier zum Flughafen?

nach Hause kommen	*zu Hause eintreffen*
Komm schon!	*Beeil dich! Mach schnell!*
Morgen kommt Steffi zu mir.	*Morgen besucht mich Steffi.*
Komm, wir gehen ins Kino!	*Lass uns ins Kino gehen!*
Wie kommst du darauf?	*Woher hast du diese Idee?*
Wann kommt Elisa in die Schule?	*Wann beginnt Elisa mit der Schule?*
Dann kam sie wieder zu sich.	*Dann erwachte sie aus der Ohnmacht.*
Das kommt jetzt sehr überraschend.	*Das wurde sehr überraschend gesagt.*
Es kam zum Streit.	*Ein Streit entwickelte sich.*

Weitere Verben

an•kommen - bekommen - mit•kommen - um•kommen

an einem Ort ankommen	*einen Ort erreichen*
das kommt darauf an, ob ...	*das hängt davon ab, ob ...*
ein Geschenk bekommen	*ein Geschenk erhalten*
einen Schnupfen bekommen	*an einem Schnupfen erkranken*
jmd. kommt mit	*jmd. schließt sich einer Gruppe an*
bei einem Unfall umkommen	*bei einem Unfall sterben*

Tipp

Setzen Sie sich beim Deutschlernen realistische Ziele. Es braucht Zeit, eine Sprache zu lernen - also nehmen Sie sich nicht zu viel vor! Besser Sie lernen mehrmals pro Woche eine halbe Stunde, als nur einmal 5 Stunden.

49 können

können – konnte – gekonnt

Indikativ

Präsens	Perfekt	Futur I
ich kann	ich habe gekonnt	ich werde können
du kannst	du hast gekonnt	du wirst können
er kann	er hat gekonnt	er wird können
wir können	wir haben gekonnt	wir werden können
ihr könnt	ihr habt gekonnt	ihr werdet können
sie können	sie haben gekonnt	sie werden können

Präteritum	Plusquamperfekt	Futur II
ich konnte	ich hatte gekonnt	ich werde gekonnt haben
du konntest	du hattest gekonnt	du wirst gekonnt haben
er konnte	er hatte gekonnt	er wird gekonnt haben
wir konnten	wir hatten gekonnt	wir werden gekonnt haben
ihr konntet	ihr hattet gekonnt	ihr werdet gekonnt haben
sie konnten	sie hatten gekonnt	sie werden gekonnt haben

Konjunktiv

Präsens	Perfekt	Futur I
ich könne	ich habe gekonnt	ich werde können
du könnest	du habest gekonnt	du werdest können
er könne	er habe gekonnt	er werde können
wir können	wir haben gekonnt	wir werden können
ihr könnet	ihr habet gekonnt	ihr werdet können
sie können	sie haben gekonnt	sie werden können

Präteritum	Plusquamperfekt	Futur II
ich könnte	ich hätte gekonnt	ich werde gekonnt haben
du könntest	du hättest gekonnt	du werdest gekonnt haben
er könnte	er hätte gekonnt	er werde gekonnt haben
wir könnten	wir hätten gekonnt	wir werden gekonnt haben
ihr könntet	ihr hättet gekonnt	ihr werdet gekonnt haben
sie könnten	sie hätten gekonnt	sie werden gekonnt haben

Infinitiv	Partizip	Imperativ
Präsens	**Partizip I**	—
können	könnend	—
Perfekt	**Partizip II**	—
gekonnt haben	gekonnt	—

Beispiele und Wendungen

Alexander kann sehr gut Klavier spielen.
Tine kann Französisch, Englisch und Rumänisch.

Ich kann Deutsch.	*Ich spreche und verstehe Deutsch.*
Er kann nichts dafür.	*Er ist an etwas nicht schuld.*
Kann ich ins Bad?	*Darf ich ins Bad?*
Wie konntest du nur?	*Warum hast du das getan?*
Kannst du mir das Buch geben?	*Würdest du mir bitte das Buch geben?*
Kannst du Auto fahren?	*Bist du fähig, Auto zu fahren?*
Das kann schon sein.	*Das ist schon möglich.*
Das kann passieren.	*Es ist möglich, dass das passiert.*
Wer fertig ist, kann gehen.	*Wer fertig ist, darf gehen.*
Sie kann auch den Bus verpasst haben.	*Es ist möglich, dass sie den Bus verpasst hat.*

Besonderheiten

Steht im Satz neben **können** ein zweites Verb, so wird in Perfekt und Plusquamperfekt die Form *können* statt Partizip II verwendet. Nur selten, wenn *können* als selbstständiges Vollverb verwendet wird, benötigt man die Form *gekonnt* (vgl. *dürfen*, → Nr. 28).

z. B.	Der Spieler war erschöpft, er hat nicht mehr gekonnt.	(Vollverb)
	Er hat sich kaum noch bewegen können.	(Modalverb)

können wird häufig in Fragen benutzt, um eine Bitte höflicher zu gestalten. Noch höflicher wird der Konjunktiv empfunden (ähnlich wie *würde*).

z. B.	Gib mir bitte das Buch.	(normaler Imperativ)
	Kannst du mir bitte das Buch geben?	(höfliche Frage)
	Könntest du mir bitte das Buch geben?	(noch höflichere Frage)

50 laden

laden - lud - geladen

Stammvokalwechsel **a -u - a**
Vokalwechsel im Präsens (siehe S. 198) /
e-Einschub (siehe Nr. 11)

Indikativ

Präsens	Perfekt	Futur I
ich lade	ich habe geladen	ich werde laden
du lädst	du hast geladen	du wirst laden
er lädt	er hat geladen	er wird laden
wir laden	wir haben geladen	wir werden laden
ihr ladet	ihr habt geladen	ihr werdet laden
sie laden	sie haben geladen	sie werden laden

Präteritum	Plusquamperfekt	Futur II
ich lud	ich hatte geladen	ich werde geladen haben
du lud(e)st	du hattest geladen	du wirst geladen haben
er lud	er hatte geladen	er wird geladen haben
wir luden	wir hatten geladen	wir werden geladen haben
ihr ludet	ihr hattet geladen	ihr werdet geladen haben
sie luden	sie hatten geladen	sie werden geladen haben

Konjunktiv

Präsens	Perfekt	Futur I
ich lade	ich habe geladen	ich werde laden
du ladest	du habest geladen	du werdest laden
er lade	er habe geladen	er werde laden
wir laden	wir haben geladen	wir werden laden
ihr ladet	ihr habet geladen	ihr werdet laden
sie laden	sie haben geladen	sie werden laden

Präteritum	Plusquamperfekt	Futur II
ich lüde	ich hätte geladen	ich werde geladen haben
du lüdest	du hättest geladen	du werdest geladen haben
er lüde	er hätte geladen	er werde geladen haben
wir lüden	wir hätten geladen	wir werden geladen haben
ihr lüdet	ihr hättet geladen	ihr werdet geladen haben
sie lüden	sie hätten geladen	sie werden geladen haben

Infinitiv

Präsens

laden

Perfekt

geladen haben

Partizip

Partizip I

ladend

Partizip II

geladen

Imperativ

lad(e) (du)
laden wir
ladet (ihr)
laden Sie

Beispiele und Wendungen

Vergiss nicht, die Batterien zu laden.
Der LKW lädt Lebensmittel und bringt sie zu den Supermärkten.

eine Datei auf den Computer laden — *mit dem Computer eine Datei einlesen*
etwas ins Auto laden — *eine Last ins Auto legen*

Weitere Verben

auf•laden - beladen - ein•laden - entladen - hoch•laden - herunter•laden

eine Batterie aufladen — *einen Akku mit Elektrizität füllen*
das Handy-Guthaben aufladen — *Gesprächszeit für ein Handy kaufen*
ein Auto beladen — *Gepäck in ein Auto stellen*
Freunde zum Essen einladen — *Freunde bitten, zum Essen zu kommen*

Besonderheiten

Vorsicht bei der Aussprache! Man schreibt im Präsens „**du lädtst**“ und „**er lädt**“ - zu hören ist aber nur ein **t**. Auch das **ä** bleibt lang und wird nicht (wie normalerweise üblich) vor einem Doppelkonsonanten kurz ausgesprochen.

Tipp

Es gibt viele Wörter, die mit **laden** verwandt sind. Welche kennen Sie bereits? Schlagen Sie weitere im Wörterbuch nach und zeichnen Sie ein Diagramm:

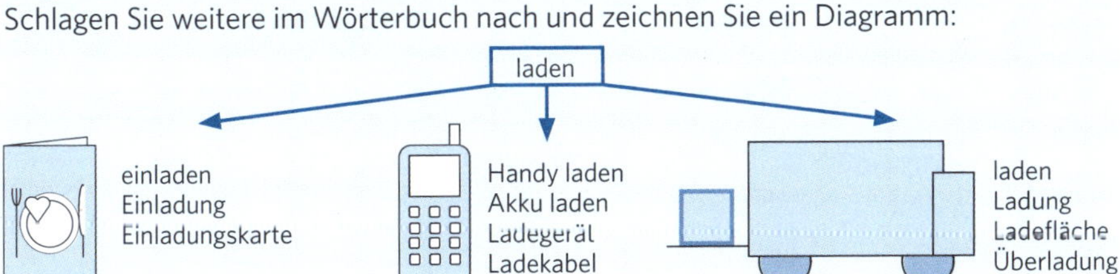

51 lassen

lassen – ließ – gelassen

Stammvokalwechsel **a – ie – a** / Vokalwechsel im Präsens (siehe S. 198) / **s**-Ausfall (siehe Nr. 14) / **e**-Einschub (siehe Nr. 13) / Ausfall des Doppelkonsonanten (siehe Nr. 17)

Indikativ

Präsens	Perfekt	Futur I
ich lasse	ich habe gelassen	ich werde lassen
du **ä**sst / l**ä**ssest*	du hast gelassen	du wirst lassen
er l**ä**sst	er hat gelassen	er wird lassen
wir lassen	wir haben gelassen	wir werden lassen
ihr lasst	ihr habt gelassen	ihr werdet lassen
sie lassen	sie haben gelassen	sie werden lassen

Präteritum	Plusquamperfekt	Futur II
ich **ließ**	ich hatte gelassen	ich werde gelassen haben
du **ließ**est	du hattest gelassen	du wirst gelassen haben
er **ließ**	er hatte gelassen	er wird gelassen haben
wir **ließ**en	wir hatten gelassen	wir werden gelassen haben
ihr **ließ**(e)t	ihr hattet gelassen	ihr werdet gelassen haben
sie **ließ**en	sie hatten gelassen	sie werden gelassen haben

Konjunktiv

Präsens	Perfekt	Futur I
ich lasse	ich habe gelassen	ich werde lassen
du lassest	du habest gelassen	du werdest lassen
er lasse	er habe gelassen	er werde lassen
wir lassen	wir haben gelassen	wir werden lassen
ihr lasset	ihr habet gelassen	ihr werdet lassen
sie lassen	sie haben gelassen	sie werden lassen

Präteritum	Plusquamperfekt	Futur II
ich **ließ**e	ich hätte gelassen	ich werde gelassen haben
du **ließ**est	du hättest gelassen	du werdest gelassen haben
er **ließ**e	er hätte gelassen	er werde gelassen haben
wir **ließ**en	wir hätten gelassen	wir werden gelassen haben
ihr **ließ**et	ihr hättet gelassen	ihr werdet gelassen haben
sie **ließ**en	sie hätten gelassen	sie werden gelassen haben

Infinitiv

Präsens

lassen

Perfekt

gelassen haben

Partizip

Partizip I

lassend

Partizip II

gelassen

Imperativ

lass(e) (du)
lassen wir
lasst (ihr)
lassen Sie

* veraltet

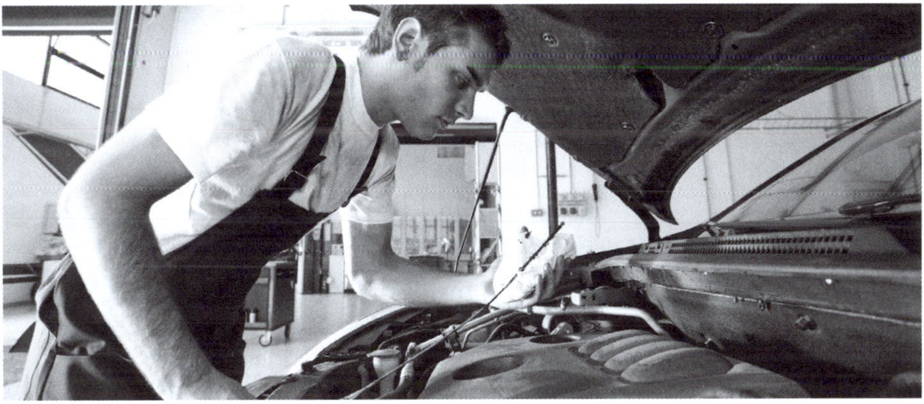

Beispiele und Wendungen

Lass mich bitte herein.
Lasst das Kind noch ein wenig schlafen.
Morgen lasse ich mir endlich die Haare schneiden.

jmdn. in Ruhe lassen	*jmdn. nicht stören*
Lass das!	*Hör auf damit!*
einen Stein fallen lassen	*erlauben, dass ein Stein herunterfällt*
etwas zu Hause lassen	*etwas nicht mitnehmen*
ein Auto reparieren lassen	*die Reparatur des Autos beauftragen*
Lasst uns losgehen!	*Bitte geht gemeinsam mit mir los!*
Der Herd lässt sich leicht reinigen.	*Man kann den Herd leicht reinigen.*
Das lässt sich machen!	*Es ist möglich, das zu machen.*
Der Lehrer lässt die Kinder schreiben.	*Der Lehrer fordert die Kinder auf zu schreiben.*

Weitere Verben

entlassen - frei•lassen - hinterlassen - zu•lassen

entlassen werden	*seine Arbeitsstelle verlieren*
aus dem Krankenhaus entlassen werden	*gesund aus dem Krankenhaus gehen dürfen*
aus dem Gefängnis entlassen werden	*nach einer Strafe gehen dürfen*
jmdn. freilassen	*eine/n Gefangene/n gehen lassen*
eine Nachricht hinterlassen	*für jmdn. eine Nachricht hinterlegen*
Das lasse ich nicht zu!	*Ich erlaube nicht, dass das passiert!*

Besonderheiten

Wenn man jemanden dazu bringt, etwas zu tun, benutzt man neben **lassen** den Akkusativ. Doch wenn jemand anderes etwas für sich erledigen lässt, benutzt man den Dativ.

z. B. Ich lasse ihn warten. Ich lasse mir die Haare schneiden

laufen

laufen - lief - gelaufen

Stammvokalwechsel **au - ie - au**

Vokalwechsel im Präsens (siehe S. 198)

Indikativ

Präsens	Perfekt		Futur I	
ich laufe	ich bin	gelaufen	ich werde	laufen
du **äu**fst	du bist	gelaufen	du wirst	laufen
er **äu**ft	er ist	gelaufen	er wird	laufen
wir laufen	wir sind	gelaufen	wir werden	laufen
ihr lauft	ihr seid	gelaufen	ihr werdet	laufen
sie laufen	sie sind	gelaufen	sie werden	laufen

Präteritum	Plusquamperfekt		Futur II	
ich l**ie**f	ich war	gelaufen	ich werde	gelaufen sein
du l**ie**fst	du warst	gelaufen	du wirst	gelaufen sein
er l**ie**f	er war	gelaufen	er wird	gelaufen sein
wir l**ie**fen	wir waren	gelaufen	wir werden	gelaufen sein
ihr l**ie**ft	ihr wart	gelaufen	ihr werdet	gelaufen sein
sie l**ie**fen	sie waren	gelaufen	sie werden	gelaufen sein

Konjunktiv

Präsens	Perfekt		Futur I	
ich laufe	ich sei	gelaufen	ich werde	laufen
du laufest	du sei(e)st	gelaufen	du werdest	laufen
er laufe	er sei	gelaufen	er werde	laufen
wir laufen	wir seien	gelaufen	wir werden	laufen
ihr laufet	ihr sei(e)t	gelaufen	ihr werdet	laufen
sie laufen	sie seien	gelaufen	sie werden	laufen

Präteritum	Plusquamperfekt		Futur II	
ich l**ie**fe	ich wäre	gelaufen	ich werde	gelaufen sein
du l**ie**fest	du wär(e)st	gelaufen	du werdest	gelaufen sein
er l**ie**fe	er wäre	gelaufen	er werde	gelaufen sein
wir l**ie**fen	wir wären	gelaufen	wir werden	gelaufen sein
ihr l**ie**fet	ihr wär(e)t	gelaufen	ihr werdet	gelaufen sein
sie l**ie**fen	sie wären	gelaufen	sie werden	gelaufen sein

Infinitiv

Präsens

laufen

Perfekt

gelaufen sein/haben

Partizip

Partizip I

laufend

Partizip II

gelaufen

Imperativ

lauf(e) (du)
laufen wir
lauft (ihr)
laufen Sie

Beispiele und Wendungen

Susanne läuft immer zur Arbeit.
Der Fernseher läuft bei ihm den ganzen Tag.
Die Verhandlungen laufen sehr gut.

Schlittschuh laufen	*auf dem Eis skaten*
Der Motor läuft.	*Der Motor funktioniert.*
Meine Nase läuft.	*Ich bin krank, meine Nase tropft.*
Was läuft im Kino?	*Welche Filme werden im Kino gezeigt?*
Das Wasser läuft in den Eimer.	*Das Wasser fließt in den Eimer.*
etwas läuft schlecht	*etwas entwickelt sich negativ*
So läuft das hier nicht.	*Dieses Verhalten erlauben wir nicht.*
Der Vertrag läuft 24 Monate.	*Der Vertrag ist für 24 Monate gültig.*

Weitere Verben

aus•laufen – ab•laufen – überlaufen – sich verlaufen – verlaufen – weg•laufen

ein Schiff läuft aus	*ein Schiff verlässt den Hafen*
der Vertrag läuft aus	*die Gültigkeit des Vertrags endet*
die Zeit läuft ab	*die Zeit für etwas endet*
Ich habe mich verlaufen.	*Ich weiß nicht mehr, wo ich bin.*
nach Plan verlaufen	*wie geplant stattfinden*
vor jmdm. weglaufen	*versuchen, jmdm. zu entkommen*

Besonderheiten

Ein kleiner Tipp zum Thema Wintersport: *Ski laufen* und *Schlittschuh laufen* – schreibt man getrennt (Nomen + Verb), *eislaufen* schreibt man zusammen.

z. B. Morgen Nachmittag wollen wir Schlittschuh laufen.
Früher wollte ich immer eislaufen lernen.

53 leiden

leiden – litt – gelitten

Stammvokalwechsel **ei - i - i**
e-Einschub (siehe Nr. 11) / Konsonantendopplung (siehe Nr. 16) mit Konsonantenwechsel

Indikativ

Präsens	Perfekt	Futur I
ich leide	ich habe gelitten	ich werde leiden
du leidest	du hast gelitten	du wirst leiden
er leidet	er hat gelitten	er wird leiden
wir leiden	wir haben gelitten	wir werden leiden
ihr leidet	ihr habt gelitten	ihr werdet leiden
sie leiden	sie haben gelitten	sie werden leiden

Präteritum	Plusquamperfekt	Futur II
ich litt	ich hatte gelitten	ich werde gelitten haben
du litt(e)st	du hattest gelitten	du wirst gelitten haben
er litt	er hatte gelitten	er wird gelitten haben
wir litten	wir hatten gelitten	wir werden gelitten haben
ihr littet	ihr hattet gelitten	ihr werdet gelitten haben
sie litten	sie hatten gelitten	sie werden gelitten haben

Konjunktiv

Präsens	Perfekt	Futur I
ich leide	ich habe gelitten	ich werde leiden
du leidest	du habest gelitten	du werdest leiden
er leide	er habe gelitten	er werde leiden
wir leiden	wir haben gelitten	wir werden leiden
ihr leidet	ihr habet gelitten	ihr werdet leiden
sie leiden	sie haben gelitten	sie werden leiden

Präteritum	Plusquamperfekt	Futur II
ich litte	ich hätte gelitten	ich werde gelitten haben
du littest	du hättest gelitten	du werdest gelitten haben
er litte	er hätte gelitten	er werde gelitten haben
wir litten	wir hätten gelitten	wir werden gelitten haben
ihr littet	ihr hättet gelitten	ihr werdet gelitten haben
sie litten	sie hätten gelitten	sie werden gelitten haben

Infinitiv

Präsens

leiden

Perfekt

gelitten haben

Partizip

Partizip I

leidend

Partizip II

gelitten

Imperativ

leide (du)
leiden wir
leidet (ihr)
leiden Sie

Beispiele und Wendungen

Die Patientin leidet an Asthma.
Er leidet sehr, seit ihn seine Freundin verlassen hat.

unter Stress leiden	*durch Stress geschädigt sein*
Hunger leiden	*nichts zu Essen haben*
Ich kann ihn gut leiden.	*Ich mag ihn gern.*
Ich kann laute Musik nicht leiden.	*Ich mag laute Musik nicht.*

Weitere Verben

ab•schneiden – schneiden – sich überschneiden – zu•schneiden

bei etwas gut abschneiden	*bei etwas ein gutes Ergebnis erzielen*
jmdm. den Weg abschneiden	*sich jmdm. in den Weg stellen*
sich schneiden	*sich an einem Messer verletzen*
Brot schneiden	*Brot mit dem Messer in Scheiben teilen*
sich die Haare schneiden lassen	*zum Friseur / zur Friseurin gehen*
Da hast du dich geschnitten.	*Da irrst du dich sehr.*
Die Termine überschneiden sich.	*Die Termine sind teilweise zeitgleich.*
Stoff zuschneiden	*Stoff mit der Schere anpassen*

Tipp

Wenn Sie zu den Menschen gehören, die gut durch Hören lernen können, dann hören Sie sich selbst zu! Nehmen Sie sich beim Sprechen der Verbkonjugationen auf – zum Beispiel mit dem Smartphone – und hören Sie sich immer wieder an.
Sie können bei der Aufnahme auch Pausen machen, in denen Sie das Gehörte dann noch zusätzlich nachsprechen können.

leihen

Stammvokalwechsel **ei - ie - ie**

leihen - lieh - geliehen

Indikativ

Präsens	Perfekt	Futur I
ich leihe	ich habe geliehen	ich werde leihen
du leihst	du hast geliehen	du wirst leihen
er leiht	er hat geliehen	er wird leihen
wir leihen	wir haben geliehen	wir werden leihen
ihr leiht	ihr habt geliehen	ihr werdet leihen
sie leihen	sie haben geliehen	sie werden leihen

Präteritum	Plusquamperfekt	Futur II
ich **lie**h	ich hatte geliehen	ich werde geliehen haben
du **lie**hst	du hattest geliehen	du wirst geliehen haben
er **lie**h	er hatte geliehen	er wird geliehen haben
wir **lie**hen	wir hatten geliehen	wir werden geliehen haben
ihr **lie**ht	ihr hattet geliehen	ihr werdet geliehen haben
sie **lie**hen	sie hatten geliehen	sie werden geliehen haben

Konjunktiv

Präsens	Perfekt	Futur I
ich leihe	ich habe geliehen	ich werde leihen
du leihest	du habest geliehen	du werdest leihen
er leihe	er habe geliehen	er werde leihen
wir leihen	wir haben geliehen	wir werden leihen
ihr leihet	ihr habet geliehen	ihr werdet leihen
sie leihen	sie haben geliehen	sie werden leihen

Präteritum	Plusquamperfekt	Futur II
ich **lie**he	ich hätte geliehen	ich werde geliehen haben
du **lie**hest	du hättest geliehen	du werdest geliehen haben
er **lie**he	er hätte geliehen	er werde geliehen haben
wir **lie**hen	wir hätten geliehen	wir werden geliehen haben
ihr **lie**het	ihr hättet geliehen	ihr werdet geliehen haben
sie **lie**hen	sie hätten geliehen	sie werden geliehen haben

Infinitiv

Präsens

leihen

Perfekt

geliehen haben

Partizip

Partizip I

leihend

Partizip II

gel**ie**hen

Imperativ

leih(e) (du)
leihen wir
leiht (ihr)
leihen Sie

Beispiele und Wendungen

Meine Mutter leiht mir manchmal ihr Auto.
Um das Haus kaufen zu können, musste er sich Geld von der Bank leihen.

jmdm. Geld leihen	*jmdm. für eine Zeit Geld überlassen*
sich von jmdm. Geld leihen	*jmdn. bitten, einem für eine gewisse Zeit etwas Geld zu überlassen*
Kann ich mir den Stift leihen?	*Kann ich kurz den Stift benutzen?*

Weitere Verben

aus•leihen – entleihen – gedeihen – verleihen – verzeihen

ein Buch ausleihen	*ein Buch aus der Bibliothek holen*
Das Buch ist entliehen.	*Das Buch ist weg, da es jemand für eine Zeit mitgenommen hat.*
Die Blumen gedeihen hier gut.	*Die Blumen wachsen hier gut.*
jmdm. einen Preis verleihen	*jmd. für etwas auszeichnen*
jmdm. einen Titel verleihen	*jmdn. einen Titel (Dr. o. Ä.) geben*
jmdm. etwas verzeihen	*etwas Schlechtes entschuldigen*
Verzeihen Sie, wo ist bitte …?	*Entschuldigung, wo ist bitte …?*

Tipp

Sammeln Sie Wörter einer Wortfamilie und versuchen Sie dann, möglichst viele in einen Satz zu packen. Diese Sätze werden natürlich sehr albern – sie können aber auch viel Spaß machen.

z. B. Ich <u>lieh</u> mir einen <u>Leihwagen</u>, um in der <u>Leihbibliothek</u> ein Buch über <u>Leiheltern</u> <u>auszuleihen</u>, doch leider war es bereits <u>entliehen</u>.
Schaffen Sie mehr als sechs? Nur zu! Viel Spaß!

55 lesen

lesen – las – gelesen

Stammvokalwechsel **e – a – e**
Vokalwechsel im Präsens (siehe S. 198) / **s**-Ausfall (siehe Nr. 14) / **e**-Einschub (siehe Nr. 13)

Indikativ

Präsens	Perfekt	Futur I
ich lese	ich habe gelesen	ich werde lesen
du **lie**st	du hast gelesen	du wirst lesen
er **lie**st	er hat gelesen	er wird lesen
wir lesen	wir haben gelesen	wir werden lesen
ihr lest	ihr habt gelesen	ihr werdet lesen
sie lesen	sie haben gelesen	sie werden lesen

Präteritum	Plusquamperfekt	Futur II
ich **la**s	ich hatte gelesen	ich werde gelesen haben
du **la**s**e**st	du hattest gelesen	du wirst gelesen haben
er **la**s	er hatte gelesen	er wird gelesen haben
wir **la**sen	wir hatten gelesen	wir werden gelesen haben
ihr **la**s(e)t	ihr hattet gelesen	ihr werdet gelesen haben
sie **la**sen	sie hatten gelesen	sie werden gelesen haben

Konjunktiv

Präsens	Perfekt	Futur I
ich lese	ich habe gelesen	ich werde lesen
du lesest	du habest gelesen	du werdest lesen
er lese	er habe gelesen	er werde lesen
wir lesen	wir haben gelesen	wir werden lesen
ihr leset	ihr habet gelesen	ihr werdet lesen
sie lesen	sie haben gelesen	sie werden lesen

Präteritum	Plusquamperfekt	Futur II
ich **lä**se	ich hätte gelesen	ich werde gelesen haben
du **lä**sest	du hättest gelesen	du werdest gelesen haben
er **lä**se	er hätte gelesen	er werde gelesen haben
wir **lä**sen	wir hätten gelesen	wir werden gelesen haben
ihr **lä**set	ihr hättet gelesen	ihr werdet gelesen haben
sie **lä**sen	sie hätten gelesen	sie werden gelesen haben

Infinitiv

Präsens

lesen

Perfekt

gelesen haben

Partizip

Partizip I

lesend

Partizip II

gelesen

Imperativ

lies (du)
lesen wir
lest (ihr)
lesen Sie

Beispiele und Wendungen

Anna liest gerne.
Hast du heute schon die Zeitung gelesen?

lesen können	*Schrift verstehen können*
etwas gründlich lesen	*einen Text sehr genau durchgehen*
Der Autor liest aus seinem Buch.	*Der Autor trägt aus seinem Buch vor.*
etwas im Internet gelesen haben	*eine Information aus dem Internet haben*
zwischen den Zeilen lesen	*Informationen im Text finden, die nicht wörtlich da sind*
Der Automat liest die Karte.	*Der Automat entschlüsselt Daten auf einer Speicherkarte.*
Der Computer liest die Daten.	*Der Computer nimmt die Daten auf.*
Das Buch liest sich leicht.	*Das Buch ist einfach zu verstehen.*
Ich kann deine Gedanken lesen.	*Ich weiß, was du denkst.*

Weitere Verben

ab•lesen – durch•lesen – überlesen – ein•lesen (Daten)

ein Thermometer ablesen	*die Temperatur bestimmen*
einen Text ablesen	*einen Text vom Blatt laut vorlesen*
einen Text durchlesen	*einem Text vollständig lesen*
Das habe ich wohl überlesen.	*Diese Information habe ich wohl beim Lesen übersehen.*

Besonderheiten

Das Verb **lesen** hat in allen Formen lange Vokale. Verwechseln Sie es nie mit *lassen* – hier folgt nach einem kurzen Vokal ein Doppel-s.

z. B.	wir lasen	(lesen – Präteritum, 1. Person Plural)
	wir lassen	(lassen – Präsens, 1. Person Plural)

56 liegen

Stammvokalwechsel **ie - a - e**

liegen - lag - gelegen

Indikativ

Präsens	Perfekt*	Futur I
ich liege	ich habe gelegen	ich werde liegen
du liegst	du hast gelegen	du wirst liegen
er liegt	er hat gelegen	er wird liegen
wir liegen	wir haben gelegen	wir werden liegen
ihr liegt	ihr habt gelegen	ihr werdet liegen
sie liegen	sie haben gelegen	sie werden liegen

Präteritum	Plusquamperfekt	Futur II
ich l**a**g	ich hatte gelegen	ich werde gelegen haben
du l**a**gst	du hattest gelegen	du wirst gelegen haben
er l**a**g	er hatte gelegen	er wird gelegen haben
wir l**a**gen	wir hatten gelegen	wir werden gelegen haben
ihr l**a**gt	ihr hattet gelegen	ihr werdet gelegen haben
sie l**a**gen	sie hatten gelegen	sie werden gelegen haben

Konjunktiv

Präsens	Perfekt	Futur I
ich liege	ich habe gelegen	ich werde liegen
du liegest	du habest gelegen	du werdest liegen
er liege	er habe gelegen	er werde liegen
wir liegen	wir haben gelegen	wir werden liegen
ihr lieget	ihr habet gelegen	ihr werdet liegen
sie liegen	sie haben gelegen	sie werden liegen

Präteritum	Plusquamperfekt	Futur II
ich l**ä**ge	ich hätte gelegen	ich werde gelegen haben
du l**ä**gest	du hättest gelegen	du werdest gelegen haben
er l**ä**ge	er hätte gelegen	er werde gelegen haben
wir l**ä**gen	wir hätten gelegen	wir werden gelegen haben
ihr l**ä**get	ihr hättet gelegen	ihr werdet gelegen haben
sie l**ä**gen	sie hätten gelegen	sie werden gelegen haben

Infinitiv

Präsens

liegen

Perfekt

gelegen haben/sein*

Partizip

Partizip I

liegend

Partizip II

gel**e**gen

Imperativ

lieg(e) (du)
liegen wir
liegt (ihr)
liegen Sie

* in Süddeutschland auch mit *sein* konjugiert

Beispiele und Wendungen

Das Buch liegt auf dem Tisch.
Maria liegt im Urlaub gerne am Strand.
Ob wir zum See fahren können, liegt am Wetter.

im Bett liegen	*sich im Bett befinden*
in Bayern liegen	*sich (geografisch) in Bayern befinden*
München liegt an der Isar.	*München ist am Ufer des Flusses Isar.*
Im Winter liegt hier Schnee.	*Im Winter ist hier eine Schneeschicht.*
im Krankenhaus liegen	*zur Behandlung im Krankenhaus sein*
im Koma liegen	*sich im Koma befinden*
in Trümmern liegen	*zerstört sein*
Physik liegt mir nicht.	*Ich habe keine Begabung für Physik.*
Das liegt an den hohen Kosten.	*Der Grund dafür sind die hohen Kosten.*
Das liegt an Stefan.	*Stefan ist schuld / verantwortlich dafür.*
Das liegt bei dir.	*Das kannst du frei entscheiden.*

Besonderheiten

Normalerweise bildet man die zusammengesetzten Zeiten von **liegen** mit dem Hilfsverb **haben**, in Süddeutschland, Österreich und der Schweiz meist mit **sein**.

z. B. Er hat auf dem Boden gelegen. (allgemein)
Er ist auf dem Boden gelegen. (süddeutsch)

Tipp

Vor allem im Perfekt kann man die Formen von **liegen** leicht mit den Formen von *legen* (regelmäßig, → Nr. 4) verwechseln.

z. B. er hat gelegt	er hat etwas positioniert (Aktion)
er hat gelegen	er befand sich in einer wagerechten Position (Zustand)

lügen

Stammvokalwechsel **ü - o - o**

lügen - log - gelogen

Indikativ

Präsens	Perfekt	Futur I
ich lüge	ich habe gelogen	ich werde lügen
du lügst	du hast gelogen	du wirst lügen
er lügt	er hat gelogen	er wird lügen
wir lügen	wir haben gelogen	wir werden lügen
ihr lügt	ihr habt gelogen	ihr werdet lügen
sie lügen	sie haben gelogen	sie werden lügen

Präteritum	Plusquamperfekt	Futur II
ich l**o**g	ich hatte gelogen	ich werde gelogen haben
du l**o**gst	du hattest gelogen	du wirst gelogen haben
er l**o**g	er hatte gelogen	er wird gelogen haben
wir l**o**gen	wir hatten gelogen	wir werden gelogen haben
ihr l**o**gt	ihr hattet gelogen	ihr werdet gelogen haben
sie l**o**gen	sie hatten gelogen	sie werden gelogen haben

Konjunktiv

Präsens	Perfekt	Futur I
ich lüge	ich habe gelogen	ich werde lügen
du lügest	du habest gelogen	du werdest lügen
er lüge	er habe gelogen	er werde lügen
wir lügen	wir haben gelogen	wir werden lügen
ihr lüget	ihr habet gelogen	ihr werdet lügen
sie lügen	sie haben gelogen	sie werden lügen

Präteritum	Plusquamperfekt	Futur II
ich l**ö**ge	ich hätte gelogen	ich werde gelogen haben
du l**ö**gest	du hättest gelogen	du werdest gelogen haben
er l**ö**ge	er hätte gelogen	er werde gelogen haben
wir l**ö**gen	wir hätten gelogen	wir werden gelogen haben
ihr l**ö**get	ihr hättet gelogen	ihr werdet gelogen haben
sie l**ö**gen	sie hätten gelogen	sie werden gelogen haben

Infinitiv

Präsens

lügen

Perfekt

gelogen haben

Partizip

Partizip I

lügend

Partizip II

gel**o**gen

Imperativ

lüg(e) (du)
lügen wir
lügt (ihr)
lügen Sie

Beispiele und Wendungen

Glaub ihr nicht, sie lügt!
Er hat gelogen, als er dir sagte, er sei nicht verheiratet.

etwas ist gelogen	*etwas ist nicht wahr*
jmdm. ins Gesicht lügen	*jmdm. persönlich Unwahres sagen*
jmd. lügt wie gedruckt	*jmd. lügt sehr viel*
jmd. lügt, dass sich die Balken biegen	*jmd. sagt spektakuläre Unwahrheiten*

Weitere Verben

belügen – betrügen – trügen

Warum belügst du mich?	*Warum sagst du mir die Unwahrheit?*
sich selbst belügen	*die Wahrheit nicht sehen wollen*
Sie betrügt ihren Mann.	*Sie ist ihm untreu.*
Der Schein trügt.	*Etwas ist nicht so, wie es aussieht.*

Tipp

Üben Sie belügen und betrügen – natürlich nicht wirklich, sondern mit einem kleinen Würfelspiel!
Würfeln Sie zuerst einmal für das Subjekt – z. B. 2 (→ du). Dann würfeln Sie ein zweites Mal für die Zeit – z. B. 6 (→ Futur), und schließlich nochmal für das Objekt – z. B. 4 (→ wir). Bilden Sie dann einen Satz, der sagt, wer wen wann belügt oder betrügt.

z. B. 2 + 6 + 4 = Du wirst uns belügen.
3 + 1 + 2 = Alex belügt dich.
6 + 3 + 4 = Unsere Eltern haben uns belogen.

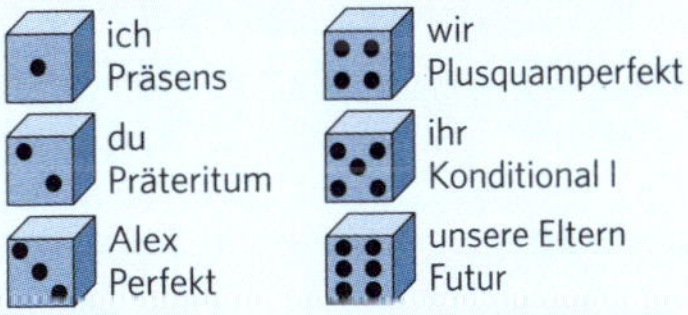

Die Personen können Sie austauschen – und natürlich auch die Verben. Achten Sie aber immer darauf, für das Objekt den richtigen Kasus zu verwenden!

58 messen

messen – maß – gemessen

Stammvokalwechsel **e – a – e** / Vokalwechsel im Präsens (siehe S. 198) / **s**-Ausfall (siehe Nr. 14) / Ausfall des Doppelkonsonanten (siehe Nr. 17) / **e**-Einschub (siehe Nr. 13)

Indikativ

Präsens	Perfekt	Futur I
ich messe	ich habe gemessen	ich werde messen
du m**i**sst	du hast gemessen	du wirst messen
er m**i**sst	er hat gemessen	er wird messen
wir messen	wir haben gemessen	wir werden messen
ihr messt	ihr habt gemessen	ihr werdet messen
sie messen	sie haben gemessen	sie werden messen

Präteritum	Plusquamperfekt	Futur II
ich m**aß**	ich hatte gemessen	ich werde gemessen haben
du m**aß**est	du hattest gemessen	du wirst gemessen haben
er m**aß**	er hatte gemessen	er wird gemessen haben
wir m**aß**en	wir hatten gemessen	wir werden gemessen haben
ihr m**aß**(e)t	ihr hattet gemessen	ihr werdet gemessen haben
sie m**aß**en	sie hatten gemessen	sie werden gemessen haben

Konjunktiv

Präsens	Perfekt	Futur I
ich messe	ich habe gemessen	ich werde messen
du messest	du habest gemessen	du werdest messen
er messe	er habe gemessen	er werde messen
wir messen	wir haben gemessen	wir werden messen
ihr messet	ihr habet gemessen	ihr werdet messen
sie messen	sie haben gemessen	sie werden messen

Präteritum	Plusquamperfekt	Futur II
ich m**äß**e	ich hätte gemessen	ich werde gemessen haben
du m**äß**est	du hättest gemessen	du werdest gemessen haben
er m**äß**e	er hätte gemessen	er werde gemessen haben
wir m**äß**en	wir hätten gemessen	wir werden gemessen haben
ihr m**äß**et	ihr hättet gemessen	ihr werdet gemessen haben
sie m**äß**en	sie hätten gemessen	sie werden gemessen haben

Infinitiv

Präsens

messen

Perfekt

gemessen haben

Partizip

Partizip I

messend

Partizip II

gemessen

Imperativ

m**i**ss (du)
messen wir
messt (ihr)
messen Sie

Beispiele und Wendungen

Ein Thermometer misst die Temperatur.
Diese Fabrikhalle misst im Ganzen 2.000 Quadratmeter.

Fieber messen	*die Körpertemperatur bestimmen*
die Geschwindigkeit messen	*die Geschwindigkeit bestimmen*
die Temperatur messen	*prüfen, wie warm / kalt etwas ist*
sich mit jmdm. messen	*mit jmdm. in Wettbewerb treten*
Das Kind misst 1,40 Meter.	*Das Kind ist 1,40 Meter groß.*

Weitere Verben

essen – fressen – vergessen

Ich esse gerne Kuchen.	*Ich mag Kuchen gerne.*
Wir essen immer um 12 Uhr.	*Bei uns gibt es um 12 Uhr Mittagessen.*
Die Kuh frisst Heu.	*Die Kuh ernährt sich von Heu.*
etwas im Bus vergessen	*etwas im Bus liegenlassen*
einen Termin vergessen	*einen Termin verpassen*
Man darf nicht vergessen, dass ...	*Man muss daran denken, dass ...*
Vergiss es!	*Das kommt nicht infrage!*

Besonderheiten

Denken Sie daran, dass bei **essen** im Partizip ein **g** eingefügt wird:

z. B. Er hat den ganzen Kuchen alleine ge**g**essen.

Das Verb **fressen** wird in der Standardsprache nur für Tiere benutzt. Wenn es jemand für Menschen verwendet, dann klingt es vulgär und drückt die Ablehnung oder den Ärger der sprechenden Person aus.

z. B. Er hat den ganzen Kuchen alleine gefressen!

mögen

mögen – mochte – gemocht

Indikativ

Präsens	Perfekt	Futur I
ich mag	ich habe gemocht	ich werde mögen
du magst	du hast gemocht	du wirst mögen
er mag	er hat gemocht	er wird mögen
wir mögen	wir haben gemocht	wir werden mögen
ihr mögt	ihr habt gemocht	ihr werdet mögen
sie mögen	sie haben gemocht	sie werden mögen

Präteritum	Plusquamperfekt	Futur II
ich mochte	ich hatte gemocht	ich werde gemocht haben
du mochtest	du hattest gemocht	du wirst gemocht haben
er mochte	er hatte gemocht	er wird gemocht haben
wir mochten	wir hatten gemocht	wir werden gemocht haben
ihr mochtet	ihr hattet gemocht	ihr werdet gemocht haben
sie mochten	sie hatten gemocht	sie werden gemocht haben

Konjunktiv

Präsens	Perfekt	Futur I
ich möge	ich habe gemocht	ich werde mögen
du mögest	du habest gemocht	du werdest mögen
er möge	er habe gemocht	er werde mögen
wir mögen	wir haben gemocht	wir werden mögen
ihr möget	ihr habet gemocht	ihr werdet mögen
sie mögen	sie haben gemocht	sie werden mögen

Präteritum	Plusquamperfekt	Futur II
ich möchte	ich hätte gemocht	ich werde gemocht haben
du möchtest	du hättest gemocht	du werdest gemocht haben
er möchte	er hätte gemocht	er werde gemocht haben
wir möchten	wir hätten gemocht	wir werden gemocht haben
ihr möchtet	ihr hättet gemocht	ihr werdet gemocht haben
sie möchten	sie hätten gemocht	sie werden gemocht haben

Infinitiv

Präsens

mögen

Perfekt

gemocht haben

Partizip

Partizip I

mögend

Partizip II

gemocht

Imperativ*

mögest (du) + Infinitiv
mögen wir + Infinitiv
mög(e)t (ihr) + Infinitiv
mögen (Sie) + Infinitiv

* gehobene Sprache

Beispiele und Wendungen

Jan mochte Julia schon immer.
Katharina mag klassische Musik.

jmdn. (gern) mögen	*Zuneigung zu jmdm. empfinden*
etwas (gern) mögen	*eine Vorliebe für etwas haben*
etwas gar nicht mögen	*etwas nicht leiden können*
Was möchtest du?	*Was hättest du gern?*
Ich mag nicht mehr.	*Ich will nicht mehr weitermachen.*
Sie mag jetzt gehen.	*Sie will jetzt gehen.*
Ich möchte das Museum sehen.	*Ich würde gern das Museum sehen.*
Was mag da wohl passiert sein?	*Ich frage mich, was da wohl passiert ist.*
Das mag schon sein, aber ...	*Das könnte sein, aber ...*

Weitere Verben

vermögen

Das vermochte ihm nicht zu helfen.	*Das konnte ihm nicht helfen.*

Besonderheiten

Wünsche und Bedürfnisse, die mit **mögen** ausgedrückt werden, werden als etwas höflicher empfunden als mit **wollen**. Die Form, die dafür verwendet wird, ist der Konjunktiv II.

z. B. Die Gäste möchten Kaffee trinken.

60 müssen

müssen – musste – gemusst

Indikativ

Präsens	Perfekt	Futur I
ich muss	ich habe gemusst	ich werde müssen
du musst	du hast gemusst	du wirst müssen
er muss	er hat gemusst	er wird müssen
wir müssen	wir haben gemusst	wir werden müssen
ihr müsst	ihr habt gemusst	ihr werdet müssen
sie müssen	sie haben gemusst	sie werden müssen

Präteritum	Plusquamperfekt	Futur II
ich musste	ich hatte gemusst	ich werde gemusst haben
du musstest	du hattest gemusst	du wirst gemusst haben
er musste	er hatte gemusst	er wird gemusst haben
wir mussten	wir hatten gemusst	wir werden gemusst haben
ihr musstet	ihr hattet gemusst	ihr werdet gemusst haben
sie mussten	sie hatten gemusst	sie werden gemusst haben

Konjunktiv

Präsens	Perfekt	Futur I
ich müsse	ich habe gemusst	ich werde müssen
du müssest	du habest gemusst	du werdest müssen
er müsse	er habe gemusst	er werde müssen
wir müssen	wir haben gemusst	wir werden müssen
ihr müsset	ihr habet gemusst	ihr werdet müssen
sie müssen	sie haben gemusst	sie werden müssen

Präteritum	Plusquamperfekt	Futur II
ich müsste	ich hätte gemusst	ich werde gemusst haben
du müsstest	du hättest gemusst	du werdest gemusst haben
er müsste	er hätte gemusst	er werde gemusst haben
wir müssten	wir hätten gemusst	wir werden gemusst haben
ihr müsstet	ihr hättet gemusst	ihr werdet gemusst haben
sie müssten	sie hätten gemusst	sie werden gemusst haben

Infinitiv

Präsens

müssen

Perfekt

gemusst haben

Partizip

Partizip I

müssend

Partizip II

gemusst

Imperativ

—
—
—
—

Beispiele und Wendungen

Der Brief muss zur Post.
Alle Kinder müssen in die Schule gehen.

etwas tun müssen	*gezwungen sein, etwas zu tun*
Ich musste lachen.	*Ich konnte nicht vermeiden zu lachen.*
Hier muss man Eintritt zahlen.	*Hier wird ein Eintrittsgeld verlangt.*
Das muss heute noch fertig werden.	*Es ist nötig, dass das heute noch fertig wird.*
Das müsste reichen.	*Das sollte ausreichen.*
So müsste es sein.	*Es wäre schön, wenn es so wäre.*
Man muss die Suppe umrühren.	*Es ist nötig, die Suppe umzurühren.*
Das musste ich einfach sehen.	*Das wollte ich unbedingt sehen.*
Ich muss mal.	*Ich muss zur Toilette gehen.*

Besonderheiten

müssen steht im Satz häufig gemeinsam mit einem anderen Verb. Meist drückt es dann einen Zwang oder eine Notwendigkeit aus. Wenn *müssen* alleine steht, benutzt man in den zusammengesetzten Zeiten *gemusst* anstelle von *müssen* (vgl. z. B. dürfen → Nr. 28).

müssen kann auch eine Vermutung ausdrücken. Wenn sich die Vermutung auf die Vergangenheit oder Gegenwart bezieht, benutzt man meistens die Form *muss*. Die Form *müsste* verwendet man für eine Vermutung darüber, was in der Zukunft passieren wird, oder wenn man ausdrücken will, dass eine Vermutung etwas unsicherer ist.

z. B.	Das muss jetzt 10 Jahre her sein.	→ einigermaßen sichere Vermutung
	Das müsste 1997 gewesen sein.	→ etwas unsicherere Vermutung
	Morgen müsste ich Zeit haben.	→ Vermutung über Zukünftiges

nehmen

nehmen – nahm – genommen

Stammvokalwechsel **e – a – o**
Vokalwechsel im Präsens mit Konsonantendopplung (siehe S. 198)

Indikativ

Präsens	Perfekt	Futur I
ich nehme	ich habe genommen	ich werde nehmen
du n**imm**st	du hast genommen	du wirst nehmen
er n**imm**t	er hat genommen	er wird nehmen
wir nehmen	wir haben genommen	wir werden nehmen
ihr nehmt	ihr habt genommen	ihr werdet nehmen
sie nehmen	sie haben genommen	sie werden nehmen

Präteritum	Plusquamperfekt	Futur II
ich n**a**hm	ich hatte genommen	ich werde genommen haben
du n**a**hmst	du hattest genommen	du wirst genommen haben
er n**a**hm	er hatte genommen	er wird genommen haben
wir n**a**hmen	wir hatten genommen	wir werden genommen haben
ihr n**a**hmt	ihr hattet genommen	ihr werdet genommen haben
sie n**a**hmen	sie hatten genommen	sie werden genommen haben

Konjunktiv

Präsens	Perfekt	Futur I
ich nehme	ich habe genommen	ich werde nehmen
du nehmest	du habest genommen	du werdest nehmen
er nehme	er habe genommen	er werde nehmen
wir nehmen	wir haben genommen	wir werden nehmen
ihr nehmet	ihr habet genommen	ihr werdet nehmen
sie nehmen	sie haben genommen	sie werden nehmen

Präteritum	Plusquamperfekt	Futur II
ich n**ä**hme	ich hätte genommen	ich werde genommen haben
du n**ä**hm(e)st	du hättest genommen	du werdest genommen haben
er n**ä**hme	er hätte genommen	er werde genommen haben
wir n**ä**hmen	wir hätten genommen	wir werden genommen haben
ihr n**ä**hm(e)t	ihr hättet genommen	ihr werdet genommen haben
sie n**ä**hmen	sie hätten genommen	sie werden genommen haben

Infinitiv

Präsens

nehmen

Perfekt

genommen haben

Partizip

Partizip I

nehmend

Partizip II

gen**omm**en

Imperativ

n**imm** (du)
nehmen wir
nehmt (ihr)
nehmen Sie

Beispiele und Wendungen

Ich nehme das Wiener Schnitzel mit Salat.
Er nahm eine Schmerztablette und fühlte sich bald besser.
Wenn du die Tasche nimmst, kann ich die zwei Koffer tragen.

etwas in die Hand nehmen	*etwas ergreifen und halten*
den Zug nehmen	*mit der Bahn fahren*
etwas ernst nehmen	*etwas als wichtig behandeln*
sich Urlaub nehmen	*nicht zur Arbeit gehen*
eine Tablette nehmen	*eine Tablette schlucken*
die Schuld auf sich nehmen	*zugeben, an etwas schuldig zu sein*
Nimm dir noch ein Stück Kuchen!	*Greif zu, iss noch ein Stück Kuchen!*
jmdn. zur Frau nehmen	*eine Frau heiraten*
sich das Leben nehmen	*sich selbst töten*

Weitere Verben

ab•nehmen – an•nehmen – auf•nehmen – sich benehmen – teil•nehmen

15 Kilo abnehmen	*15 Kilo Gewicht verlieren*
ein Angebot annehmen	*ein Angebot akzeptieren*
etwas vom Boden aufnehmen	*etwas vom Boden aufheben*
ein Video aufnehmen	*einen kurzen Film machen*
sich schlecht benehmen	*sich unangemessen verhalten*
an einem Test teilnehmen	*bei einem Test mitmachen*

Tipp

Erweitern Sie schnell Ihren Wortschatz, indem Sie Verben immer gleich mit dem Gegenteil, z. B. *nehmen ≠ geben, abnehmen ≠ zunehmen*, oder mit einem Synonym lernen, z. B. *nehmen = ergreifen, aufnehmen = aufzeichnen.*

62 preisen

preisen – pries – gepriesen

Stammvokalwechsel **ei – ie – ie**

s-Ausfall (siehe Nr. 14) / **e**-Einschub (siehe Nr. 13)

Indikativ

Präsens	Perfekt	Futur I
ich preise	ich habe gepriesen	ich werde preisen
du preist	du hast gepriesen	du wirst preisen
er preist	er hat gepriesen	er wird preisen
wir preisen	wir haben gepriesen	wir werden preisen
ihr preist	ihr habt gepriesen	ihr werdet preisen
sie preisen	sie haben gepriesen	sie werden preisen

Präteritum	Plusquamperfekt	Futur II
ich pr**ie**s	ich hatte gepriesen	ich werde gepriesen haben
du pr**iese**st	du hattest gepriesen	du wirst gepriesen haben
er pr**ie**s	er hatte gepriesen	er wird gepriesen haben
wir pr**ie**sen	wir hatten gepriesen	wir werden gepriesen haben
ihr pr**ies**(e)t	ihr hattet gepriesen	ihr werdet gepriesen haben
sie pr**ie**sen	sie hatten gepriesen	sie werden gepriesen haben

Konjunktiv

Präsens	Perfekt	Futur I
ich preise	ich habe gepriesen	ich werde preisen
du preisest	du habest gepriesen	du werdest preisen
er preise	er habe gepriesen	er werde preisen
wir preisen	wir haben gepriesen	wir werden preisen
ihr preiset	ihr habet gepriesen	ihr werdet preisen
sie preisen	sie haben gepriesen	sie werden preisen

Präteritum	Plusquamperfekt	Futur II
ich pr**ie**se	ich hätte gepriesen	ich werde gepriesen haben
du pr**ie**sest	du hättest gepriesen	du werdest gepriesen haben
er pr**ie**se	er hätte gepriesen	er werde gepriesen haben
wir pr**ie**sen	wir hätten gepriesen	wir werden gepriesen haben
ihr pr**ie**set	ihr hättet gepriesen	ihr werdet gepriesen haben
sie pr**ie**sen	sie hätten gepriesen	sie werden gepriesen haben

Infinitiv

Präsens
preisen

Perfekt
gepriesen haben

Partizip

Partizip I
preisend

Partizip II
gepr**ie**sen

Imperativ

preis(e) (du)
preisen wir
preist (ihr)
preisen Sie

Beispiele und Wendungen

Der Koch wird überall für seine Fischsuppe gepriesen.
Die meisten Kundinnen und Kunden preisen unseren hervorragenden Service.

ein Hotel für den Service preisen — *ein Hotel für den Service loben*

Weitere Verben

beweisen – hin•weisen – nach•weisen – überweisen – verweisen

seine Unschuld beweisen	*mit Tatsachen belegen, dass man unschuldig ist*
auf ein Verbot hinweisen	*jmdm. sagen, dass es ein Verbot gibt*
jmdm. eine Tat nachweisen	*zeigen, dass jmd. etwas getan hat*
Geld überweisen	*Geld auf ein Konto transferieren*
auf ein Buch verweisen	*ein Buch als Beleg für etwas nennen*

Besonderheiten

Das Verb **preisen** gehört in die gehobene Sprache und wird umgangssprachlich relativ selten gebraucht. Ein modernerer Ausdruck ist u.a. loben.

z. B. Der Schüler wurde für seine guten Noten gelobt.

Tipp

Viele Wörter auf **-weisen** bilden Nomen, indem das **-en** des Infinitivs wegfällt,

z. B. beweisen – der Beweis; hinweisen – der Hinweis
nachweisen – der Nachweis; verweisen – der Verweis

überweisen bildet aber ein Nomen auf **-ung**:
überweisen – die Überweisung

63 raten

raten - riet - geraten

Stammvokalwechsel **a - ie - a**
Vokalwechsel im Präsens (siehe S. 198)/
e-Einschub (siehe Nr. 11)

Indikativ

Präsens	Perfekt	Futur I
ich rate	ich habe geraten	ich werde raten
du rätst	du hast geraten	du wirst raten
er rät	er hat geraten	er wird raten
wir raten	wir haben geraten	wir werden raten
ihr ratet	ihr habt geraten	ihr werdet raten
sie raten	sie haben geraten	sie werden raten

Präteritum	Plusquamperfekt	Futur II
ich riet	ich hatte geraten	ich werde geraten haben
du riet(e)st	du hattest geraten	du wirst geraten haben
er riet	er hatte geraten	er wird geraten haben
wir rieten	wir hatten geraten	wir werden geraten haben
ihr rietet	ihr hattet geraten	ihr werdet geraten haben
sie rieten	sie hatten geraten	sie werden geraten haben

Konjunktiv

Präsens	Perfekt	Futur I
ich rate	ich habe geraten	ich werde raten
du ratest	du habest geraten	du werdest raten
er rate	er habe geraten	er werde raten
wir raten	wir haben geraten	wir werden raten
ihr ratet	ihr habet geraten	ihr werdet raten
sie raten	sie haben geraten	sie werden raten

Präteritum	Plusquamperfekt	Futur II
ich riete	ich hätte geraten	ich werde geraten haben
du rietest	du hättest geraten	du werdest geraten haben
er riete	er hätte geraten	er werde geraten haben
wir rieten	wir hätten geraten	wir werden geraten haben
ihr rietet	ihr hättet geraten	ihr werdet geraten haben
sie rieten	sie hätten geraten	sie werden geraten haben

Infinitiv

Präsens

raten

Perfekt

geraten haben

Partizip

Partizip I

ratend

Partizip II

geraten

Imperativ

rat(e) (du)
raten wir
ratet (ihr)
raten Sie

Beispiele und Wendungen

Ich rate dir, das nicht zu tun.
Wenn du die Lösung nicht weißt, kannst du nur raten.

jmdm. raten, etwas zu tun	*jmdm. empfehlen, etwas zu tun*
Rate mal!	*Sag eine Vermutung!*
Richtig geraten!	*Deine Vermutung stimmt!*

Weitere Verben

ab•raten – beraten – braten – erraten – geraten – verraten

Davon kann ich nur abraten.	*Ich empfehle sehr, das nicht zu tun.*
jmdn. beraten	*jmdm. bei einer Entscheidung helfen*
Steaks braten	*Steaks in der Pfanne zubereiten*
Der Kuchen ist gut geraten.	*Der Kuchen ist gut geworden.*
die Lösung erraten	*die richtige Lösung bei etwas vermuten*
Sein Auto ist ins Schleudern geraten.	*Sein Auto ließ sich nicht mehr steuern.*
jmdm. ein Geheimnis verraten	*jmdm. etwas Geheimes erzählen*

Tipp

Bei **raten** wechselt zwar der Stammvokal – er bleibt aber immer lang. Sprechen Sie beim Lernen die Formen für Präsens, Präteritum und das Partizip laut aus und achten Sie darauf, den Vokal deutlich lang auszusprechen.

z. B. ich r**a**te ich r**ie**t ich habe ger**a**ten

Wenn Sie daran denken, können Sie eine Verwechslung mit dem Verb *reiten* im Präteritum vermeiden.

wir ritten → von **reiten**; kurzes **i,** sichtbar durch das doppelte *t*
wir rieten → von **raten**; langes **i**, sichtbar durch Schreibung als *ie*

riechen

Stammvokalwechsel **ie - o - o**

riechen - roch - gerochen

Indikativ

Präsens	Perfekt	Futur I
ich rieche	ich habe gerochen	ich werde riechen
du riechst	du hast gerochen	du wirst riechen
er riecht	er hat gerochen	er wird riechen
wir riechen	wir haben gerochen	wir werden riechen
ihr riecht	ihr habt gerochen	ihr werdet riechen
sie riechen	sie haben gerochen	sie werden riechen

Präteritum	Plusquamperfekt	Futur II
ich roch	ich hatte gerochen	ich werde gerochen haben
du rochst	du hattest gerochen	du wirst gerochen haben
er roch	er hatte gerochen	er wird gerochen haben
wir rochen	wir hatten gerochen	wir werden gerochen haben
ihr roch(e)t	ihr hattet gerochen	ihr werdet gerochen haben
sie rochen	sie hatten gerochen	sie werden gerochen haben

Konjunktiv

Präsens	Perfekt	Futur I
ich rieche	ich habe gerochen	ich werde riechen
du riechest	du habest gerochen	du werdest riechen
er rieche	er habe gerochen	er werde riechen
wir riechen	wir haben gerochen	wir werden riechen
ihr riechet	ihr habet gerochen	ihr werdet riechen
sie riechen	sie haben gerochen	sie werden riechen

Präteritum	Plusquamperfekt	Futur II
ich röche	ich hätte gerochen	ich werde gerochen haben
du röchest	du hättest gerochen	du werdest gerochen haben
er röche	er hätte gerochen	er werde gerochen haben
wir röchen	wir hätten gerochen	wir werden gerochen haben
ihr röchet	ihr hättet gerochen	ihr werdet gerochen haben
sie röchen	sie hätten gerochen	sie werden gerochen haben

Infinitiv

Präsens

riechen

Perfekt

gerochen haben

Partizip

Partizip I

riechend

Partizip II

gerochen

Imperativ

riech(e) (du)
riechen wir
riecht (ihr)
riechen Sie

Beispiele und Wendungen

Die Suppe riecht hervorragend.
Hier riecht es heute aber unangenehm!
Ich habe sofort gerochen, dass es irgendwo brannte.

etwas riechen	*etwas mit der Nase wahrnehmen*
nach Blumen riechen	*im Geruch an Blumen erinnern*
Das Essen riecht aber gut.	*Das Essen duftet lecker.*
Das riecht nach Erpressung.	*Das kommt einem wie Erpressung vor.*
Ich kann ihn nicht riechen.	*Ich mag ihn überhaupt nicht.*

Weitere Verben

kriechen - sich verkriechen

über den Boden kriechen	*sich flach über den Boden bewegen*
unter die Decke kriechen	*unter eine Decke schlüpfen*
Die Schlange kriecht davon.	*Die Schlange bewegt sich weg.*
Der Verkehr kriecht.	*Der Verkehr bewegt sich langsam.*
jmd. verkriecht sich im Haus	*jmd. hält sich im Haus versteckt*

Besonderheiten

riechen kann die Fähigkeit ausdrücken, einen Geruch mit der Nase wahrzunehmen, aber auch die Tatsache, dass etwas oder jemand einen Geruch erzeugt oder von sich gibt. Manchmal kann man nicht feststellen, wer oder was einen Geruch verursacht. Hier kann man **riechen** dann auch unpersönlich mit **es** verwenden.

z. B.	Sie roch sofort den frischen Kaffee.	→ aktive Wahrnehmung
	Der Käse roch sehr streng.	→ Abgabe eines Geruchs
	Es roch nach frischem Brot.	→ unpersönlich

rufen

Stammvokalwechsel **u - ie - u**

rufen - rief - gerufen

Indikativ

Präsens	Perfekt	Futur I
ich rufe	ich habe gerufen	ich werde rufen
du rufst	du hast gerufen	du wirst rufen
er ruft	er hat gerufen	er wird rufen
wir rufen	wir haben gerufen	wir werden rufen
ihr ruft	ihr habt gerufen	ihr werdet rufen
sie rufen	sie haben gerufen	sie werden rufen

Präteritum	Plusquamperfekt	Futur II
ich **rie**f	ich hatte gerufen	ich werde gerufen haben
du **rie**fst	du hattest gerufen	du wirst gerufen haben
er **rie**f	er hatte gerufen	er wird gerufen haben
wir **rie**fen	wir hatten gerufen	wir werden gerufen haben
ihr **rie**ft	ihr hattet gerufen	ihr werdet gerufen haben
sie **rie**fen	sie hatten gerufen	sie werden gerufen haben

Konjunktiv

Präsens	Perfekt	Futur I
ich rufe	ich habe gerufen	ich werde rufen
du rufest	du habest gerufen	du werdest rufen
er rufe	er habe gerufen	er werde rufen
wir rufen	wir haben gerufen	wir werden rufen
ihr rufet	ihr habet gerufen	ihr werdet rufen
sie rufen	sie haben gerufen	sie werden rufen

Präteritum	Plusquamperfekt	Futur II
ich **rie**fe	ich hätte gerufen	ich werde gerufen haben
du **rie**fest	du hättest gerufen	du werdest gerufen haben
er **rie**fe	er hätte gerufen	er werde gerufen haben
wir **rie**fen	wir hätten gerufen	wir werden gerufen haben
ihr **rie**fet	ihr hättet gerufen	ihr werdet gerufen haben
sie **rie**fen	sie hätten gerufen	sie werden gerufen haben

Infinitiv

Präsens

rufen

Perfekt

gerufen haben

Partizip

Partizip I

rufend

Partizip II

gerufen

Imperativ

ruf(e) (du)
rufen wir
ruft (ihr)
rufen Sie

Beispiele und Wendungen

„Vorsicht!", rief er laut.
Ich habe nach dir gerufen, aber du hast mich nicht gehört.
Er heißt Andreas, wird aber Andi gerufen.

jmdn. rufen	*jmdn. laut auf sich aufmerksam machen*
(um) Hilfe rufen	*durch Schreien Hilfe herbeiholen*
die Ambulanz rufen	*telefonisch die Ambulanz herbeiholen*
die Bedienung rufen	*im Restaurant den Service verlangen*

Weitere Verben

an•rufen - auf•rufen - berufen - hervor•rufen

jmdn. anrufen	*jmdn. per Telefon kontaktieren*
jmdn. aufrufen (z. B. im Wartezimmer)	*sagen, dass jmd. an der Reihe ist*
sich auf etwas berufen	*auf etwas als Quelle verweisen*
sich auf jmdn. berufen	*jmdn. als Autorität für etwas angeben*
eine Allergie hervorrufen.	*eine Allergie verursachen*

Besonderheiten

Mit **Ruf** oder **rufen** werden viele Wörter gebildet, die entweder etwas mit Telefonieren oder mit dem Holen von Hilfe zu tun haben - manche sogar mit beidem. Schreiben Sie sich die Wörter auf, oder tragen Sie sie in ein Diagramm wie dieses hier ein: So können Sie die Wörter Gruppen zuordnen und damit leichter lernen.

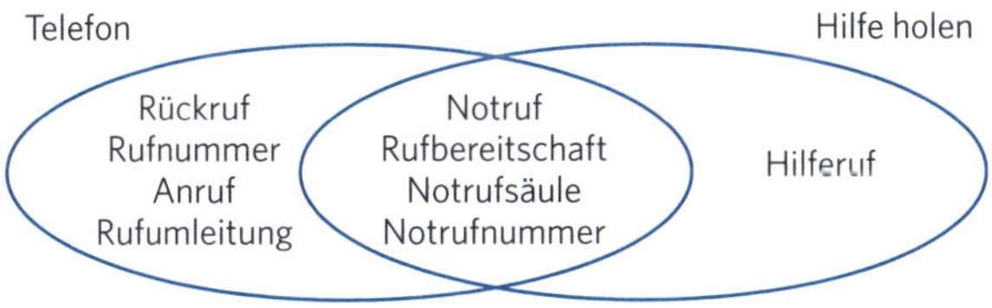

saufen

saufen - soff - gesoffen

Stammvokalwechsel **au - o - o**
Vokalwechsel im Präsens (siehe S. 198) / Konsonantendopplung (siehe Nr. 16)

Indikativ

Präsens	Perfekt	Futur I
ich saufe	ich habe gesoffen	ich werde saufen
du s**äu**fst	du hast gesoffen	du wirst saufen
er s**äu**ft	er hat gesoffen	er wird saufen
wir saufen	wir haben gesoffen	wir werden saufen
ihr sauft	ihr habt gesoffen	ihr werdet saufen
sie saufen	sie haben gesoffen	sie werden saufen

Präteritum	Plusquamperfekt	Futur II
ich s**off**	ich hatte gesoffen	ich werde gesoffen haben
du s**off**st	du hattest gesoffen	du wirst gesoffen haben
er s**off**	er hatte gesoffen	er wird gesoffen haben
wir s**off**en	wir hatten gesoffen	wir werden gesoffen haben
ihr s**off**t	ihr hattet gesoffen	ihr werdet gesoffen haben
sie s**off**en	sie hatten gesoffen	sie werden gesoffen haben

Konjunktiv

Präsens	Perfekt	Futur I
ich saufe	ich habe gesoffen	ich werde saufen
du saufest	du habest gesoffen	du werdest saufen
er saufe	er habe gesoffen	er werde saufen
wir saufen	wir haben gesoffen	wir werden saufen
ihr saufet	ihr habet gesoffen	ihr werdet saufen
sie saufen	sie haben gesoffen	sie werden saufen

Präteritum	Plusquamperfekt	Futur II
ich s**öff**e	ich hätte gesoffen	ich werde gesoffen haben
du s**öff**est	du hättest gesoffen	du werdest gesoffen haben
er s**öff**e	er hätte gesoffen	er werde gesoffen haben
wir s**öff**en	wir hätten gesoffen	wir werden gesoffen haben
ihr s**öff**et	ihr hättet gesoffen	ihr werdet gesoffen haben
sie s**öff**en	sie hätten gesoffen	sie werden gesoffen haben

Infinitiv

Präsens

saufen

Perfekt

gesoffen haben

Partizip

Partizip I

saufend

Partizip II

ges**off**en

Imperativ

sauf(e) (du)
saufen wir
sauft (ihr)
saufen Sie

Beispiele und Wendungen
Er säuft den ganzen Tag.
Der Hund war durstig und soff die ganze Schüssel Wasser leer.

jmd. säuft Bier	*jmd. trinkt große Mengen Bier*
Das Pferd säuft Wasser.	*Das Pferd trinkt Wasser.*
jmd. säuft	*jmd. trinkt regelmäßig zu viel Alkohol*
Das Auto säuft zu viel Benzin.	*Das Auto verbraucht zu viel Benzin.*

Weitere Verben
sich besaufen - ersaufen - versaufen

Sie besaufen sich jede Woche.	Sie betrinken sich jede Woche.
Er ist ersoffen.	Er ist ertrunken.
Sie hat ihr ganzes Geld versoffen.	Sie hat alles für Alkohol ausgegeben.

Besonderheiten
Vorsicht! Fast alle Wendungen mit dem Wort **saufen** sind umgangssprachlich oder vulgär. Nur für Tiere, die trinken, kann man das Wort *saufen* auf jeden Fall verwenden. Neutraler ist das Verb *trinken*, das, wenn es ohne Objekt benutzt wird, ebenfalls bedeuten kann, dass jemand zu viel Alkohol konsumiert.
z. B. - Geht es ihm gut? - Nein. Ich glaube, er trinkt.

Tipp
Jede Zeit ist gut, um die Sprache zu üben. Nutzen Sie Leerlaufzeiten im Wartezimmer, an der Bushaltestelle, am Flughafen, ... Auch wenn Sie Ihr Lernmaterial nicht dabeihaben, schauen Sie sich um und benennen Sie die Sachen, die Sie sehen, in der Fremdsprache.

saugen

Stammvokalwechsel **au - o - o**

saugen - sog - gesogen

Indikativ

Präsens	Perfekt	Futur I
ich sauge	ich habe gesogen	ich werde saugen
du saugst	du hast gesogen	du wirst saugen
er saugt	er hat gesogen	er wird saugen
wir saugen	wir haben gesogen	wir werden saugen
ihr saugt	ihr habt gesogen	ihr werdet saugen
sie saugen	sie haben gesogen	sie werden saugen

Präteritum	Plusquamperfekt	Futur II
ich sog / saugte*	ich hatte gesogen	ich werde gesogen haben
du sogst / saugtest*	du hattest gesogen	du wirst gesogen haben
er sog / saugte*	er hatte gesogen	er wird gesogen haben
wir sogen / saugten*	wir hatten gesogen	wir werden gesogen haben
ihr sogt / saugtet*	ihr hattet gesogen	ihr werdet gesogen haben
sie sogen / saugten*	sie hatten gesogen	sie werden gesogen haben

Konjunktiv

Präsens	Perfekt	Futur I
ich sauge	ich habe gesogen	ich werde saugen
du saugest	du habest gesogen	du werdest saugen
er sauge	er habe gesogen	er werde saugen
wir saugen	wir haben gesogen	wir werden saugen
ihr sauget	ihr habet gesogen	ihr werdet saugen
sie saugen	sie haben gesogen	sie werden saugen

Präteritum	Plusquamperfekt	Futur II
ich söge	ich hätte gesogen	ich werde gesogen haben
du sögest	du hättest gesogen	du werdest gesogen haben
er söge	er hätte gesogen	er werde gesogen haben
wir sögen	wir hätten gesogen	wir werden gesogen haben
ihr söget	ihr hättet gesogen	ihr werdet gesogen haben
sie sögen	sie hätten gesogen	sie werden gesogen haben

Infinitiv

Präsens

saugen

Perfekt

gesogen haben

Partizip

Partizip I

saugend

Partizip II

gesogen / gesaugt*

Imperativ

saug(e) (du)
saugen wir
saugt (ihr)
saugen Sie

* in technischer Bedeutung nur regelmäßige Form, sonst fakultativ

Beispiele und Wendungen

Das Baby saugt an seinem Daumen.
Ich muss noch den Teppichboden saugen, dann bin ich fertig.

an einem Strohhalm saugen	*etwas durch einen Strohhalm trinken*
sich etwas aus den Fingern saugen	*etwas spontan erfinden*
Die Pumpe saugt das Wasser aus der Maschine.	*Die Pumpe entfernt das Wasser durch Unterdruck aus der Maschine.*
den Teppich saugen	*den Teppich mit dem Staubsauger reinigen*
Vampire saugen Blut.	*Vampire beißen jmdn. und trinken dessen Blut.*

Besonderheiten

saugen kann teilweise wie ein regelmäßiges Verb konjugiert werden. In den Fällen, in denen das Verb eine technische Bedeutung hat, muss sogar die regelmäßige Form stehen.

z. B.	Er sog/saugte an seiner Pfeife.	→ nicht-technische Bedeutung, beide Formen möglich
	Sie saugte gerade das Zimmer.	→ nur regelmäßige Form möglich
	Die Maschine saugte die kalte Luft aus dem Raum.	→ technische Bedeutung, nur regelmäßige Form möglich

saugen kann man leicht mit dem regelmäßigen Verb (→ Nr. 4) *säugen* verwechseln.
säugen bedeutet, dass ein Tier seine Jungen Milch saugen lässt.
z. B. Die Katze säugt ihre Jungen.

Tipp

Lernen Sie selbstständig. Machen Sie sich bewusst, was für Sie wichtig ist – und was nicht. Sie müssen nicht immer alles beherrschen, was in den Büchern steht.

schlafen

schlafen – schlief – geschlafen

Stammvokalwechsel **a – ie – a**

Vokalwechsel im Präsens (siehe S. 198)

Indikativ

Präsens	Perfekt	Futur I
ich schlafe	ich habe geschlafen	ich werde schlafen
du schläfst	du hast geschlafen	du wirst schlafen
er schläft	er hat geschlafen	er wird schlafen
wir schlafen	wir haben geschlafen	wir werden schlafen
ihr schlaft	ihr habt geschlafen	ihr werdet schlafen
sie schlafen	sie haben geschlafen	sie werden schlafen

Präteritum	Plusquamperfekt	Futur II
ich schlief	ich hatte geschlafen	ich werde geschlafen haben
du schliefst	du hattest geschlafen	du wirst geschlafen haben
er schlief	er hatte geschlafen	er wird geschlafen haben
wir schliefen	wir hatten geschlafen	wir werden geschlafen haben
ihr schlieft	ihr hattet geschlafen	ihr werdet geschlafen haben
sie schliefen	sie hatten geschlafen	sie werden geschlafen haben

Konjunktiv

Präsens	Perfekt	Futur I
ich schlafe	ich habe geschlafen	ich werde schlafen
du schlafest	du habest geschlafen	du werdest schlafen
er schlafe	er habe geschlafen	er werde schlafen
wir schlafen	wir haben geschlafen	wir werden schlafen
ihr schlafet	ihr habet geschlafen	ihr werdet schlafen
sie schlafen	sie haben geschlafen	sie werden schlafen

Präteritum	Plusquamperfekt	Futur II
ich schliefe	ich hätte geschlafen	ich werde geschlafen haben
du schliefest	du hättest geschlafen	du werdest geschlafen haben
er schliefe	er hätte geschlafen	er werde geschlafen haben
wir schliefen	wir hätten geschlafen	wir werden geschlafen haben
ihr schliefet	ihr hättet geschlafen	ihr werdet geschlafen haben
sie schliefen	sie hätten geschlafen	sie werden geschlafen haben

Infinitiv

Präsens

schlafen

Perfekt

geschlafen haben

Partizip

Partizip I

schlafend

Partizip II

geschlafen

Imperativ

schlaf(e) (du)
schlafen wir
schlaft (ihr)
schlafen Sie

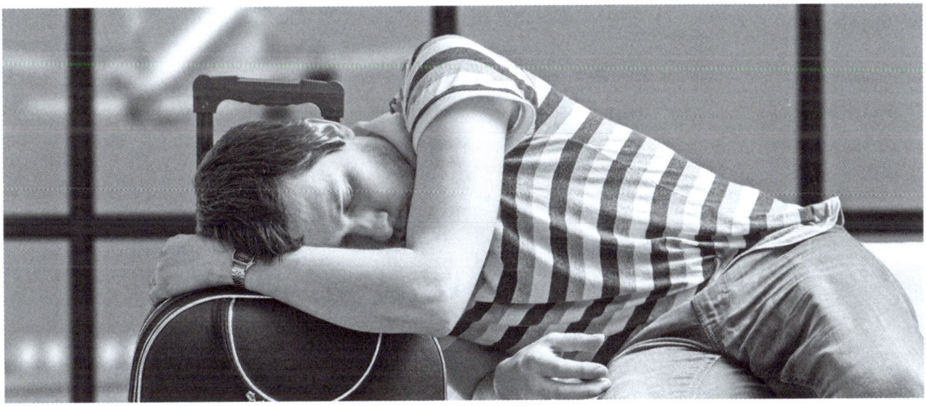

Beispiele und Wendungen

Er schlief tief und fest.
Die Eltern lassen die Kinder noch ein wenig schlafen.

tief schlafen	*im Schlaf durch nichts zu stören sein*
mit jmdm. schlafen	*mit jmdm. Sex haben*
in der Schule geschlafen haben	*nichts gelernt haben*
Ich muss darüber schlafen.	*Ich muss mir das noch einmal überlegen.*
Schlaf gut!	*Gute Nacht!*

Weitere Verben

aus•schlafen - ein•schlafen -verschlafen

Am Sonntag können wir ausschlafen.	*Am Sonntag müssen wir nicht früh aufstehen.*
Ich bin ausgeschlafen.	*Ich habe mich über Nacht gut erholt.*
Das Kind ist eingeschlafen.	*Das Kind schläft jetzt.*
Mein Fuß ist eingeschlafen.	*Mein Fuß ist taub und kribbelt.*
Er hat verschlafen.	*Er ist zu spät aufgewacht.*
einen Termin verschlafen	*einen Termin verpassen*

Tipp

Wenn Sie Wörter beim Lernen laut aussprechen, achten Sie stets darauf, lange und kurze Vokale zu unterscheiden. Wörter mit kurzen und langen Vokalen haben nämlich häufig unterschiedliche Bedeutungen. Kurze Vokale erkennen Sie häufig daran, dass ihnen ein doppelter Konsonant folgt.

z. B. ich schl**a**fe → langer Vokal, kommt von **schlafen**
die Fahne hängt schl**a**tt → kurzer Vokal, von *schlaff* (kraftlos, formlos)

69 schmelzen

schmelzen – schmolz – geschmolzen

Stammvokalwechsel **e – o – o**
Vokalwechsel im Präsens (siehe S. 198) / **s**-Ausfall (siehe Nr. 14) / **e**-Einschub (siehe Nr. 13)

Indikativ

Präsens	Perfekt	Futur I
ich schmelze	ich bin geschmolzen	ich werde schmelzen
du schm**i**lzt	du bist geschmolzen	du wirst schmelzen
er schm**i**lzt	er ist geschmolzen	er wird schmelzen
wir schmelzen	wir sind geschmolzen	wir werden schmelzen
ihr schmelzt	ihr seid geschmolzen	ihr werdet schmelzen
sie schmelzen	sie sind geschmolzen	sie werden schmelzen

Präteritum	Plusquamperfekt	Futur II
ich schm**o**lz	ich war geschmolzen	ich werde geschmolzen sein
du schm**o**lz**e**st	du warst geschmolzen	du wirst geschmolzen sein
er schm**o**lz	er war geschmolzen	er wird geschmolzen sein
wir schm**o**lzen	wir waren geschmolzen	wir werden geschmolzen sein
ihr schm**o**lz(e)t	ihr wart geschmolzen	ihr werdet geschmolzen sein
sie schm**o**lzen	sie waren geschmolzen	sie werden geschmolzen sein

Konjunktiv

Präsens	Perfekt	Futur I
ich schmelze	ich sei geschmolzen	ich werde schmelzen
du schmelzest	du sei(e)st geschmolzen	du werdest schmelzen
er schmelze	er sei geschmolzen	er werde schmelzen
wir schmelzen	wir seien geschmolzen	wir werden schmelzen
ihr schmelzet	ihr sei(e)t geschmolzen	ihr werdet schmelzen
sie schmelzen	sie seien geschmolzen	sie werden schmelzen

Präteritum	Plusquamperfekt	Futur II
ich schm**ö**lze	ich wäre geschmolzen	ich werde geschmolzen sein
du schm**ö**lzest	du wär(e)st geschmolzen	du werdest geschmolzen sein
er schm**ö**lze	er wäre geschmolzen	er werde geschmolzen sein
wir schm**ö**lzen	wir wären geschmolzen	wir werden geschmolzen sein
ihr schm**ö**lzet	ihr wär(e)t geschmolzen	ihr werdet geschmolzen sein
sie schm**ö**lzen	sie wären geschmolzen	sie werden geschmolzen sein

Infinitiv

Präsens

schmelzen

Perfekt

geschmolzen sein/haben

Partizip

Partizip I

schmelzend

Partizip II

geschm**o**lzen

Imperativ

schm**i**lz (du)
schmelzen wir
schmelzt (ihr)
schmelzen Sie

Beispiele und Wendungen

Das Eis ist geschmolzen.
Diese Schokolade schmilzt auf der Zunge.

Der Schnee schmilzt.	*Der Schnee wird zu Wasser.*
Gold schmelzen	*Gold verflüssigen*
in der Sonne schmelzen	*durch Sonnenwärme flüssig werden*

Weitere Verben

ein•schmelzen - verschmelzen

einen Ring einschmelzen	*einen Ring durch Hitze verflüssigen*
zwei Metalle verschmelzen	*zwei Metalle miteinander mischen*
die Farben verschmelzen	*die Farben vermischen sich*

Besonderheiten

Für die 2. Person Sing. Präsens von **schmelzen** wird heute die Form (du) **schmilzt** verwendet. Die Form (du) *schmilzest* ist veraltet.

Tipp

Denken Sie immer daran, effektiv zu lernen, gerade, wenn Sie wenig Zeit haben. Seltenere Verben - wie zum Beispiel **schmelzen** - müssen Sie nur dann lernen, wenn Sie sie etwa beruflich brauchen. Ansonsten reicht es bei solchen Wörtern, wenn Sie sie passiv beherrschen: Sie sollten sie in den jeweiligen Verbformen erkennen können - das genügt.
Und wenn Sie die Formen doch einmal selbst bilden müssen, dann greifen Sie einfach zu Ihren Verbtabellen.

schreien

Stammvokalwechsel **ei - ie - ie**

schreien - schrie - geschrien

Indikativ

Präsens	Perfekt	Futur I
ich schreie	ich habe geschrien	ich werde schreien
du schreist	du hast geschrien	du wirst schreien
er schreit	er hat geschrien	er wird schreien
wir schreien	wir haben geschrien	wir werden schreien
ihr schreit	ihr habt geschrien	ihr werdet schreien
sie schreien	sie haben geschrien	sie werden schreien

Präteritum	Plusquamperfekt	Futur II
ich schr**ie**	ich hatte geschrien	ich werde geschrien haben
du schr**ie**st	du hattest geschrien	du wirst geschrien haben
er schr**ie**	er hatte geschrien	er wird geschrien haben
wir schr**ie**n	wir hatten geschrien	wir werden geschrien haben
ihr schr**ie**t	ihr hattet geschrien	ihr werdet geschrien haben
sie schr**ie**n	sie hatten geschrien	sie werden geschrien haben

Konjunktiv

Präsens	Perfekt	Futur I
ich schreie	ich habe geschrien	ich werde schreien
du schreiest	du habest geschrien	du werdest schreien
er schreie	er habe geschrien	er werde schreien
wir schreien	wir haben geschrien	wir werden schreien
ihr schreiet	ihr habet geschrien	ihr werdet schreien
sie schreien	sie haben geschrien	sie werden schreien

Präteritum	Plusquamperfekt	Futur II
ich schr**ie**e	ich hätte geschrien	ich werde geschrien haben
du schr**ie**est	du hättest geschrien	du werdest geschrien haben
er schr**ie**e	er hätte geschrien	er werde geschrien haben
wir schr**ie**en	wir hätten geschrien	wir werden geschrien haben
ihr schr**ie**et	ihr hättet geschrien	ihr werdet geschrien haben
sie schr**ie**en	sie hätten geschrien	sie werden geschrien haben

Infinitiv

Präsens

schreien

Perfekt

geschrien haben

Partizip

Partizip I

schreiend

Partizip II

geschr**ie**n

Imperativ

schrei(e) (du)
schreien wir
schreit (ihr)
schreien Sie

Beispiele und Wendungen

Die Kinder schreien auf dem Schulhof.
Als sie sich das Bein brach, schrie sie vor Schmerzen.
Es war so laut, dass wir schreien mussten, um gehört zu werden.

sich heiser schreien	*so laut rufen, dass man heiser wird*
vor Begeisterung schreien	*jmdm. zujubeln*
Diese Wand schreit nach Farbe.	*Ich finde, diese Wand braucht Farbe.* (umgangssprachlich)
vor Schmerzen schreien	*laut jammern, weil man Schmerz fühlt*

Weitere Verben

an•schreien - auf•schreien - beschreien - speien

sich anschreien	*sich lautstark streiten*
jmdn. anschreien	*jmdn. laut beschimpfen*
vor Angst aufschreien	*schreien, weil man Angst hat*
speien müssen	*sich übergeben müssen*

Besonderheiten

Vorsicht bei der Schreibung! Das Präteritum von **schreien** enthält kein zusätzliches **e** im Plural, auch wenn es häufig so ausgesprochen wird.

(wir) **schrie**	+	**en**	=	**schrien**
Verbstamm im Präteritum		*Endung*		

speien ist ein eher altmodisches Wort für *spucken*. Meist wird es nur noch im Zusammenhang mit Drachengeschichten, Vulkanen usw. verwendet.

schwören

Stammvokalwechsel **ö - o - o**

schwören - schwor - geschworen

Indikativ

Präsens	Perfekt	Futur I
ich schwöre	ich habe geschworen	ich werde schwören
du schwörst	du hast geschworen	du wirst schwören
er schwört	er hat geschworen	er wird schwören
wir schwören	wir haben geschworen	wir werden schwören
ihr schwört	ihr habt geschworen	ihr werdet schwören
sie schwören	sie haben geschworen	sie werden schwören

Präteritum	Plusquamperfekt	Futur II
ich schw**o**r / schw**u**r*	ich hatte geschworen	ich werde geschworen haben
du schw**o**rst / schw**u**rst*	du hattest geschworen	du wirst geschworen haben
er schw**o**r / schw**u**r*	er hatte geschworen	er wird geschworen haben
wir schw**o**ren / schw**u**ren*	wir hatten geschworen	wir werden geschworen haben
ihr schw**o**rt / schw**u**rt*	ihr hattet geschworen	ihr werdet geschworen haben
sie schw**o**ren / schw**u**ren*	sie hatten geschworen	sie werden geschworen haben

Konjunktiv

Präsens	Perfekt	Futur I
ich schwöre	ich habe geschworen	ich werde schwören
du schwörest	du habest geschworen	du werdest schwören
er schwöre	er habe geschworen	er werde schwören
wir schwören	wir haben geschworen	wir werden schwören
ihr schwöret	ihr habet geschworen	ihr werdet schwören
sie schwören	sie haben geschworen	sie werden schwören

Präteritum	Plusquamperfekt	Futur II
ich schw**ü**re	ich hätte geschworen	ich werde geschworen haben
du schw**ü**rest	du hättest geschworen	du werdest geschworen haben
er schw**ü**re	er hätte geschworen	er werde geschworen haben
wir schw**ü**ren	wir hätten geschworen	wir werden geschworen haben
ihr schw**ü**ret	ihr hättet geschworen	ihr werdet geschworen haben
sie schw**ü**ren	sie hätten geschworen	sie werden geschworen haben

Infinitiv

Präsens

schwören

Perfekt

geschworen haben

Partizip

Partizip I

schwörend

Partizip II

geschw**o**ren

Imperativ

schwör(e) (du)
schwören wir
schwört (ihr)
schwören Sie

* veraltet

Beispiele und Wendungen

Er schwor mit erhobener Hand.
Ich habe mir geschworen, ihn nie wiederzusehen.

einen Eid schwören	*einen Eid ablegen*
auf die Verfassung schwören	*einen Eid auf die Verfassung ablegen*
sich etwas schwören	*sich fest vornehmen, etwas zu tun*
jmdm. ewige Treue schwören	*versprechen, jmdm. ewig treu zu sein*
Ich schwöre, ich weiß es nicht.	*Ich weiß es wirklich nicht.*
Ich könnte schwören, dass ...	*Ich bin mir sicher, dass ...*

Weitere Verben

beschwören - sich verschwören

einen Geist beschwören	*einen Geist herbeirufen*
eine Schlange beschwören	*eine Schlange mit Flötenmusik hervorlocken*
beschwören, dass etwas wahr ist	*unter Eid versichern, dass etwas wahr ist*
sich gegen jmdn. verschwören	*sich mit mehreren Leuten gegen jmdn. erbünden*
Alles hatte sich gegen ihn verschworen.	*Alles ging schief.*

Besonderheiten

Die veralteten Formen von **schwören** im Präteritum sind nur noch sehr, sehr selten zu finden. Konzentrieren Sie sich also besser gleich auf die modernen Formen.

Die veralteten Formen sind in der Tabelle mit einem * gekennzeichnet.

72 sehen

sehen – sah – gesehen

Stammvokalwechsel **e – a – e**

Vokalwechsel im Präsens (siehe S. 198)

Indikativ

Präsens	Perfekt	Futur I
ich sehe	ich habe gesehen	ich werde sehen
du siehst	du hast gesehen	du wirst sehen
er sieht	er hat gesehen	er wird sehen
wir sehen	wir haben gesehen	wir werden sehen
ihr seht	ihr habt gesehen	ihr werdet sehen
sie sehen	sie haben gesehen	sie werden sehen

Präteritum	Plusquamperfekt	Futur II
ich sah	ich hatte gesehen	ich werde gesehen haben
du sahst	du hattest gesehen	du wirst gesehen haben
er sah	er hatte gesehen	er wird gesehen haben
wir sahen	wir hatten gesehen	wir werden gesehen haben
ihr saht	ihr hattet gesehen	ihr werdet gesehen haben
sie sahen	sie hatten gesehen	sie werden gesehen haben

Konjunktiv

Präsens	Perfekt	Futur I
ich sehe	ich habe gesehen	ich werde sehen
du sehest	du habest gesehen	du werdest sehen
er sehe	er habe gesehen	er werde sehen
wir sehen	wir haben gesehen	wir werden sehen
ihr sehet	ihr habet gesehen	ihr werdet sehen
sie sehen	sie haben gesehen	sie werden sehen

Präteritum	Plusquamperfekt	Futur II
ich sähe	ich hätte gesehen	ich werde gesehen haben
du sähest	du hättest gesehen	du werdest gesehen haben
er sähe	er hätte gesehen	er werde gesehen haben
wir sähen	wir hätten gesehen	wir werden gesehen haben
ihr sähet	ihr hättet gesehen	ihr werdet gesehen haben
sie sähen	sie hätten gesehen	sie werden gesehen haben

Infinitiv

Präsens

sehen

Perfekt

gesehen haben

Partizip

Partizip I

sehend

Partizip II

gesehen

Imperativ

sieh (du)
sehen wir
seht (ihr)
sehen Sie

Beispiele und Wendungen

Ich habe vorhin einen Unfall gesehen.
Ich sehe darin unser größtes Problem.

Wir sehen uns morgen Abend.	*Wir treffen uns morgen Abend.*
einen Film sehen	*einen Film anschauen*
Ich sehe das anders als du.	*Ich schätze das anders ein als du.*
schlecht sehen	*Dinge visuell schlecht erkennen*
nach der Katze sehen	*sich um die Katze kümmern*
Man sieht sich!	*Bis bald!* (umgangssprachlich)

Weitere Verben

an•sehen - aus•sehen - ein•sehen - fern•sehen - geschehen - übersehen

sich etwas ansehen	*etwas betrachten*
gut aussehen	*ein schöner Anblick sein*
Es sieht schlecht aus.	*Die Chancen sind schlecht.*
einen Fehler einsehen	*einen Fehler zugeben*
eine Akte einsehen	*eine Akte lesen*
Er sieht gern fern.	*Er schaut gerne TV.*
So etwas geschieht oft.	*So etwas passiert ständig.*
etwas Wichtiges übersehen	*etwas Wichtiges nicht merken*

Tipp

Nomen zu den Verben mit **sehen** werden entweder mit dem Wort -**sicht** oder mit dem Wort -**sehen** gebildet. Oft gibt es sogar beide Kombinationen, die dann aber völlig unterschiedliche Bedeutungen haben können.

z. B. **aussehen** → die Aussicht: *der Blick von einem bestimmten Punkt*
→ das Aussehen: *das Erscheinungsbild von etwas*

73 senden

senden - sandte - gesandt

Stammvokalwechsel **e - a -a**

e-Einschub (siehe Nr. 11)

Indikativ

Präsens

ich sende
du send**e**st
er sendet
wir senden
ihr send**e**t
sie senden

Perfekt

ich	habe	gesandt
du	hast	gesandt
er	hat	gesandt
wir	haben	gesandt
ihr	habt	gesandt
sie	haben	gesandt

Futur I

ich	werde	senden
du	wirst	senden
er	wird	senden
wir	werden	senden
ihr	werdet	senden
sie	werden	senden

Präteritum

ich **sand**te
du **sand**test
er **sand**te
wir **sand**ten
ihr **sand**tet
sie **sand**ten

Plusquamperfekt

ich	hatte	gesandt
du	hattest	gesandt
er	hatte	gesandt
wir	hatten	gesandt
ihr	hattet	gesandt
sie	hatten	gesandt

Futur II

ich	werde	gesandt haben
du	wirst	gesandt haben
er	wird	gesandt haben
wir	werden	gesandt haben
ihr	werdet	gesandt haben
sie	werden	gesandt haben

Konjunktiv

Präsens

ich sende
du sendest
er sende
wir senden
ihr sendet
sie senden

Perfekt

ich	habe	gesandt
du	habest	gesandt
er	habe	gesandt
wir	haben	gesandt
ihr	habet	gesandt
sie	haben	gesandt

Futur I

ich	werde	senden
du	werdest	senden
er	werde	senden
wir	werden	senden
ihr	werdet	senden
sie	werden	senden

Präteritum

ich sendete
du sendetest
er sendete
wir sendeten
ihr sendetet
sie sendeten

Plusquamperfekt

ich	hätte	gesandt
du	hättest	gesandt
er	hätte	gesandt
wir	hätten	gesandt
ihr	hättet	gesandt
sie	hätten	gesandt

Futur II

ich	werde	gesandt haben
du	werdest	gesandt haben
er	werde	gesandt haben
wir	werden	gesandt haben
ihr	werdet	gesandt haben
sie	werden	gesandt haben

Infinitiv

Präsens

senden

Perfekt

gesandt haben

Partizip

Partizip I

sendend

Partizip II

ges**and**t

Imperativ

send(e) (du)
senden wir
send**e**t (ihr)
senden Sie

Beispiele und Wendungen

Oma sendet dir auch viele Grüße.
Die UNO sendet Blauhelmsoldaten und -soldatinnen in Krisengebiete.

einen Brief senden	*einen Brief schicken*
eine Textnachricht senden	*eine Textnachricht per Handy schicken*
jmdm. Geld senden	*jmdm. Geld zukommen lassen*

Weitere Verben

ab•senden - versenden - wenden

ein Paket absenden	*ein Paket losschicken*
Briefe versenden	*Briefe zur Post bringen*
Diese Nachricht wendet sich an alle.	*Diese Nachricht ist an alle gerichtet.*

Besonderheiten

senden kann in der Bedeutung von *schicken* oder *grüßen* (Grüße senden) sowohl regelmäßig (→ Nr. 4) als auch unregelmäßig konjugiert werden.
z. B. Das Päckchen wurde gesendet. = Das Päckchen wurde gesandt.

In der technischen Bedeutung (z. B. TV, Radio), ist **senden** immer regelmäßig.
z. B. Das Radio sendete ein Klavierkonzert.

wenden in der Bedeutung von Richtungswechsel oder umdrehen wird immer regelmäßig konjugiert.
z. B. Er hat das Auto gewendet.

Wenn Sie die unregelmäßigen Formen verwenden, denken Sie daran, dass man hier am Ende des Wortes **dt** schreibt, obwohl man nur ein **t** hort.
z. B. Er wandte sich an dich. *(Er sprach dich an.)*

74 sieden

sieden - sott - gesotten

Stammvokalwechsel **ie - o - o**
e-Einschub (siehe Nr. 11) / Konsonantendopplung (siehe Nr. 16)

Indikativ

Präsens	Perfekt	Futur I
ich siede	ich habe gesotten	ich werde sieden
du siedest	du hast gesotten	du wirst sieden
er siedet	er hat gesotten	er wird sieden
wir sieden	wir haben gesotten	wir werden sieden
ihr siedet	ihr habt gesotten	ihr werdet sieden
sie sieden	sie haben gesotten	sie werden sieden

Präteritum	Plusquamperfekt	Futur II
ich sott	ich hatte gesotten	ich werde gesotten haben
du sottest	du hattest gesotten	du wirst gesotten haben
er sott	er hatte gesotten	er wird gesotten haben
wir sotten	wir hatten gesotten	wir werden gesotten haben
ihr sottet	ihr hattet gesotten	ihr werdet gesotten haben
sie sotten	sie hatten gesotten	sie werden gesotten haben

Konjunktiv

Präsens	Perfekt	Futur I
ich siede	ich habe gesotten	ich werde sieden
du siedest	du habest gesotten	du werdest sieden
er siede	er habe gesotten	er werde sieden
wir sieden	wir haben gesotten	wir werden sieden
ihr siedet	ihr habet gesotten	ihr werdet sieden
sie siedet	sie haben gesotten	sie werden sieden

Präteritum	Plusquamperfekt	Futur II
ich sötte	ich hätte gesotten	ich werde gesotten haben
du söttest	du hättest gesotten	du werdest gesotten haben
er sötte	er hätte gesotten	er werde gesotten haben
wir sötten	wir hätten gesotten	wir werden gesotten haben
ihr söttet	ihr hättet gesotten	ihr werdet gesotten haben
sie sötten	sie hätten gesotten	sie werden gesotten haben

Infinitiv

Präsens

sieden

Perfekt

gesotten haben

Partizip

Partizip I

siedend

Partizip II

gesotten

Imperativ

sied(e) (du)
sieden wir
siedet (ihr)
sieden Sie

Beispiele und Wendungen

Wenn das Wasser siedet, können Sie den Kaffee aufgießen.

Das Wasser siedet.	*Das Wasser hat genau 100° Celsius.*
Die Wurst wird gesotten.	*Die Wurst wird in heißer Flüssigkeit zubereitet.*

Besonderheiten

sieden ist ein seltenes Wort, das vor allem in technischen Zusammenhängen benutzt wird. Seltener kommt es auch in Kochrezepten oder Ähnlichem vor. In der Alltagssprache verwendet man eher das Wort *kochen*.

z. B.	Das Wasser siedet.	(technischer Begriff)
	Das Wasser kocht.	(Umgangssprache)

Die unregelmäßigen Formen werden nur noch im Zusammenhang mit *gesottenen*, das heißt, in heißer Flüssigkeit zubereiteten Speisen gebraucht, und selbst das nur regional. Wenn Flüssigkeiten den Siedepunkt erreichen (also den Punkt, an dem sie vom flüssigen in den gasförmigen Zustand wechseln), nimmt man heute nur noch die regelmäßigen Formen von *sieden* (→ Nr. 4).

Tipp

Versuchen Sie, so viel wie möglich in der Fremdsprache zu sprechen. Eine gute Möglichkeit ist es, sich einen Tandempartner oder eine Tandempartnerin zu suchen – also eine Person, die Deutsch spricht und Ihre Muttersprache lernen will. Unterhalten Sie sich über Ihre Interessen (abwechselnd ein Treffen in Ihrer Muttersprache, dann eines auf Deutsch).
Scheuen Sie sich nicht, über Tätigkeiten und Abläufe zu sprechen. Damit üben Sie die Anwendung der Verben, sodass diese Ihnen immer leichter fallen werden.

75 **sitzen**

sitzen - saß - gesessen

Stammvokalwechsel **i - a - e**

s-Ausfall (siehe Nr. 14) / **e**-Einschub (siehe Nr. 13)

Indikativ

Präsens	Perfekt		Futur I	
ich sitze	ich habe	gesessen	ich werde	sitzen
du sitzt	du hast	gesessen	du wirst	sitzen
er sitzt	er hat	gesessen	er wird	sitzen
wir sitzen	wir haben	gesessen	wir werden	sitzen
ihr sitzt	ihr habt	gesessen	ihr werdet	sitzen
sie sitzen	sie haben	gesessen	sie werden	sitzen

Präteritum	Plusquamperfekt		Futur II	
ich sa**ß**	ich hatte	gesessen	ich werde	gesessen haben
du sa**ße**st	du hattest	gesessen	du wirst	gesessen haben
er sa**ß**	er hatte	gesessen	er wird	gesessen haben
wir sa**ß**en	wir hatten	gesessen	wir werden	gesessen haben
ihr sa**ß**(e)t	ihr hattet	gesessen	ihr werdet	gesessen haben
sie sa**ß**en	sie hatten	gesessen	sie werden	gesessen haben

Konjunktiv

Präsens	Perfekt		Futur I	
ich sitze	ich habe	gesessen	ich werde	sitzen
du sitzest	du habest	gesessen	du werdest	sitzen
er sitze	er habe	gesessen	er werde	sitzen
wir sitzen	wir haben	gesessen	wir werden	sitzen
ihr sitzet	ihr habet	gesessen	ihr werdet	sitzen
sie sitzen	sie haben	gesessen	sie werden	sitzen

Präteritum	Plusquamperfekt		Futur II	
ich s**äß**e	ich hätte	gesessen	ich werde	gesessen haben
du s**äß**est	du hättest	gesessen	du werdest	gesessen haben
er s**äß**e	er hätte	gesessen	er werde	gesessen haben
wir s**äß**en	wir hätten	gesessen	wir werden	gesessen haben
ihr s**äß**et	ihr hättet	gesessen	ihr werdet	gesessen haben
sie s**äß**en	sie hätten	gesessen	sie werden	gesessen haben

Infinitiv

Präsens

sitzen

Perfekt

gesessen haben/sein*

Partizip

Partizip I

sitzend

Partizip II

ges**ess**en

Imperativ

sitz(e) (du)
sitzen wir
sitzt (ihr)
sitzen Sie

* in Süddeutschland auch mit *sein* konjugiert

Beispiele und Wendungen

Die alte Dame sitzt auf einer Parkbank.
Hier ist ein Platz frei. Möchtest du lieber sitzen oder stehen?

auf einem Stuhl sitzen	*auf einem Stuhl Platz genommen haben*
über einer Aufgabe sitzen	*sich mit der Aufgabe beschäftigen*
Das Kleid sitzt perfekt.	*Das Kleid passt sehr gut.*
jmd. sitzt im Parlament	*jmd. ist Mitglied des Parlaments*
jmd. sitzt vorm Fernseher	*jmd. sieht fern*
Er muss drei Jahre sitzen.	*Er muss für drei Jahre ins Gefängnis.*
Sie hat ihn sitzen lassen.	*Sie hat ihn verlassen.*

Weitere Verben

besitzen – sitzen•bleiben

ein schönes Haus besitzen	*ein schönes Haus haben*
Sie ist sitzengeblieben.	*Sie musste ein Schuljahr wiederholen.*

Besonderheiten

sitzen kann man leicht mit dem Verb **setzen** verwechseln. *setzen* wird regelmäßig (→ Nr. 4) konjugiert und bedeutet, etwas in eine sitzende Position zu bringen. Häufig wird es reflexiv (*sich setzen*) verwendet.

z. B. Die Mutter setzt ihr Kind in die Badewanne.
Setzen Sie sich, bitte! (reflexiv, → Nr. 7)

Wie bei einigen anderen Verben, die einen Zustand bezeichnen (z. B. *hängen* → Nr. 43) können bei **sitzen** die zusammengesetzten Zeiten in Süddeutschland auch mit *sein* anstelle von *haben* gebildet werden.

sollen

sollen - sollte - gesollt

Indikativ

Präsens	Perfekt	Futur I
ich soll	ich habe gesollt	ich werde sollen
du sollst	du hast gesollt	du wirst sollen
er soll	er hat gesollt	er wird sollen
wir sollen	wir haben gesollt	wir werden sollen
ihr sollt	ihr habt gesollt	ihr werdet sollen
sie sollen	sie haben gesollt	sie werden sollen

Präteritum	Plusquamperfekt	Futur II
ich sollte	ich hatte gesollt	ich werde gesollt haben
du solltest	du hattest gesollt	du wirst gesollt haben
er sollte	er hatte gesollt	er wird gesollt haben
wir sollten	wir hatten gesollt	wir werden gesollt haben
ihr solltet	ihr hattet gesollt	ihr werdet gesollt haben
sie sollten	sie hatten gesollt	sie werden gesollt haben

Konjunktiv

Präsens	Perfekt	Futur I
ich solle	ich habe gesollt	ich werde sollen
du sollest	du habest gesollt	du werdest sollen
er solle	er habe gesollt	er werde sollen
wir sollen	wir haben gesollt	wir werden sollen
ihr sollet	ihr habet gesollt	ihr werdet sollen
sie sollen	sie haben gesollt	sie werden sollen

Präteritum	Plusquamperfekt	Futur II
ich sollte	ich hätte gesollt	ich werde gesollt haben
du solltest	du hättest gesollt	du werdest gesollt haben
er sollte	er hätte gesollt	er werde gesollt haben
wir sollten	wir hätten gesollt	wir werden gesollt haben
ihr solltet	ihr hättet gesollt	ihr werdet gesollt haben
sie sollten	sie hätten gesollt	sie werden gesollt haben

Infinitiv

Präsens

sollen

Perfekt

gesollt haben

Partizip

Partizip I

sollend

Partizip II

gesollt

Imperativ

—
—
—
—

Beispiele und Wendungen

Michael soll heute nicht in die Schule. Er ist krank.
Man sollte in fremden Städten immer eine Orientierungshilfe haben.

etwas soll in den Keller	*jmd. will, dass etwas in den Keller gebracht wird*
Er soll zur Chefin kommen.	*Er muss zur Chefin gehen.*
Man soll nicht stehlen.	*Es ist verboten zu stehlen.*
Du sollst die Gläser spülen.	*Ich erwarte, dass du die Gläser spülst.*
Du solltest Vitamine nehmen.	*Ich empfehle dir, Vitamine zu nehmen.*
Ich soll das machen.	*Ich habe den Auftrag, das zu machen.*
Soll ich das Fenster öffnen?	*Willst du, dass ich das Fenster öffne?*
Sollen wir heute ins Kino gehen?	*Willst du, dass wir ins Kino gehen?*
Dieser Mann soll viel Geld haben.	*Man sagt, dieser Mann habe viel Geld.*
Es soll ein schönes Fest werden.	*Es ist geplant, dass das Fest schön wird.*
Das hätte ich tun sollen.	*Es wäre besser gewesen, wenn ich das gemacht hätte.*

Besonderheiten

Ähnlich wie bei *müssen* (→ Nr. 60) verwendet man auch bei **sollen** nur selten das Partizip (*gesollt*) in den zusammengesetzten Zeiten. Immer, wenn im Satz ein weiteres Verb vorangeht, benutzt man den Infinitv *sollen*.
z. B. Ich hätte das Fenster öffnen sollen.

Tipp

sollen kann anfangs verwirrend sein, da es eine ganze Reihe von sehr unterschiedlichen Bedeutungen hat, wie Sie an den Wendungen oben sehen können. Lernen Sie die Wendungen gut. Wenn Sie Sätze mit **sollen** hören oder lesen, notieren Sie sie hier – so entwickeln Sie ein Gefühl für die verschiedenen Bedeutungen.

77 springen

Stammvokalwechsel **i - a - u**

springen - sprang - gesprungen

Indikativ

Präsens	Perfekt	Futur I
ich springe	ich bin gesprungen	ich werde springen
du springst	du bist gesprungen	du wirst springen
er springt	er ist gesprungen	er wird springen
wir springen	wir sind gesprungen	wir werden springen
ihr springt	ihr seid gesprungen	ihr werdet springen
sie springen	sie sind gesprungen	sie werden springen

Präteritum	Plusquamperfekt	Futur II
ich spr**a**ng	ich war gesprungen	ich werde gesprungen sein
du spr**a**ngst	du warst gesprungen	du wirst gesprungen sein
er spr**a**ng	er war gesprungen	er wird gesprungen sein
wir spr**a**ngen	wir waren gesprungen	wir werden gesprungen sein
ihr spr**a**ngt	ihr wart gesprungen	ihr werdet gesprungen sein
sie spr**a**ngen	sie waren gesprungen	sie werden gesprungen sein

Konjunktiv

Präsens	Perfekt	Futur I
ich springe	ich sei gesprungen	ich werde springen
du springest	du sei(e)st gesprungen	du werdest springen
er springe	er sei gesprungen	er werde springen
wir springen	wir seien gesprungen	wir werden springen
ihr springet	ihr sei(e)t gesprungen	ihr werdet springen
sie springen	sie seien gesprungen	sie werden springen

Präteritum	Plusquamperfekt	Futur II
ich spr**ä**nge	ich wäre gesprungen	ich werde gesprungen sein
du spr**ä**ngest	du wär(e)st gesprungen	du werdest gesprungen sein
er spr**ä**nge	er wäre gesprungen	er werde gesprungen sein
wir spr**ä**ngen	wir wären gesprungen	wir werden gesprungen sein
ihr spr**ä**nget	ihr wär(e)t gesprungen	ihr werdet gesprungen sein
sie spr**ä**ngen	sie wären gesprungen	sie werden gesprungen sein

Infinitiv

Präsens

springen

Perfekt

gesprungen sein

Partizip

Partizip I

springend

Partizip II

gespr**u**ngen

Imperativ

spring(e) (du)
springen wir
springt (ihr)
springen Sie

Beispiele und Wendungen

Steffi springt ins Wasser.
Der Spiegel sprang in Stücke.

Er kann sehr weit springen.	*Er kann lange Sprünge machen.*
Das Glas ist gesprungen.	*Das Glas hat einen Riss bekommen.*

Weitere Verben

gelingen - klingen - stinken - trinken - zwingen

jmdn. zu etwas zwingen	*jmdn. mit Gewalt dazu bringen, etwas zu tun*
Niemand zwingt dich dazu.	*Du musst das nicht tun.*
Es ist uns gelungen, ...	*Wir haben es geschafft, ...*
Das klingt gut.	*Das ist ein guter Vorschlag.*
auf etwas trinken	*einen Toast auf etwas aussprechen*
ein Glas Wasser trinken	*ein Glas Wasser zu sich nehmen*
Er trinkt.	*Er nimmt zu viel Alkohol zu sich.*
Der Käse stinkt.	*Der Käse riecht stark / unangenehm.*

Besonderheiten

Wie andere Verben, die eine Bewegung ausdrücken (z. B. gehen → Nr. 37) bildet auch **springen** die zusammengesetzten Zeiten mit **sein**. Es kann kein Vorgangspassiv bilden, zeigt aber oft im Zustandspassiv das Ergebnis einer Handlung an (→ Nr. 10).

z. B. Der Spiegel ist in der Mitte gesprungen. (→ Er ist jetzt kaputt).

Dasselbe gilt für das **gelingen**, obwohl dieses Verb keine Bewegung beschreibt.

z. B. Der Versuch ist endlich gelungen. (→ Er hat funktioniert).

stehen

stehen - stand - gestanden

Stammvokalwechsel **e - a - a**

e-Einschub (siehe Nr. 11)

Indikativ

Präsens	Perfekt	Futur I
ich stehe	ich habe gestanden	ich werde stehen
du stehst	du hast gestanden	du wirst stehen
er steht	er hat gestanden	er wird stehen
wir stehen	wir haben gestanden	wir werden stehen
ihr steht	ihr habt gestanden	ihr werdet stehen
sie stehen	sie haben gestanden	sie werden stehen

Präteritum	Plusquamperfekt	Futur II
ich st**and**	ich hatte gestanden	ich werde gestanden haben
du st**and**(e)st	du hattest gestanden	du wirst gestanden haben
er st**and**	er hatte gestanden	er wird gestanden haben
wir st**and**en	wir hatten gestanden	wir werden gestanden haben
ihr st**and**et	ihr hattet gestanden	ihr werdet gestanden haben
sie st**and**en	sie hatten gestanden	sie werden gestanden haben

Konjunktiv

Präsens	Perfekt	Futur I
ich stehe	ich habe gestanden	ich werde stehen
du stehest	du habest gestanden	du werdest stehen
er stehe	er habe gestanden	er werde stehen
wir stehen	wir haben gestanden	wir werden stehen
ihr stehet	ihr habet gestanden	ihr werdet stehen
sie stehen	sie haben gestanden	sie werden stehen

Präteritum	Plusquamperfekt	Futur II
ich st**ünd**e / st**änd**e	ich hätte gestanden	ich werde gestanden haben
du st**ünd**est / st**änd**est	du hättest gestanden	du werdest gestanden haben
er st**ünd**e / st**änd**e	er hätte gestanden	er werde gestanden haben
wir st**ünd**en / st**änd**en	wir hätten gestanden	wir werden gestanden haben
ihr st**ünd**et / st**änd**et	ihr hättet gestanden	ihr werdet gestanden haben
sie st**ünd**en / st**änd**en	sie hätten gestanden	sie werden gestanden haben

Infinitiv

Präsens

stehen

Perfekt

gestanden haben/sein*

Partizip

Partizip I

stehend

Partizip II

gest**and**en

Imperativ

steh(e) (du)
stehen wir
steht (ihr)
stehen Sie

* in Süddeutschland auch mit *sein* konjugiert

Beispiele und Wendungen

Das Haus steht auf einem Berg.
Jeden Morgen um halb acht stand er an der Bushaltestelle.

Die Uhr steht.	*Die Uhr funktioniert nicht.*
etwas steht in der Zeitung	*etwas ist in der Zeitung geschrieben*
Das Kleid steht dir gut.	*Das Kleid sieht an dir gut aus.*
Leo steht auf Rockmusik.	*Leo ist ein Fan von Rockmusik.*

Weitere Verben

an•stehen - bestehen - gestehen - verstehen

an der Kasse anstehen	*in der Schlange an der Kasse warten*
eine Prüfung bestehen	*eine Prüfung erfolgreich ablegen*
etwas besteht seit 1804	*etwas existiert seit 1804*
eine Tat gestehen	*zugeben, dass man etwas getan hat*
jmdn. falsch verstehen	*falsch interpretieren, was jmd. sagt*
sich mit jmdm. gut verstehen	*jmdn. gern mögen*

Besonderheiten

Die zusammengesetzten Zeiten von **stehen** und **gestehen** lauten gleich.
z. B. Ich habe gestanden. → Perfekt von *Ich stehe* oder von *Ich gestehe.*

Tipp

Erweitern Sie Ihren Wortschatz! Viele Wörter, die aus einem Präfix + **stehen** gebildet werden, bilden zwei oder drei verschiedene Nomen mit *-stehen*, *-standen* und *-ständnis.*
z. B. das Verstehen - der Verstand - das Verständnis.

Schlagen Sie die Wörter im Wörterbuch nach und notieren Sie sie hier!

79 **stehlen**

stehlen – stahl – gestohlen

Stammvokalwechsel **e – a – o**

Vokalwechsel im Präsens (siehe S. 198)

Indikativ

Präsens	Perfekt	Futur I
ich stehle	ich habe gestohlen	ich werde stehlen
du stiehlst	du hast gestohlen	du wirst stehlen
er stiehlt	er hat gestohlen	er wird stehlen
wir stehlen	wir haben gestohlen	wir werden stehlen
ihr stehlt	ihr habt gestohlen	ihr werdet stehlen
sie stehlen	sie haben gestohlen	sie werden stehlen

Präteritum	Plusquamperfekt	Futur II
ich stahl	ich hatte gestohlen	ich werde gestohlen haben
du stahlst	du hattest gestohlen	du wirst gestohlen haben
er stahl	er hatte gestohlen	er wird gestohlen haben
wir stahlen	wir hatten gestohlen	wir werden gestohlen haben
ihr stahlt	ihr hattet gestohlen	ihr werdet gestohlen haben
sie stahlen	sie hatten gestohlen	sie werden gestohlen haben

Konjunktiv

Präsens	Perfekt	Futur I
ich stehle	ich habe gestohlen	ich werde stehlen
du stehlest	du habest gestohlen	du werdest stehlen
er stehle	er habe gestohlen	er werde stehlen
wir stehlen	wir haben gestohlen	wir werden stehlen
ihr stehlet	ihr habet gestohlen	ihr werdet stehlen
sie stehlen	sie haben gestohlen	sie werden stehlen

Präteritum	Plusquamperfekt	Futur II
ich stähle / stöhle*	ich hätte gestohlen	ich werde gestohlen haben
du stählest / stöhlest*	du hättest gestohlen	du werdest gestohlen haben
er stähle / stöhle*	er hätte gestohlen	er werde gestohlen haben
wir stählen / stöhlen*	wir hätten gestohlen	wir werden gestohlen haben
ihr stählet / stöhlet*	ihr hättet gestohlen	ihr werdet gestohlen haben
sie stählen / stöhlen*	sie hätten gestohlen	sie werden gestohlen haben

Infinitiv

Präsens

stehlen

Perfekt

gestohlen haben

Partizip

Partizip I

stehlend

Partizip II

gestohlen

Imperativ

stiehl (du)
stehlen wir
stehlt (ihr)
stehlen Sie

* selten

Beispiele und Wendungen

Sie hat im Kaufhaus einen Lippenstift gestohlen.
Der Dieb stiehlt teure Autos und verkauft sie an reiche Leute.

Man soll nicht stehlen.	*Man soll keine Dinge nehmen, die einem nicht gehören.*
Er hat oft gestohlen.	*Er hat oft geklaut.*
Sie stiehlt mir meine Zeit.	*Sie verschwendet meine Zeit.*
Er kann mir gestohlen bleiben.	*Ich möchte nichts mehr mit ihm zu tun haben.*

Weitere Verben

befehlen – empfehlen

jmdm. befehlen etwas zu tun	*jmdm. sagen, dass er etwas tun muss*
jmdm. ein Buch empfehlen	*jmdm. raten, ein Buch zu lesen*
jmdm. ein Restaurant empfehlen	*jmdm. ein gutes Restaurant nennen*
Das ist nicht zu empfehlen.	*Das sollte man lieber nicht tun.*

Besonderheiten

Es gibt nicht viele Wörter im Deutschen, in denen nach einem **ie** noch ein **h** geschrieben wird, um einen langen **i**-Laut zu markieren. Hier haben Sie zwei der wichtigsten Ausnahmen! Achten Sie also auf die Rechtschreibung in den Formen „du stiehlst" und „er empfiehlt".

Tipp

Lassen Sie sich nicht täuschen! Das Wort **fehlen** wird im Gegensatz zu *befehlen* und *empfehlen* regelmäßig konjugiert, da es trotz der Ähnlichkeit nicht wirklich mit diesen Wörtern verwandt ist.
z. B. er befiehlt — aber: er fehlt

sterben

sterben – starb – gestorben

Stammvokalwechsel **e -a - o**

Vokalwechsel im Präsens (siehe S. 198)

Indikativ

Präsens	Perfekt	Futur I
ich sterbe	ich bin gestorben	ich werde sterben
du stirbst	du bist gestorben	du wirst sterben
er stirbt	er ist gestorben	er wird sterben
wir sterben	wir sind gestorben	wir werden sterben
ihr sterbt	ihr seid gestorben	ihr werdet sterben
sie sterben	sie sind gestorben	sie werden sterben

Präteritum	Plusquamperfekt	Futur II
ich starb	ich war gestorben	ich werde gestorben sein
du starbst	du warst gestorben	du wirst gestorben sein
er starb	er war gestorben	er wird gestorben sein
wir starben	wir waren gestorben	wir werden gestorben sein
ihr starbt	ihr wart gestorben	ihr werdet gestorben sein
sie starben	sie waren gestorben	sie werden gestorben sein

Konjunktiv

Präsens	Perfekt	Futur I
ich sterbe	ich sei gestorben	ich werde sterben
du sterbest	du sei(e)st gestorben	du werdest sterben
er sterbe	er sei gestorben	er werde sterben
wir sterben	wir seien gestorben	wir werden sterben
ihr sterbet	ihr sei(e)t gestorben	ihr werdet sterben
sie sterben	sie seien gestorben	sie werden sterben

Präteritum	Plusquamperfekt	Futur II
ich stürbe	ich wäre gestorben	ich werde gestorben sein
du stürbest	du wär(e)st gestorben	du werdest gestorben sein
er stürbe	er wäre gestorben	er werde gestorben sein
wir stürben	wir wären gestorben	wir werden gestorben sein
ihr stürbet	ihr wär(e)t gestorben	ihr werdet gestorben sein
sie stürben	sie wären gestorben	sie werden gestorben sein

Infinitiv

Präsens

sterben

Perfekt

gestorben sein

Partizip

Partizip I

sterbend

Partizip II

gestorben

Imperativ

stirb (du)
sterben wir
sterbt (ihr)
sterben Sie

Beispiele und Wendungen

Alle Menschen müssen sterben.
James Dean starb 1955 bei einem Autounfall.

Er ist schon lange gestorben.	*Er ist schon seit Langem tot.*
an einem Herzinfarkt sterben	*durch einen Herzinfarkt umkommen*
an Krebs sterben	*durch einen Tumor umkommen*
Das Projekt ist gestorben.	*Das Projekt wurde aufgegeben.* (umgangssprachlich)

Weitere Verben

sich bewerben - entwerfen - verbergen - verderben - werben - werfen

Milch verdirbt leicht.	*Milch wird schnell schlecht.*
etwas vor jmdm. verbergen	*etwas vor jmdm. verstecken*
für etwas werben	*für etwas Reklame machen*
sich um einen Job bewerben	*versuchen, einen Job zu bekommen*
einen Ball werfen	*einen Ball irgendwohin schleudern*
einen Plan entwerfen	*einen Plan entwickeln und skizzieren*

Tipp

Für **sterben** gibt es einige Synonyme. Achten Sie immer auf den Zusammenhang und den Ton, in dem diese Wörter gebraucht werden

z. B. abkratzen → vulgärer Ausdruck, abwertend
krepieren → grob, sterben in großem Elend
entschlafen → beschönigend, vor allem in Todesanzeigen

Neue Wendungen können Sie effektiver lernen, indem Sie versuchen, sie in einem neuen Sinn zu gebrauchen. Am besten ist ein Zusammenhang, der mit Ihrem eigenen Leben zu tun hat, denn das können Sie sich besonders gut merken.
z. B. Ich habe mich gestern um einen Job in München beworben.

81 stoßen

stoßen - stieß - gestoßen

Stammvokalwechsel **o - ie - o**
Vokalwechsel im Präsens (siehe S. 198) / **s**-Ausfall (siehe Nr. 14) / **e**-Einschub (siehe Nr. 13)

Indikativ

Präsens	Perfekt	Futur I
ich stoße	ich habe gestoßen	ich werde stoßen
du st**ö**ßt	du hast gestoßen	du wirst stoßen
er st**ö**ßt	er hat gestoßen	er wird stoßen
wir stoßen	wir haben gestoßen	wir werden stoßen
ihr stoßt	ihr habt gestoßen	ihr werdet stoßen
sie stoßen	sie haben gestoßen	sie werden stoßen

Präteritum	Plusquamperfekt	Futur II
ich sti**e**ß	ich hatte gestoßen	ich werde gestoßen haben
du sti**e**ß**e**st	du hattest gestoßen	du wirst gestoßen haben
er sti**e**ß	er hatte gestoßen	er wird gestoßen haben
wir sti**e**ßen	wir hatten gestoßen	wir werden gestoßen haben
ihr sti**e**ß(e)t	ihr hattet gestoßen	ihr werdet gestoßen haben
sie sti**e**ßen	sie hatten gestoßen	sie werden gestoßen haben

Konjunktiv

Präsens	Perfekt	Futur I
ich stoße	ich habe gestoßen	ich werde stoßen
du stoßest	du habest gestoßen	du werdest stoßen
er stoße	er habe gestoßen	er werde stoßen
wir stoßen	wir haben gestoßen	wir werden stoßen
ihr stoßet	ihr habet gestoßen	ihr werdet stoßen
sie stoßen	sie haben gestoßen	sie werden stoßen

Präteritum	Plusquamperfekt	Futur II
ich sti**e**ße	ich hätte gestoßen	ich werde gestoßen haben
du sti**e**ßest	du hättest gestoßen	du werdest gestoßen haben
er sti**e**ße	er hätte gestoßen	er werde gestoßen haben
wir sti**e**ßen	wir hätten gestoßen	wir werden gestoßen haben
ihr sti**e**ßet	ihr hättet gestoßen	ihr werdet gestoßen haben
sie sti**e**ßen	sie hätten gestoßen	sie werden gestoßen haben

Infinitiv

Präsens

stoßen

Perfekt

gestoßen haben/sein

Partizip

Partizip I

stoßend

Partizip II

gestoßen

Imperativ

stoß(e) (du)
stoßen wir
stoßt (ihr)
stoßen Sie

Beispiele und Wendungen

Er hat sich den Kopf gestoßen.
Ich bin mit dem Fuß ans Tischbein gestoßen.

auf Probleme stoßen	*unerwartet auf Probleme treffen*
auf Erdöl stoßen	*Erdöl im Boden finden*
jmdn. zur Seite stoßen	*jmdn. grob zur Seite schieben*
Er stieß mit dem Kopf an die Scheibe.	*Sein Kopf schlug an die Scheibe.*
etwas von sich stoßen	*etwas mit Kraft von sich wegschieben*

Weitere Verben

abstoßen - ausstoßen - umstoßen - zusammenstoßen

Das stößt mich ab.	*Das finde ich widerlich.*
giftige Gase ausstoßen	*giftige Gase in die Luft abgeben*
Die Autos stießen zusammen.	*Die Autos kollidierten.*
Der Körper stößt die Transplantate ab.	*Die Transplantate werden vom Körper nicht angenommen.*
eine Vase umstoßen	*eine Vase umwerfen*
mit jmdm. zusammenstoßen	*mit jmdm. kollidieren*

Besonderheiten

Verwendet man **stoßen** mit einem Präpositionalobjekt (an + Akkusativ), so bildet man die zusammengesetzten Zeiten mit **sein**. Wenn man *stoßen* aber reflexiv benutzt, um auszudrücken, dass man sich wehgetan hat, ist das richtige Hilfsverb **haben**. Wenn man einen Gegenstand irgendwohin wirft oder schiebt, verwendet man ebenfalls **haben**.

z. B.	Ich bin an die Scheibe gestoßen.	(stoßen + an)
	Ich habe mir den Fuß an der Scheibe gestoßen.	(reflexiv)
	Sie hat die Kugel drei Meter weit gestoßen.	(werfen)

tragen

Stammvokalwechsel **a - u - a**

tragen – trug – getragen

Vokalwechsel im Präsens (siehe S. 198)

Indikativ

Präsens	Perfekt	Futur I
ich trage	ich habe getragen	ich werde tragen
du trägst	du hast getragen	du wirst tragen
er trägt	er hat getragen	er wird tragen
wir tragen	wir haben getragen	wir werden tragen
ihr tragt	ihr habt getragen	ihr werdet tragen
sie tragen	sie haben getragen	sie werden tragen

Präteritum	Plusquamperfekt	Futur II
ich trug	ich hatte getragen	ich werde getragen haben
du trugst	du hattest getragen	du wirst getragen haben
er trug	er hatte getragen	er wird getragen haben
wir trugen	wir hatten getragen	wir werden getragen haben
ihr trugt	ihr hattet getragen	ihr werdet getragen haben
sie trugen	sie hatten getragen	sie werden getragen haben

Konjunktiv

Präsens	Perfekt	Futur I
ich trage	ich habe getragen	ich werde tragen
du tragest	du habest getragen	du werdest tragen
er trage	er habe getragen	er werde tragen
wir tragen	wir haben getragen	wir werden tragen
ihr traget	ihr habet getragen	ihr werdet tragen
sie tragen	sie haben getragen	sie werden tragen

Präteritum	Plusquamperfekt	Futur II
ich trüge	ich hätte getragen	ich werde getragen haben
du trügest	du hättest getragen	du werdest getragen haben
er trüge	er hätte getragen	er werde getragen haben
wir trügen	wir hätten getragen	wir werden getragen haben
ihr trüget	ihr hättet getragen	ihr werdet getragen haben
sie trügen	sie hätten getragen	sie werden getragen haben

Infinitiv

Präsens

tragen

Perfekt

getragen haben

Partizip

Partizip I

tragend

Partizip II

getragen

Imperativ

trag(e) (du)
tragen wir
tragt (ihr)
tragen Sie

Beispiele und Wendungen

Die Frau trägt eine schöne Brille.
Der elegante Herr trägt einen teuren Anzug und schwarze Schuhe.

einen Koffer tragen	*einen Koffer transportieren*
einen Hut tragen	*einen Hut auf dem Kopf haben*
die Haare kurz tragen	*eine Kurzhaarfrisur haben*
eine Brille tragen	*eine Brille auf der Nase haben*
die Kosten für etwas tragen	*für etwas bezahlen*

Weitere Verben

betragen – bei•tragen – ein•tragen – erfahren – fahren – nach•schlagen – schlagen

Die Temperatur beträgt 22 Grad.	*Die Temperatur liegt bei 22 Grad.*
Das Geld trägt dazu bei, dass …	*Das Geld hilft dabei, …*
etwas in eine Liste eintragen	*etwas in eine Liste schreiben*
mit dem Bus / Zug fahren	*den Bus / Zug benutzen*
Ich habe es aus dem Internet erfahren.	*Das Internet hat mich darüber informiert.*
Er hat tatsächlich seine Frau geschlagen!	*Er hat wirklich seine Frau verprügelt!*
Stuttgart schlägt München 2 zu 1.	*Stuttgart gewinnt gegen München 2 zu 1.*
ein Wort nachschlagen	*ein Wort im Wörterbuch suchen*

Tipp

Sprechen Sie die Verben beim Lernen so aus, dass sie etwas von der Bedeutung widerspiegeln. Wenn Sie zum Beispiel **tragen** lernen, denken Sie an schwere Koffer und atmen Sie, als ob Sie eine Last transportieren würden.

83 treffen

treffen – traf – getroffen

Stammvokalwechsel **e – a – o**
Vokalwechsel im Präsens (siehe S. 198) / Ausfall des Doppelkonsonanten (siehe Nr. 17)

Indikativ

Präsens	Perfekt	Futur I
ich treffe	ich habe getroffen	ich werde treffen
du triffst	du hast getroffen	du wirst treffen
er trifft	er hat getroffen	er wird treffen
wir treffen	wir haben getroffen	wir werden treffen
ihr trefft	ihr habt getroffen	ihr werdet treffen
sie treffen	sie haben getroffen	sie werden treffen

Präteritum	Plusquamperfekt	Futur II
ich traf	ich hatte getroffen	ich werde getroffen haben
du trafst	du hattest getroffen	du wirst getroffen haben
er traf	er hatte getroffen	er wird getroffen haben
wir trafen	wir hatten getroffen	wir werden getroffen haben
ihr traft	ihr hattet getroffen	ihr werdet getroffen haben
sie trafen	sie hatten getroffen	sie werden getroffen haben

Konjunktiv

Präsens	Perfekt	Futur I
ich treffe	ich habe getroffen	ich werde treffen
du treffest	du habest getroffen	du werdest treffen
er treffe	er habe getroffen	er werde treffen
wir treffen	wir haben getroffen	wir werden treffen
ihr treffet	ihr habet getroffen	ihr werdet treffen
sie treffen	sie haben getroffen	sie werden treffen

Präteritum	Plusquamperfekt	Futur II
ich träfe	ich hätte getroffen	ich werde getroffen haben
du träfest	du hättest getroffen	du werdest getroffen haben
er träfe	er hätte getroffen	er werde getroffen haben
wir träfen	wir hätten getroffen	wir werden getroffen haben
ihr träfet	ihr hättet getroffen	ihr werdet getroffen haben
sie träfen	sie hätten getroffen	sie werden getroffen haben

Infinitiv

Präsens

treffen

Perfekt

getroffen haben

Partizip

Partizip I

treffend

Partizip II

getroffen

Imperativ

triff (du)
treffen wir
trefft (ihr)
treffen Sie

Beispiele und Wendungen

Wir treffen uns heute mit dem Nachbarn.
Der Pfeil traf die Zielscheibe genau in der Mitte.

sich mit jmdm. treffen — *sich mit jmdm. verabreden*
jmdn. zufällig treffen — *jmdn. zufällig irgendwo sehen*
eine Wahl treffen — *sich für etwas entscheiden*
auf Widerstand treffen — *auf Widerstand stoßen*
eine Entscheidung treffen — *etwas entscheiden und festlegen*
Das traf ihn sehr. — *Das hat ihn sehr traurig gemacht.*
Das trifft sich gut! — *Das passt gerade gut in den Plan.*
Dich trifft keine Schuld. — *Du bist daran nicht schuld.*

Weitere Verben

betreffen – ein•treffen – über•treffen – zu•treffen

Das betrifft alle Anwesenden. — *Das geht alle Anwesenden etwas an.*
Der Brief betrifft die Schule. — *In dem Brief geht es um die Schule.*
Der Zug trifft um zwei Uhr ein. — *Der Zug kommt um zwei Uhr an.*
jmdn. in etwas übertreffen — *in etwas besser sein als jmd. anderes*
Das trifft zu. — *Das ist wahr, das stimmt.*

Besonderheiten

Die zusammengesetzten Zeiten von **treffen** (und den Verben, die aus **-treffen** und einem Präfix bestehen) werden mit **haben** gebildet. Nur in der Kombination mit dem Präfix **ein-** (→ *eintreffen*) handelt es sich um ein Verb, das eine Bewegung beschreibt. Deshalb benutzt man bei *eintreffen* **sein**.

z. B. Ich habe meinen Freund zufällig im Café getroffen.
Die Filmstars sind am Samstag in Cannes eingetroffen.

treten

treten – trat – getreten

Stammvokalwechsel **e – a – e**
Vokalwechsel mit Konsonantendopplung im Präsens (siehe S. 198) / **e**-Einschub (siehe Nr. 11)

Indikativ

Präsens	Perfekt	Futur I
ich trete	ich habe getreten	ich werde treten
du trittst	du hast getreten	du wirst treten
er tritt	er hat getreten	er wird treten
wir treten	wir haben getreten	wir werden treten
ihr tretet	ihr habt getreten	ihr werdet treten
sie treten	sie haben getreten	sie werden treten

Präteritum	Plusquamperfekt	Futur II
ich trat	ich hatte getreten	ich werde getreten haben
du tratst	du hattest getreten	du wirst getreten haben
er trat	er hatte getreten	er wird getreten haben
wir traten	wir hatten getreten	wir werden getreten haben
ihr tratet	ihr hattet getreten	ihr werdet getreten haben
sie traten	sie hatten getreten	sie werden getreten haben

Konjunktiv

Präsens	Perfekt	Futur I
ich trete	ich habe getreten	ich werde treten
du tretest	du habest getreten	du werdest treten
er trete	er habe getreten	er werde treten
wir treten	wir haben getreten	wir werden treten
ihr tretet	ihr habet getreten	ihr werdet treten
sie treten	sie haben getreten	sie werden treten

Präteritum	Plusquamperfekt	Futur II
ich träte	ich hätte getreten	ich werde getreten haben
du trätest	du hättest getreten	du werdest getreten haben
er träte	er hätte getreten	er werde getreten haben
wir träten	wir hätten getreten	wir werden getreten haben
ihr trätet	ihr hättet getreten	ihr werdet getreten haben
sie träten	sie hätten getreten	sie werden getreten haben

Infinitiv

Präsens

treten

Perfekt

getreten haben

Partizip

Partizip I

tretend

Partizip II

getreten

Imperativ

tritt (du)
treten wir
tretet (ihr)
treten Sie

Beispiele und Wendungen

Mama, das andere Kind hat mich getreten!
Bei dem Radrennen treten die Fahrer und Fahrerinnen kräftig in die Pedale.

jmdn. treten	*jmdn. mit dem Fuß stoßen*
den Ball treten	*den Ball kicken*
in eine Pfütze treten	*den Fuß in eine Pfütze setzen*
zur Seite treten	*einen Schritt auf die Seite gehen*
auf die Bremse treten	*bremsen*
Ein Gesetz tritt in Kraft.	*Ein Gesetz wird gültig.*

Weitere Verben

auf•treten – betreten – ein•treten – vertreten

Der Clown tritt im Zirkus auf.	*Der Clown führt etwas im Zirkus auf.*
einen Raum betreten	*in einen Raum hineingehen*
Treten Sie ein!	*Kommen Sie herein!*
für etwas / jmdn. eintreten	*sich für etwas / jmdn. einsetzen*
in einen Verein eintreten	*bei einem Verein Mitglied werden*
Wenn dieser Fall eintritt, ...	*Wenn es zu dieser Situation kommt, ...*
eine Meinung vertreten	*einer Meinung sein*
einen Kollegen / eine Kollegin vertreten	*Arbeit für einen Kollegen / eine Kollegin übernehmen*

Besonderheiten

Um zu entscheiden, ob man bei **treten** für die zusammengesetzten Zeiten *sein* oder *haben* benutzt, muss man den Sinn klären. Wenn es um die Bewegung geht, verwendet man **sein** – wenn es um den Stoß mit dem Fuß geht, **haben**.

z. B. Sie <u>ist</u> ins Zimmer getreten. → Richtung: *sein*
Er <u>hat</u> den Ball getreten. → Stoß, Tritt: *haben*

tun

tun - tat - getan

Stammvokalwechsel **u - a - a**

e-Einschub (siehe Nr. 11)

Indikativ

Präsens	Perfekt	Futur I
ich tu(e)	ich habe getan	ich werde tun
du tust	du hast getan	du wirst tun
er tut	er hat getan	er wird tun
wir tun	wir haben getan	wir werden tun
ihr tut	ihr habt getan	ihr werdet tun
sie tun	sie haben getan	sie werden tun

Präteritum	Plusquamperfekt	Futur II
ich **tat**	ich hatte getan	ich werde getan haben
du **tat**(e)st	du hattest getan	du wirst getan haben
er **tat**	er hatte getan	er wird getan haben
wir **tat**en	wir hatten getan	wir werden getan haben
ihr **tat**et	ihr hattet getan	ihr werdet getan haben
sie **tat**en	sie hatten getan	sie werden getan haben

Konjunktiv

Präsens	Perfekt	Futur I
ich tue	ich habe getan	ich werde tun
du tuest	du habest getan	du werdest tun
er tue	er habe getan	er werde tun
wir tun	wir haben getan	wir werden tun
ihr tuet	ihr habet getan	ihr werdet tun
sie tun	sie haben getan	sie werden tun

Präteritum	Plusquamperfekt	Futur II
ich **tät**e	ich hätte getan	ich werde getan haben
du **tät**est	du hättest getan	du werdest getan haben
er **tät**e	er hätte getan	er werde getan haben
wir **tät**en	wir hätten getan	wir werden getan haben
ihr **tät**et	ihr hättet getan	ihr werdet getan haben
sie **tät**en	sie hätten getan	sie werden getan haben

Infinitiv

Präsens

tun

Perfekt

getan haben

Partizip

Partizip I

tuend

Partizip II

get**a**n

Imperativ

tu(e) (du)
tun wir
tut (ihr)
tun Sie

Beispiele und Wendungen

Was tust du hier?
Wenn wir etwas ändern wollen, müssen wir auch etwas dafür tun.

etwas tun	*etwas machen, eine Tätigkeit ausüben*
jmdm. etwas tun	*jmdm. Schaden zufügen*
jmdm. einen Gefallen tun	*etwas jmdm. zuliebe tun*
Tu doch nicht so!	*Verhalte dich normal!*
Damit habe ich nichts zu tun.	*Daran bin ich nicht beteiligt / schuld.*

Weitere Verben

an•tun – gut•tun – leid•tun – weh•tun

sich etwas antun	*sich selbst Schaden zufügen*
Das kannst du mir nicht antun!	*Wenn du das machst, verletzt du mich.*
Mein Kopf tut weh.	*Ich habe Kopfschmerzen.*
Er hat ihr sehr wehgetan.	*Er hat sie sehr traurig gemacht.*
Das hat mir gutgetan.	*Das war gut für mich.*
Es tut mir leid.	*Ich entschuldige mich für etwas.*
jmd. tut mir leid	*Ich bemitleide jmdn.*
Das wird dir noch leidtun!	*Das wirst du bereuen!*

Besonderheiten

sich etwas antun heißt wörtlich, dass sich jemand selbst einen Schaden zufügt. Häufig steht es in der Bedeutung von *sich umbringen*.
z. B. Er stand auf der Brücke und sah aus, als wolle er sich etwas antun.

Obwohl die korrekte Form von **tun** im Präsens „ich tue" lautet, verwendet man im gesprochenen Deutsch meist die kürzere Variante „ich tu".
z. B. Keine Angst, ich tu dir nichts!

verlieren

Stammvokalwechsel **ie - o - o**

verlieren - verlor - verloren

Indikativ

Präsens	Perfekt	Futur I
ich verliere	ich habe verloren	ich werde verlieren
du verlierst	du hast verloren	du wirst verlieren
er verliert	er hat verloren	er wird verlieren
wir verlieren	wir haben verloren	wir werden verlieren
ihr verliert	ihr habt verloren	ihr werdet verlieren
sie verlieren	sie haben verloren	sie werden verlieren

Präteritum	Plusquamperfekt	Futur II
ich verl**o**r	ich hatte verloren	ich werde verloren haben
du verl**o**rst	du hattest verloren	du wirst verloren haben
er verl**o**r	er hatte verloren	er wird verloren haben
wir verl**o**ren	wir hatten verloren	wir werden verloren haben
ihr verl**o**rt	ihr hattet verloren	ihr werdet verloren haben
sie verl**o**ren	sie hatten verloren	sie werden verloren haben

Konjunktiv

Präsens	Perfekt	Futur I
ich verliere	ich habe verloren	ich werde verlieren
du verlierest	du habest verloren	du werdest verlieren
er verliere	er habe verloren	er werde verlieren
wir verlieren	wir haben verloren	wir werden verlieren
ihr verlieret	ihr habet verloren	ihr werdet verlieren
sie verlieren	sie haben verloren	sie werden verlieren

Präteritum	Plusquamperfekt	Futur II
ich verl**ö**re	ich hätte verloren	ich werde verloren haben
du verl**ö**rest	du hättest verloren	du werdest verloren haben
er verl**ö**re	er hätte verloren	er werde verloren haben
wir verl**ö**ren	wir hätten verloren	wir werden verloren haben
ihr verl**ö**ret	ihr hättet verloren	ihr werdet verloren haben
sie verl**ö**ren	sie hätten verloren	sie werden verloren haben

Infinitiv

Präsens

verlieren

Perfekt

verloren haben

Partizip

Partizip I

verlierend

Partizip II

verl**o**ren

Imperativ

verlier(e) (du)
verlieren wir
verliert (ihr)
verlieren Sie

Beispiele und Wendungen

Sie hat beim Poker viel Geld verloren.
Die Mannschaft hat gestern das Spiel verloren.
Ich verliere ständig Schals, Regenschirme und Handschuhe.

eine Tasche verlieren	*eine Tasche liegen oder fallen lassen, ohne es zu merken*
ein Spiel verlieren	*bei einem Spiel schlechter sein*
Geld verlieren	*finanziellen Verlust machen*
den Job verlieren	*arbeitslos werden*
die Geduld verlieren	*ungeduldig werden*

Weitere Verben

ein•frieren - erfrieren - frieren - gefrieren

Frierst du?	*Ist dir kalt?*
den Kuchen einfrieren	*den Kuchen im Tiefkühlfach aufbewahren*
jmd. erfriert	*jmd. stirbt durch die Kälte*
Meine Balkonpflanzen sind erfroren.	*Meine Balkonpflanzen sind durch die Kälte kaputtgegangen.*
Im Winter gefriert der See.	*Im Winter wird der See zu Eis.*

Tipp

Was haben Sie schon *verloren*? Und was **verlieren** andere öfters? Schreiben Sie Sätze – so üben Sie dieses Wort am besten!

z. B. Ich verliere oft die Schlüssel. Meine Schwester hat ein Buch verloren.

Merken Sie sich Verben, die gleich konjugiert werden, in Reimen:

z. B. Leute, die den Schal **verlieren**, müssen oft im Winter **frieren**.

87 waschen

waschen – wusch – gewaschen

Stammvokalwechsel **a – u – a**

Vokalwechsel im Präsens (siehe S. 198)

Indikativ

Präsens	Perfekt	Futur I
ich wasche	ich habe gewaschen	ich werde waschen
du wäschst	du hast gewaschen	du wirst waschen
er wäscht	er hat gewaschen	er wird waschen
wir waschen	wir haben gewaschen	wir werden waschen
ihr wascht	ihr habt gewaschen	ihr werdet waschen
sie waschen	sie haben gewaschen	sie werden waschen

Präteritum	Plusquamperfekt	Futur II
ich wusch	ich hatte gewaschen	ich werde gewaschen haben
du wuschst	du hattest gewaschen	du wirst gewaschen haben
er wusch	er hatte gewaschen	er wird gewaschen haben
wir wuschen	wir hatten gewaschen	wir werden gewaschen haben
ihr wuscht	ihr hattet gewaschen	ihr werdet gewaschen haben
sie wuschen	sie hatten gewaschen	sie werden gewaschen haben

Konjunktiv

Präsens	Perfekt	Futur I
ich wasche	ich habe gewaschen	ich werde waschen
du waschest	du habest gewaschen	du werdest waschen
er wasche	er habe gewaschen	er werde waschen
wir waschen	wir haben gewaschen	wir werden waschen
ihr waschet	ihr habet gewaschen	ihr werdet waschen
sie waschen	sie haben gewaschen	sie werden waschen

Präteritum	Plusquamperfekt	Futur II
ich wüsche	ich hätte gewaschen	ich werde gewaschen haben
du wüschest	du hättest gewaschen	du werdest gewaschen haben
er wüsche	er hätte gewaschen	er werde gewaschen haben
wir wüschen	wir hätten gewaschen	wir werden gewaschen haben
ihr wüschet	ihr hättet gewaschen	ihr werdet gewaschen haben
sie wüschen	sie hätten gewaschen	sie werden gewaschen haben

Infinitiv

Präsens

waschen

Perfekt

gewaschen haben

Partizip

Partizip I

waschend

Partizip II

gewaschen

Imperativ

wasch(e) (du)
waschen wir
wascht (ihr)
waschen Sie

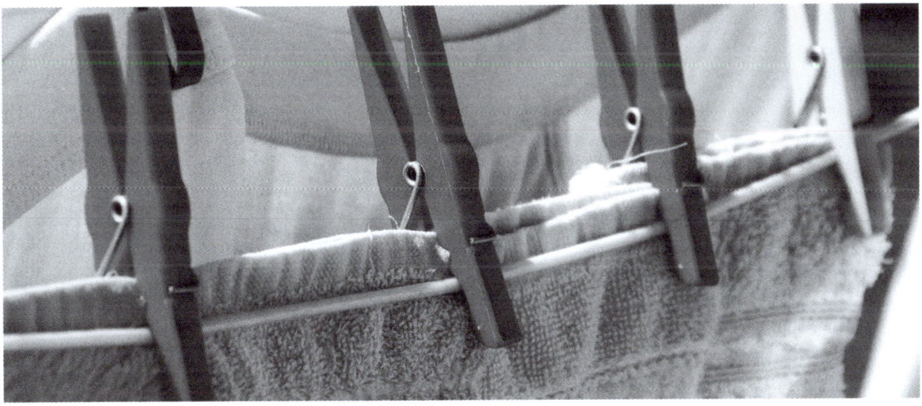

Beispiele und Wendungen

Du wäschst dir die Hände.
Die Kleider sind alle schmutzig, ich muss heute waschen.

Wäsche waschen	*Wäsche in die Maschine geben*
sich das Gesicht waschen	*sich das Gesicht mit Wasser reinigen*
ein Kind waschen	*ein Kind mit Wasser und Seife reinigen*
den Salat waschen	*den Salat unter Wasser abspülen*
das Auto waschen	*das Auto putzen*
sich kalt waschen	*sich mit kaltem Wasser reinigen*

Weitere Verben

ab•waschen - auf•wachsen - wachsen

das Geschirr abwaschen	*das Geschirr spülen / reinigen*
Ich muss noch abwaschen.	*Ich muss noch das Geschirr spülen.*
Sie ist drei Zentimeter gewachsen.	*Sie ist drei Zentimeter größer geworden.*
Die Zahlen wachsen ständig.	*Die Anzahl wird ständig mehr.*
Wo bist du aufgewachsen?	*Wo hast du als Kind gelebt?*

Besonderheiten

Wenn man **waschen** für die eigene Körperpflege verwendet, benutzt man es reflexiv.
z. B. Ich wasche mich. aber Ich wasche ihm die Haare.

Vorsicht - **waschen** kann man leicht mit dem Verb *wachsen* verwechseln! *Wachsen* bedeutet, größer zu werden oder einen Gegenstand mit Wachs zu bestreichen und wird regelmäßig (→ Nr. 4) konjugiert.

z. B. Er wachst seine Wanderschuhe regelmäßig.
Meine Pflanzen wachsen sehr schnell.

wiegen

Stammvokalwechsel **ie - o - o**

wiegen - wog - gewogen

Indikativ

Präsens	Perfekt	Futur I
ich wiege	ich habe gewogen	ich werde wiegen
du wiegst	du hast gewogen	du wirst wiegen
er wiegt	er hat gewogen	er wird wiegen
wir wiegen	wir haben gewogen	wir werden wiegen
ihr wiegt	ihr habt gewogen	ihr werdet wiegen
sie wiegen	sie haben gewogen	sie werden wiegen

Präteritum	Plusquamperfekt	Futur II
ich wog	ich hatte gewogen	ich werde gewogen haben
du wogst	du hattest gewogen	du wirst gewogen haben
er wog	er hatte gewogen	er wird gewogen haben
wir wogen	wir hatten gewogen	wir werden gewogen haben
ihr wogt	ihr hattet gewogen	ihr werdet gewogen haben
sie wogen	sie hatten gewogen	sie werden gewogen haben

Konjunktiv

Präsens	Perfekt	Futur I
ich wiege	ich habe gewogen	ich werde wiegen
du wiegest	du habest gewogen	du werdest wiegen
er wiege	er habe gewogen	er werde wiegen
wir wiegen	wir haben gewogen	wir werden wiegen
ihr wieget	ihr habet gewogen	ihr werdet wiegen
sie wiegen	sie haben gewogen	sie werden wiegen

Präteritum	Plusquamperfekt	Futur II
ich wöge	ich hätte gewogen	ich werde gewogen haben
du wögest	du hättest gewogen	du werdest gewogen haben
er wöge	er hätte gewogen	er werde gewogen haben
wir wögen	wir hätten gewogen	wir werden gewogen haben
ihr wöget	ihr hättet gewogen	ihr werdet gewogen haben
sie wögen	sie hätten gewogen	sie werden gewogen haben

Infinitiv

Präsens

wiegen

Perfekt

gewogen haben

Partizip

Partizip I

wiegend

Partizip II

gewogen

Imperativ

wieg(e) (du)
wiegen wir
wiegt (ihr)
wiegen Sie

Beispiele und Wendungen

Paul wog bei seiner Geburt 3490 Gramm.
Die Marktfrau wiegt die Kartoffeln und packt sie in eine Tüte.

Wie viel wiegen Sie?	*Wie schwer sind Sie?*
Er wiegt sich täglich.	*Er überprüft täglich sein Gewicht auf der Waage.*
Der Koffer wiegt fast 15 Kilo.	*Der Koffer hat ein Gewicht von 15 Kilo.*

Weitere Verben

ab•biegen – auf•schieben – fliegen – schieben – überfliegen – verbiegen

nach Amerika fliegen	*mit dem Flugzeug nach Amerika reisen*
Die Zeit fliegt.	*Die Zeit vergeht sehr schnell.*
einen Text überfliegen	*einen Text schnell durchlesen*
einen Einkaufswagen schieben	*einen Einkaufswagen durch Druck vorwärts bewegen*
eine Aufgabe aufschieben	*eine Aufgabe nicht sofort erledigen*
einen Termin aufschieben	*einen Termin auf später verlegen*
an der Kreuzung links abbiegen	*an der Kreuzung links fahren/gehen*
etwas verbiegt sich	*etwas wird krumm / bogenförmig*
einen Löffel verbiegen	*einen Löffel knicken / verformen*

Besonderheiten

Nicht verwechseln! Es gibt ein weiteres Verb, das im Infinitiv **wiegen** heißt. Es bedeutet, zu schaukeln, oder schwankende, wellenförmige Bewegungen zu machen. Dieses Verb wird regelmäßig (→ Nr. 4) konjugiert.

z. B.	Sie wiegt das Kind in ihren Armen.	*Sie schaukelt das Kind in den Armen.*
	Das Gras wiegt sich im Wind.	*Das Gras wird vom Wind bewegt.*

89 wissen

wissen – wusste – gewusst

Stammvokalwechsel **i – u – u**
Vokalwechsel im Präsens (siehe S. 198) mit Ausfall des Doppelkonsonanten / **s**-Ausfall (siehe Nr. 14)

Indikativ

Präsens	Perfekt	Futur I
ich weiß	ich habe gewusst	ich werde wissen
du weißt	du hast gewusst	du wirst wissen
er weiß	er hat gewusst	er wird wissen
wir wissen	wir haben gewusst	wir werden wissen
ihr wisst	ihr habt gewusst	ihr werdet wissen
sie wissen	sie haben gewusst	sie werden wissen

Präteritum	Plusquamperfekt	Futur II
ich wusste	ich hatte gewusst	ich werde gewusst haben
du wusstest	du hattest gewusst	du wirst gewusst haben
er wusste	er hatte gewusst	er wird gewusst haben
wir wussten	wir hatten gewusst	wir werden gewusst haben
ihr wusstet	ihr hattet gewusst	ihr werdet gewusst haben
sie wussten	sie hatten gewusst	sie werden gewusst haben

Konjunktiv

Präsens	Perfekt	Futur I
ich wisse	ich habe gewusst	ich werde wissen
du wissest	du habest gewusst	du werdest wissen
er wisse	er habe gewusst	er werde wissen
wir wissen	wir haben gewusst	wir werden wissen
ihr wisset	ihr habet gewusst	ihr werdet wissen
sie wissen	sie haben gewusst	sie werden wissen

Präteritum	Plusquamperfekt	Futur II
ich wüsste	ich hätte gewusst	ich werde gewusst haben
du wüsstest	du hättest gewusst	du werdest gewusst haben
er wüsste	er hätte gewusst	er werde gewusst haben
wir wüssten	wir hätten gewusst	wir werden gewusst haben
ihr wüsstet	ihr hättet gewusst	ihr werdet gewusst haben
sie wüssten	sie hätten gewusst	sie werden gewusst haben

Infinitiv

Präsens

wissen

Perfekt

gewusst haben

Partizip

Partizip I

wissend

Partizip II

gewusst

Imperativ

wisse (du)
wissen wir
wisst (ihr)
wissen Sie

Beispiele und Wendungen

Er weiß die Antwort.
Wissen Sie, wo der Bahnhof ist?
Weißt du noch, was du letzte Woche versprochen hast?

die Antwort wissen	*die Antwort auf etwas kennen*
keinen Rat wissen	*keine Idee haben, was man tun könnte*
etwas auswendig wissen	*etwas auswendig wiedergeben können*
wissen, wie etwas funktioniert	*eine Funktion erklären können*
Sie wusste von seinen Problemen.	*Ihr waren seine Probleme bekannt.*
Er weiß alles über Katzen.	*Er hat ein großes Wissen über Katzen.*
Sie weiß damit umzugehen.	*Sie kann gut damit umgehen.*
Man muss wissen, dass ...	*Es ist eine wichtige Information, dass ...*
Er weiß immer alles besser.	*Er will immer recht haben.*
Das habe ich nicht gewusst.	*Das war mir nicht klar.*
Ich weiß nicht so recht.	*Ich bin mir nicht sicher.*
Was weiß ich!	*Ich habe keine Ahnung.*
Sie will nichts mehr von ihm wissen.	*Sie will mit ihm nichts mehr zu tun haben.*
Davon will ich nichts wissen.	*Damit will ich nichts zu tun haben.*
Weißt du was? Ich habe eine Idee.	*Pass auf, ich habe einen Vorschlag.*

Tipp

wissen ist ein sehr wichtiges Verb, das aber eine Menge Probleme machen kann, da es zu sehr vielen Wechseln bei den Vokalen und der **ss/ß**-Schreibung kommt. Üben Sie die Formen, indem Sie Sätze bilden, die sie schreiben und laut vorlesen. Damit üben Sie dann gleichzeitig die Aussprache und die Rechtschreibung.

wollen

Vokalwechsel im Präsens (siehe S. 198)

wollen – wollte – gewollt

Indikativ

Präsens

ich will
du willst
er will
wir wollen
ihr wollt
sie wollen

Perfekt

ich habe gewollt
du hast gewollt
er hat gewollt
wir haben gewollt
ihr habt gewollt
sie haben gewollt

Futur I

ich werde wollen
du wirst wollen
er wird wollen
wir werden wollen
ihr werdet wollen
sie werden wollen

Präteritum

ich wollte
du wolltest
er wollte
wir wollten
ihr wolltet
sie wollten

Plusquamperfekt

ich hatte gewollt
du hattest gewollt
er hatte gewollt
wir hatten gewollt
ihr hattet gewollt
sie hatten gewollt

Futur II

ich werde gewollt haben
du wirst gewollt haben
er wird gewollt haben
wir werden gewollt haben
ihr werdet gewollt haben
sie werden gewollt haben

Konjunktiv

Präsens

ich wolle
du wollest
er wolle
wir wollen
ihr wollet
sie wollen

Perfekt

ich habe gewollt
du habest gewollt
er habe gewollt
wir haben gewollt
ihr habet gewollt
sie haben gewollt

Futur I

ich werde wollen
du werdest wollen
er werde wollen
wir werden wollen
ihr werdet wollen
sie werden wollen

Präteritum

ich wollte
du wolltest
er wollte
wir wollten
ihr wolltet
sie wollten

Plusquamperfekt

ich hätte gewollt
du hättest gewollt
er hätte gewollt
wir hätten gewollt
ihr hättet gewollt
sie hätten gewollt

Futur II

ich werde gewollt haben
du werdest gewollt haben
er werde gewollt haben
wir werden gewollt haben
ihr werdet gewollt haben
sie werden gewollt haben

Infinitiv

Präsens

wollen

Perfekt

gewollt haben

Partizip

Partizip I

wollend

Partizip II

gewollt

Imperativ

—
—
—
—

Beispiele und Wendungen

Sie will ein neues Auto.
Er wollte gerade zur Tür gehen, als das Telefon klingelte.

Was hat er denn gewollt?	*Was war denn sein Wunsch?*
Er wollte schon immer nach Panama.	*Er wünschte sich schon immer, einmal nach Panama zu reisen.*
etwas tun wollen	*beabsichtigen, etwas zu tun*
ein Haus wollen	*den Wunsch haben, ein Haus zu besitzen*
Die Beine wollen nicht mehr.	*Die Beine sind alt / müde.*
Was willst du jetzt machen?	*Was hast du jetzt vor?*
Sie will ihn gestern gesehen haben.	*Sie behauptet, ihn gestern gesehen zu haben.*

Besonderheiten

Je nach Zusammenhang kann **wollen** bedeuten, dass jemand etwas gerne hätte, oder dass jemand beabsichtigt, etwas zu tun.

z. B. Er will ein Lied hören. → Er würde gerne ein Lied hören.
Er will ein Lied singen. → Er beabsichtigt, ein Lied zu singen.

Die Formulierung „**Ich wollte nur fragen ...**" verwendet man häufig, um eine Bitte oder Frage möglichst höflich und weniger dringend erscheinen zu lassen.
z. B. Ich wollte nur fragen, ob ich auch morgen kommen kann.
→ Kann ich auch morgen kommen?

Wenn **wollen** im Satz gemeinsam mit einem anderen Verb steht, verwendet man in den zusammengesetzten Zeiten den Infinitiv *wollen* anstelle des Partizips *gewollt*.

ziehen

ziehen – zog – gezogen

Stammvokalwechsel **ie – o – o**

Konsonantenwechsel **h → g**

Indikativ

Präsens	Perfekt	Futur I
ich ziehe	ich habe gezogen	ich werde ziehen
du ziehst	du hast gezogen	du wirst ziehen
er zieht	er hat gezogen	er wird ziehen
wir ziehen	wir haben gezogen	wir werden ziehen
ihr zieht	ihr habt gezogen	ihr werdet ziehen
sie ziehen	sie haben gezogen	sie werden ziehen

Präteritum	Plusquamperfekt	Futur II
ich z**o**g	ich hatte gezogen	ich werde gezogen haben
du z**o**gst	du hattest gezogen	du wirst gezogen haben
er z**o**g	er hatte gezogen	er wird gezogen haben
wir z**o**gen	wir hatten gezogen	wir werden gezogen haben
ihr z**o**gt	ihr hattet gezogen	ihr werdet gezogen haben
sie z**o**gen	sie hatten gezogen	sie werden gezogen haben

Konjunktiv

Präsens	Perfekt	Futur I
ich ziehe	ich habe gezogen	ich werde ziehen
du ziehest	du habest gezogen	du werdest ziehen
er ziehe	er habe gezogen	er werde ziehen
wir ziehen	wir haben gezogen	wir werden ziehen
ihr ziehet	ihr habet gezogen	ihr werdet ziehen
sie ziehen	sie haben gezogen	sie werden ziehen

Präteritum	Plusquamperfekt	Futur II
ich z**ö**ge	ich hätte gezogen	ich werde gezogen haben
du z**ö**gest	du hättest gezogen	du werdest gezogen haben
er z**ö**ge	er hätte gezogen	er werde gezogen haben
wir z**ö**gen	wir hätten gezogen	wir werden gezogen haben
ihr z**ö**get	ihr hättet gezogen	ihr werdet gezogen haben
sie z**ö**gen	sie hätten gezogen	sie werden gezogen haben

Infinitiv

Präsens

ziehen

Perfekt

gezogen haben/sein

Partizip

Partizip I

ziehend

Partizip II

gez**og**en

Imperativ

zieh(e) (du)
ziehen wir
zieht (ihr)
ziehen Sie

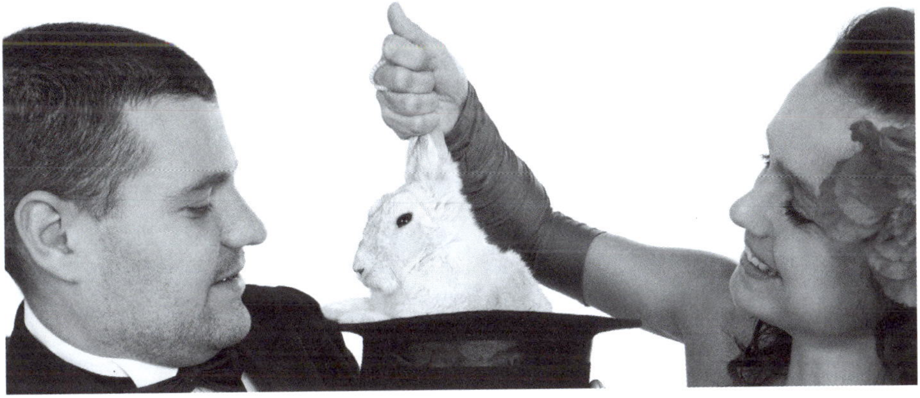

Beispiele und Wendungen

Dieser Wagen zieht einen schweren Anhänger.
Die Helfer zogen die Verletzten aus dem brennenden Autowrack.

eine Last ziehen	*eine Last durch Kraft von vorne vorwärts bewegen*
eine Karte ziehen	*beim Kartenspiel eine Karte nehmen*
einen Zahn ziehen	*einen Zahn aus dem Mund entfernen*
Die Fahrt zieht sich.	*Die Fahrt dauert sehr lang.*
Hier zieht es.	*Es gibt hier einen starken Luftzug.*
in ein anderes Land ziehen	*in ein anderes Land auswandern*
in eine neue Wohnung ziehen	*beginnen, in einer Wohnung zu wohnen*
Es zieht sie immer ans Meer.	*Sie hat oft Sehnsucht nach dem Meer.*

Weitere Verben

an•ziehen – auf•ziehen – aus•ziehen – sich beziehen – entziehen – erziehen

eine Jacke anziehen	*sich mit einer Jacke bekleiden*
Sie zieht die Männer magisch an.	*Sie wirkt auf Männer sehr attraktiv.*
Welpen aufziehen	*junge Hunde pflegen, bis sie groß sind*
ein Kleid ausziehen	*ein Kleid ablegen*
aus einem Haus ausziehen	*aufhören, in einem Haus zu wohnen*
Das bezieht sich auf ...	*Das hängt mit ... zusammen.*
ein Kind erziehen	*ein Kind versorgen und belehren*

Tipp

Erweitern Sie Ihren Wortschatz: Nomen aus Wörtern mit **-ziehen** werden oft mit *-zug* oder *-ziehung* gebildet. Schlagen Sie die Bedeutungen nach!
z. B. der Anzug – die Anziehung – der Entzug – die Erziehung

Regelmäßige und unregelmäßige Verben mit Besonderheiten

Nachfolgende Verben weisen Abweichungen von der regelmäßigen Konjugation auf. Die unter dem Infinitiv stehende Zahl verweist auf das zugrunde liegende vollständige Konjugationsmuster.

Wechselnde Stammvokale und Besonderheiten bei der Verwendung von *sein* bzw. von *haben* und *sein* sind blau hervorgehoben. Bedeutungsgleiche regelmäßige und unregelmäßige Formen sind durch Schrägstrich getrennt, Formen mit unterschiedlicher Bedeutung sind durch eine punktierte Linie voneinander abgesetzt. In der Spalte „Anmerkungen" finden Sie spezielle Informationen und helfende Hinweise. Zusätzlich werden dort Imperativformen angegeben, wenn diese wie das Präsens den Vokal wechseln (**e**, **ä** → **i**, **ie**). Lautliche Besonderheiten werden nur angeführt, wenn sie nicht in der Konjugation des Musterverbs auftreten.

Bedeutung der verwendeten Abkürzungen und Symbole

⇨	Verweis auf vollständiges Konjugationsmuster
→ 📖	Bedeutungsunterschied zwischen unregelmäßigen und regelmäßigen Formen bzw. bei der Verwendung von *haben* oder *sein*; Details siehe Wörterbuch
e-Einschub	Einfügen von **-e-** in der 2. und 3. Person Singular Präsens und in Präteritumsformen (siehe Nr. 11-13)
s-Ausfall	Wegfall des **-s-** in der Endung der 2. Person Singular Präsens (siehe Nr. 14)
K → KK	Konsonant wird beim Wechsel von langem zu kurzem Stammvokal verdoppelt (siehe Nr. 16)
KK → K	Aus einem Doppelkonsonanten wird beim Wechsel von kurzem zu langem Stammvokal ein einfacher Konsonant (siehe Nr. 17)
Vokalwechsel	Vokalwechsel im Präsens (siehe S. 198)

	Infinitiv	Präsens	Präteritum	Perfekt	Konjunktiv II	Anmerkungen
92	**backen** ⇨ 87/4	ich backe du bäckst / backst	du bukst* / backtest	hat gebacken	du bükest* / backtest	* veraltet
		du backst	du backtest	hat gebackt	du backtest	→ 📖
93	**dingen** ⇨ 5/4	ich dinge du dingst	du dangst* / dingtest	hat gedungen / gedingt*	du dängest* / dingtest	* selten
94	**dünken** ⇨ 4	mich / mir* dünkt	mich / mir dünkte / deuchte**	hat gedünkt / gedeucht**	—	nur unpersönlich * seltener; ** veraltet

	Infinitiv	Präsens	Präteritum	Perfekt	Konjunktiv II	Anmerkungen
95	**erkiesen** ⇨ 86/4	ich erkiese du erkies(es)t	du erkorst / erkies-test	hat erkoren	—	ungebräuchlich, nur in der Form „auser-koren"
96	**erlöschen** ⇨ 71	ich erlösche du erlischst	du erloschst*	**ist** erloschen*	du erlöschest	Vokalwechsel; * kurzes **o** im Präte-ritum und Partizip II; erlisch!
97	**gären** ⇨ 31/4	ich gäre du gärst du gärst	du gorst / gärtest du gärtest	hat / **ist** gegoren hat / **ist** gegärt hat gegärt	du görest / gärtest du gärtest	→
98	**gebären** ⇨ 5	ich gebäre du gebärst / ge-bierst*	du gebarst	hat geboren	du gebärest	* gehobene Sprache; Vokalwechsel; gebä-re! / gebier!*
99	**genesen** ⇨ 55	ich genese du genest	du genasest	**ist** genesen	du genäsest	
100	**glimmen** ⇨ 5/4	ich glimme du glimmst	du glommst / glimmtest	hat geglommen / geglimmt	du glömmest / glimmtest	
101	**hauen** ⇨ 4	ich haue du haust	du hautest / hiebst*	hat gehauen / gehaut**	du hautest	* gehobene Sprache; ** regionale Variante
102	**klimmen** ⇨ 5/4	ich klimme du klimmst	du klommst / klimmtest	**ist** geklommen / geklimmt	du klömmest / klimmtest	selten
103	**mahlen** ⇨ 4	ich mahle du mahlst	du mahltest	hat gemahlen	du mahltest	
104	**melken** ⇨ 29/4	ich melke du milkst* / melkst	du molkst* / melktest	hat gemolken / gemelkt	du mölkest* / melktest	*selten; milk!* / melk(e)!

	Infinitiv	Präsens	Präteritum	Perfekt	Konjunktiv II	Anmerkungen
105	**pflegen** ⇨ 4/44	ich pflege du pflegst du pflegst	du pflegtest du pfl**o**gst	hat gepflegt hat gepfl**ogen**	du pflegtest du pfl**ö**gest	→ 🕮
106	**quellen** ⇨ 29/4	ich quelle du qu**i**llst du quellst	du qu**o**llst du quelltest	**ist** gequ**o**llen hat gequellt	du qu**ö**llest du quelltest	qu**i**ll! → 🕮; quell(e)!
107	**salzen** ⇨ 4	ich salze du salzt	du salztest	hat gesal**zen**	du salztest	**s**-Ausfall
108	**schaffen** ⇨ 87/4	ich schaffe du schaffst du schaffst	du sch**u**fst du schafftest	hat geschaffen hat geschafft	du sch**ü**fest du schafftest	kein Vokalwechsel; KK → K
109	**schallen** ⇨ 5/4	ich schalle du schallst	du sch**o**llst* / schalltest	hat geschall**t**	du sch**ö**llest* / schalltest	* selten
110	**scheren** ⇨ 44/4	ich schere du scherst du scherst	du sch**o**rst / schertest* du schertest	hat gesch**o**ren / geschert* hat geschert	du sch**ö**rest / schertest* du schertest	* selten → 🕮
111	**schinden** ⇨ 5/4	ich schinde du schindest	du sch**u**ndest / schindetest*	hat gesch**u**nden	du sch**ü**ndest / schindetest*	**e**-Einschub; * selten
112	**schleißen** ⇨ 20/4	ich schleiße du schleißt	du schl**i**ssest / schleißtest	hat geschl**i**ssen / geschleißt	du schl**i**ssest / schleißtest	
113	**schnauben** ⇨ 67/4	ich schnaube du schnaubst	du schn**o**bst* / schnaubtest	hat geschn**o**ben* / geschnaubt	du schn**ö**best* / schnaubtest	* selten

	Infinitiv	Präsens	Präteritum	Perfekt	Konjunktiv II	Anmerkungen
114	**schrecken** ⇨ 30/4	ich schrecke du schrickst / schreckst du schreckst	du schrakst / schrecktest du schrecktest	hat geschreckt hat geschreckt	du schräkest / schrick! / schrecke! schrecktest du schrecktest	→ 📖; schrecke!
115	**schwellen** ⇨ 29/4	ich schwelle du schwillst du schwellst	du schwollst schwelltest	ist geschwollen hat geschwellt	du schwöllest du schwelltest	schwill! → 📖; schwell(e)!
116	**spalten** ⇨ 4	ich spalte du spaltest	du spaltetest	hat gespalten	du spaltetest	**e**-Einschub
117	**stecken** ⇨ 30/4	ich stecke du steckst du steckst	du stecktest du stakst* / stecktest	hat gesteckt hat gesteckt	du stecktest du stäkest* / stecktest	kein Vokalwechsel → 📖; * gehobene Sprache
118	**triefen** ⇨ 64/4	ich triefe du triefst	du troffst* / trieftest	hat getroffen* / getrieft	du tröffest* / trieftest	K → KK; * gehobene Sprache
119	**weben** ⇨ 44/4	ich webe du webst du webst	du wobst du webtest	hat gewoben hat gewebt	du wöbest du webtest	→ 📖

Grammatik

I. Wichtige Kategorien / Funktionen / Arten und Formen

Die Veränderung des Verbs wird Konjugation genannt. Im Folgenden sehen Sie eine Übersicht der Kategorien, nach denen sich Verben in der Konjugation verändern. Mehr Informationen zu Tempus und Modus finden Sie in Teil II dieses Grammatikkapitels.

1. Person und Numerus (welche Personen und wie viele)

Die Verben im Deutschen verändern sich mit der Perspektive der sprechenden Person und mit der Anzahl der Personen / Gegenstände des Subjekts (der handelnden Person im Satz). Die Perspektive der sprechenden Person bezeichnet man als **Person**, die Anzahl als **Numerus**.

Numerus / Person	Nur eine Person / Sache: **Singular**	Mehrere Personen / Sachen: **Plural**
Perspektive der sprechenden Person: **1. Person**	*ich*	*wir*
Person, die direkt angesprochen wird: **2. Person**	*du*	*ihr*
Sache / Person, über die man spricht: **3. Person**	*er, sie, es*	*sie*

2. Tempus / die Tempora (die grammatischen Zeiten)

Das Tempus drückt aus, wann etwas passiert: ob es gerade jetzt passiert (Gegenwart), vor einiger Zeit passiert ist (Vergangenheit) oder erst passieren wird (Zukunft).

Gegenwart	**Präsens**	*Er spielt gerade Fußball.*
Vergangenheit	**Präteritum**	*Er spielte gestern Fußball.*
	Perfekt	*Er hat gestern Fußball gespielt.*
	Plusquamperfekt	*Er hatte kurz vorher Fußball gespielt.*
Zukunft	**Futur I**	*Er wird morgen Fußball spielen.*
	Futur II	*Er wird übermorgen Fußball gespielt haben.*

3. Modus / die Modi (die Aussageweise der sprechenden Person)

Der Modus eines Verbs drückt die Absicht der sprechenden Person sowie verschiedene Stufen von Wirklichkeit, Möglichkeit und Wahrscheinlichkeit aus:

Indikativ	*Er spielt Fußball.*
Konjunktiv	*Wenn er nicht krank wäre, spielte er Fußball.*
Imperativ	*Spiel sofort Fußball!*

4. Aktiv / Passiv (die Handlungsarten)

Aktiv	jmd. tut etwas	*Er spielt Fußball.*
Passiv	etwas wird getan	*Auf diesem Platz wird Fußball gespielt.*

5. Vollverben

Die meisten Verben gehören zu den Vollverben. Das heißt, sie können allein das Prädikat im Satz bilden. Das Prädikat drückt aus, was passiert oder was jemand tut.

z. B. *Ich singe.* (Verb ohne Ergänzung)
Ich trinke gerade Tee. (Verb mit einer Ergänzung)
Draußen regnete es. (unpersönliches Verb)
Wir erinnern uns noch gut. (reflexives Verb)
Danach schloss sie die Tür ab. (Verb mit einem trennbaren Zusatz)

6. Hilfsverben

Zu den Hilfsverben gehören ***sein, haben*** und ***werden.*** Man braucht sie, um die zusammengesetzten Zeitformen zu bilden oder bei der Bildung des Passivs.

z. B. *Sie hat lange gewartet, dann ist sie gegangen.* (Perfekt)
Er hatte die Verabredung vergessen. (Plusquamperfekt)
Sie wird ihm das niemals verzeihen. (Futur)
Das Auto wurde verkauft. (Passiv, Präteritum)

7. Modalverben

Die Modalverben bestimmen die Art und Weise, wie man etwas tut: gern oder nicht, freiwillig oder nicht, usw.

Es gibt sechs Modalverben: ***dürfen, können, müssen, sollen, wollen, mögen***.

Modalverben kommen meist mit einem anderen Verb zusammen vor. Das zweite Verb steht dann im Infinitv am Satzende.

z. B. *Sie soll morgen nicht kommen.*
Ich kann mich nicht daran erinnern.

8. Transitive und intransitive Verben

Es gibt Verben, die eine Ergänzung brauchen. Diese Ergänzungen nennt man Objekte. Man unterscheidet dabei zwei Verbgruppen: die transitiven und die intransitiven Verben.

Transitive Verben stehen mit einem Akkusativ-Objekt und können grundsätzlich das Passiv bilden.

z. B. *Ich backe einen Kuchen.* (Akkusativ) → *Ein Kuchen wird (von mir) gebacken.*

Intransitive Verben haben entweder kein Objekt, ein Objekt, das einer Präposition folgt, oder ein Objekt im Dativ oder im Genitiv. Eine Liste von Verben mit Präpositionen finden Sie am Ende dieses Buches.

z. B. *Es regnet.* (kein Objekt) → ohne Passiv
Wir gedenken der Toten. (Genitiv-Objekt)
Ich danke ihm. (Dativ-Objekt)
Er spricht über sie. (Objekt mit Präposition)

9. Reflexive Verben

Viele Verben werden in Verbindung mit einem Reflexivpronomen (sich) benutzt. Das Reflexivpronomen bezieht sich auf das Subjekt des Satzes und kann im Akkusativ oder im Dativ stehen.

z. B. *Ich freue mich. Du freust dich. Er/Sie/Es freut sich.* (Akkusativ)
Wir freuen uns. Ihr freut euch. Sie freuen sich.
Ich nehme mir etwas. Du nimmst dir etwas. Er/Sie/Es nimmt sich etwas. (Dativ)
Wir nehmen uns etwas. Ihr nehmt euch etwas. Sie nehmen sich etwas.

Weitere Informationen sowie eine Liste wichtiger reflexiver Verben finden Sie in den Verbtabellen unter Nr. 7 (→ **sich sehnen**) und Nr. 8 (→ **sich überlegen**).

10. Persönliche und unpersönliche Verben

Persönliche Verben können in allen drei Personen im Singular und Plural stehen.
z. B. ich esse, du isst, er/sie/es isst, wir essen, ihr esst, sie essen
Unpersönliche Verben stehen in Verbindung mit dem Pronomen **es** und drücken eine Handlung aus, deren Subjekt nicht definierbar ist oder nicht näher genannt wird. Diese Verben können nur mit *es* und nie mit einem anderen Subjekt stehen.
z. B. *Es regnet.* *Es schneit.* *Es geht um ...*

Manche Verben können als persönliche oder unpersönliche Verben benutzt werden, haben dann aber unterschiedliche Bedeutungen.
z. B. *Sie gibt mir immer gute Ratschläge.* ↔ *Es gibt viele Wege.*

11. Regelmäßige und unregelmäßige Verben

Bei den regelmäßigen Verben verändert sich der Stamm des Verbs nicht. Im Präteritum erhält der Verbstamm die Endung **-te** und das Partizip II die Vorsilbe **ge-** und die Endung **-t**. Sie werden auch *schwache Verben* genannt.
z. B. holen → er holt, sie hol**te**, sie haben **ge**hol**t** → Nr. 4
Bei unregelmäßigen Verben verändert sich der Stammvokal im Präteritum und teilweise auch im Partizip II. Im Präteritum sind die Verben meist endungslos. Das Partizip II hat die Endung **-en**. Sie werden auch **starke Verben** genannt.
z. B. sehen → er s**ie**ht, sie s**a**h, sie haben **ge**seh**en** → Nr. 72
Es gibt auch unregelmäßige Verben, die besondere Formen bilden. Bei diesen ändert sich mehr als der Stammvokal.
z. B. gehen → er geht, sie ging, sie sind gegangen → Nr. 37
Weitere Verben dieser Gruppe sind:
stehen → Nr. 78, **haben** → Nr. 1, **treffen** → Nr. 83, **nehmen** → Nr. 61, **tun** → Nr. 85, **sein** → Nr. 2, **werden** → Nr. 3, **sitzen** → Nr. 75, **ziehen** → Nr. 91.

12. Bildung der Zeitformen

Verben setzen sich stets aus einem Verbstamm und den Personalendungen zusammen. Den Verbstamm erhält man, indem man die Personalendungen oder die Infinitivendung **-en** streicht, z. B. sagen → sag**en** → Verbstamm: **sag**
Die Bildung der Zeitformen für die regelmäßigen Verben sehen Sie am Musterverb **spielen** (→ Nr. 4). Für die Mehrzahl der unregelmäßigen Verben können Sie sich das Musterverb **singen** (→ Nr. 5) einprägen. Achten Sie aber stets auf den jeweils richtigen Stammvokalwechsel, z. B. **i - a - u** in s**i**nge - s**a**ng - ges**u**ngen.

13. Verben mit Zusätzen (trennbare und untrennbare Präfixe)

Verben können mit Zusätzen (Präfixen) kombiniert werden. Dadurch bekommen die Verben eine neue Bedeutung.
z. B. laufen: **ab**laufen, **hin**laufen, **weg**laufen, **über**laufen, **zu**laufen
Viele Verbzusätze (Präfixe) sind trennbar, das heißt, sie werden in den konjugierten Formen abgetrennt und stehen dann am Ende des Satzes. Bei trennbaren Verben liegt die Betonung meist auf dem Präfix.

z. B. **weglaufen** → Dein Hund **läuft** immer wieder **weg**.
Trennbare Verben werden in diesem Buch mit einem • markiert, z. B.: mit•kommen.
Die wichtigsten trennbaren Präfixe sind: **ab-**, **an-**, **auf-**, **aus-**, **ein-**, **her-**, **hin-**, **los-**, **mit-**, **heraus-**, **herein-**, **vor-**, **weg-**, **weiter-**, **zu-**, **zurück-**.
Untrennbare Präfixe sind meist unbetont. Hier die wichtigsten: **be-**, **ent-**, **er-**, **ge-**, **wider-**, **ver-** und **zer-**. Das Präfix **miss-** ist untrennbar, wird aber betont ausgesprochen.

II. Finite und infinite Verbformen

1. Tempus

Handlungen und Geschehen können in verschiedenen Zeiten stattfinden:
in der **Gegenwart** - es passiert im Moment
in der **Vergangenheit** - das Geschehen ist vorbei
in der **Zukunft** - das Geschehen kommt noch
Im Deutschen wird das zeitliche Geschehen in sechs Tempora ausgedrückt.

Vergangenheit			Gegenwart	Zukunft	
Plusquamperfekt	Präteritum	Perfekt	Präsens	Futur I	Futur II
ich hatte gelesen	*ich las*	*ich habe gelesen*	*ich lese*	*ich werde lesen*	*ich werde gelesen haben*

Das Präsens und das Präteritum nennt man **einfache Zeiten**, Futur, Perfekt, Plusquamperfekt und Futur II heißen auch - aufgrund ihrer Bildung mit den Hilfsverben *haben*, *sein*, *werden* und dem Partizip II bzw. dem Infinitiv - **zusammengesetzte Zeiten**.
Die Tempora haben verschiedene Aufgaben bei der zeitlichen Darstellung von Handlungen oder Geschehen.

Präsens

Verwendung des Präsens

Das Präsens bezeichnet primär ein Geschehen in der Gegenwart. Es gibt jedoch einige Möglichkeiten, die Gegenwart zu modifizieren.
Es geschieht im Moment. - *Er wäscht das Auto.*
Es geschieht immer so. - *Ich stehe jeden Morgen um 6 Uhr auf.*
Etwas gilt immer. - *Die Woche hat sieben Tage.*
Etwas Vergangenes soll wieder gegenwärtig werden. - *Wir waren 1980 in Paris. Ich sehe uns noch auf dem Eiffelturm stehen.*
Etwas dauert bis jetzt an. - *Ich lebe hier schon seit drei Monaten.*
Etwas geschieht in der Zukunft. - *Morgen ziehe ich in die neue Wohnung.*

Bildung des Präsens (Indikativ)

Verbstamm + Personalendungen
regelmäßige und unregelmäßige Verben:
spielen → ich spiel-**e**, du spiel-**st**, er spiel-**t**, wir spiel-**en**, ihr spiel-**t**, sie spiel-**en**
fliegen → ich flieg-**e**, du flieg-**st**, er flieg-**t**, wir flieg-**en**, ihr flieg-**t**, sie flieg-**en**

Lautliche Besonderheiten im Präsens

e-Einschub: Endet der Verbstamm auf **-d** oder **-t**, wird in der 2. und 3. Person Singular sowie in der 2. Person Plural zwischen Stamm und Personalendung ein **-e-** eingefügt:

reden	→ du red**-e-**st, er red**-e-**t, ihr red**-e-**t	(unregelmäßige Verben)
reiten	→ du reit**-e-**st, er reit**-e-**t, ihr reit**-e-**t	(unregelmäßige Verben)

Ausnahme: Formen der unregelmäßigen Verben, die den Stammvokal in der 2. und 3. Person Singular wechseln, nehmen den **e-**Einschub nur in der 2. Person Plural:

halten	→ du hältst, er hält, ihr halt**-e-**t
laden	→ du lädst, er lädt, ihr lad**-e-**t

Regelmäßige Verben schieben ein **-e-** auch dann ein, wenn der Stamm auf **-m** oder **-n** endet und diesen Buchstaben ein weiterer Konsonant (außer *l*, *r*, *m* oder *n*) vorausgeht:

rechnen	→ du rechn**-e-**st, er rechn**-e-**t, ihr rechn**-e-**t
atmen	→ du atm**-e-**st, er atm**-e-**t, ihr atm**-e-**t

s-Ausfall: Endet der Verbstamm auf **-s**, **-ss**, **-ß**, **-x** oder **-z**, entfällt das **-s-** in der Endung der 2. Person Singular:

reisen	→ du reis-t	*(s)*	küssen	→ du küss-t	*(ss)*
grüßen	→ du grüß-t	*(ß)*	faxen	→ du fax-t	*(x)*
sitzen	→ du sitz-t	*(z)*			

e-Ausfall: Verben auf **-eln** verlieren in der 1. Person Singular das **-e-** des Stamms. Bei Verben auf **-ern** kann das umgangssprachlich auch vorkommen. Zusätzlich entfällt in der 1. und 3. Person Plural das **-e-** in der Personalendung:

klingeln	→ ich kling-l-e, wir klingel-n, sie klingel-n
erinnern	→ ich erinn-(e)r-e, wir erinner-n, sie erinner-n

Stammvokalwechsel: Einige unregelmäßige Verben wechseln in der 2. und 3. Person Singular den Vokal des Verbstamms durch Ablaut, d. h. **a** → **ä**, **o** → **ö**, **au** → **äu**, oder durch Übergang von **e** → **i** / **ie** oder **ä** → **ie** sowie **ö** → **i**:

tragen	→ du tr**ä**gst, er tr**ä**gt	stoßen	→ du st**ö**ßt, er st**ö**ßt
laufen	→ du l**äu**fst, er l**äu**ft	helfen	→ du h**i**lfst, er h**i**lft
lesen	→ du l**ie**st, er l**ie**st		

Präteritum

Verwendung des Präteritums

Das Präteritum liegt zeitlich vor dem Perfekt. Es beschreibt ein abgeschlossenes vergangenes Geschehen. Man verwendet es besonders in der Schriftsprache, in Romanen, Erzählungen, Zeitungsberichten und Märchen:

z. B.	*Wie ein Sprecher der spanischen Regierung gestern bekannt gab, kam es bei Demonstrationen ...*	(Zeitungsbericht)
	Ich wollte links abbiegen, daher setzte ich den Blinker und fuhr ...	(Bericht für eine Versicherung)
	Sie blieb noch eine Weile stehen, dann sah sie auf die Uhr und ging langsam zur Tür ...	(Roman / Erzählung)

Bildung des Präteritums (Indikativ)

Verbstamm + t + Personalendungen

regelmäßige Verben:

ich spiel-**t**-e, du spiel-**t**-est, er spiel-**t**-e, wir spiel-**t**-en, ihr spiel-**t**-et, sie spiel-**t**-en

Bei den unregelmäßigen Verben ist die 1. und 3. Person Singular endungslos, zusätzlich wird in allen Formen der Stammvokal gewechselt:

fliegen → ich fl**o**g, du fl**o**g-st, er fl**o**g, wir fl**o**g-en, ihr fl**o**g-t, sie fl**o**g-en

Einige unregelmäßige Verben haben außerdem besondere Formen:

sitzen → ich s**a**ß, du s**a**ß-t, er s**a**ß, wir s**a**ß-en, ihr s**a**ß-t, sie s**a**ß-en
sein → ich **war**, du **war**-st, er **war**, wir **war**-en, ihr **war**-t, sie **war**-en

Lautliche Besonderheiten im Präteritum

e-Einschub: Regelmäßige Verben, deren Stamm auf **-d** oder **-t** endet, fügen zwischen Stamm und **-t-** immer ein **-e-** ein:

re**d**en ich red-**e**-te, du red-**e**-test, er red-**e**-te
wir red-**e**-ten, ihr red-**e**-tet, sie red-**e**-ten
arbei**t**en ich arbeit-**e**-te, du arbeit-**e**-test, er arbeit-**e**-te
wir arbeit-**e**-ten, ihr arbeit-**e**-tet, sie arbeit-**e**-ten

Ebenso regelmäßige Verben mit Stamm auf **-m** oder **-n**, denen ein anderer Konsonant (außer **-l-** oder **-r-** bzw. **-m-** oder **-n-**) vorausgeht:

rech**n**en ich rechn-**e**-te, du rechn-**e**-test, er rechn-**e**-te
wir rechn-**e**-ten, ihr rechn-**e**-tet, sie rechn-**e**-ten
at**m**en ich atm-**e**-te, du atm-**e**-test, er atm-**e**-te
wir atm-**e**-ten, ihr atm-**e**-tet, sie atm-**e**-ten

Unregelmäßige Verben, deren Stamm auf **-d** oder **-t** endet, fügen in der 2. Person Plural ein solches **-e-** ein:

finden → ihr fand-**e**-t halten → ihr hielt-**e**-t

Ebenso schieben unregelmäßige Verben, deren Stamm auf **-s**, **-ss**, **-z** oder **-ß** endet (und die einen Vokalwechsel von einem kurzen zu einem langen Vokal haben) manchmal in der 2. Person Singular und Plural ein solches **-e-** ein:

weisen → du wies-**e**-st, ihr wies-(**e**)-t lassen → du ließ-**e**-st, ihr ließ-(**e**)-t

Konsonantendoppelung: Unregelmäßige Verben, deren Stamm auf **-t**, **-f** oder **-ß** endet und die im Präteritum von einem langen zu einem kurzen Vokal wechseln, verdoppeln diesen Konsonanten in allen Personen:

strei**t**en → ich stri**tt**, du stri**tt**st, ... rei**ß**en → ich ri**ss**, du ri**ss**est, ...

Wegfall des Doppelkonsonanten: Umgekehrt entfällt beim Wechsel von einem kurzen zu einem langen Vokal vor **-tt**, **-ff**, **-mm**, **-ll** und **-ss** der zweite Konsonant:

bi**tt**en → ich ba**t**, du ba**t**(e)st, ... tre**ff**en → ich tra**f**, du tra**f**st, ...
ko**mm**en → ich ka**m**, du ka**m**st, ... fa**ll**en → ich fie**l**, du fie**l**st, ...
la**ss**en → ich lie**ß**, du lie**ß**est, ...

Perfekt

Verwendung des Perfekts

Das Perfekt wird ebenso wie das Präteritum für die Beschreibung von Ereignissen und Zuständen in der Vergangenheit verwendet. Im Gegensatz zum Präteritum, das meist im schriftlichen Deutsch gebraucht wird, verwendet man mündlich und umgangssprachlich eher das Perfekt.

z. B. *Was hast du gestern gemacht?*
Nicht viel. Ich habe nur ferngesehen.

Perfekt benutzt man auch für eine Handlung, die **noch nicht abgeschlossen** ist.

z. B. *Ich habe das Buch noch nicht zu Ende gelesen.*

Bildung des Perfekts (Indikativ)

Präsens von haben oder sein			**+**	**Partizip II**
z. B. *Ich*	*habe*			*gewartet.*
Er		*ist*		*gelaufen.*

Das **Partizip II** der regelmäßigen Verben entsteht durch Voranstellen des Präfix **ge-** und Anhängen der Endung **-t** an den Verbstamm.

z. B. kochen → **ge** + koch + **t**

Die Mehrzahl der Verben bildet das Perfekt mit **haben**. Für folgende Verben benutzt man aber das Hilfsverb **sein**:

- Verben der **Bewegung**, z. B. **gehen**, **laufen**, **fahren**, **fliegen**
  Oma ist mit dem Bus in die Stadt gefahren.
- Verben, die die **Veränderung eines Zustandes** beschreiben, z. B. **werden**, **wachsen**, **schmelzen**
  Ich bin heute Morgen zu spät aufgewacht.

Lautliche Besonderheiten im Perfekt

Verben, die einen **e**-Einschub haben, hängen **-et** an:

reden → **ge**-red-**et** | warten → **ge**-wart-**et**

Die unregelmäßigen Verben hängen die Endung **-(e)n** an und ändern teilweise den Stammvokal:

tragen → **ge**-trag-**en** | fliegen → **ge**-fl**o**g-**en**

Unregelmäßige Verben, die eine Konsonantendopplung im Präteritum aufweisen, behalten diese auch im Partizip II bei:

strei**t**en → gestri**tt**en | rei**ß**en → geri**ss**en

Verben mit einem trennbaren Präfix schieben **-ge-** zwischen Präfix und Stamm:

absagen → ab-**ge**-sag-**t** | aussteigen → aus-**ge**-stieg-**en**

Verben mit untrennbarem Präfix und Verben auf **-ieren** bilden das Partizip II ohne **ge-**:

berichten → be-richt-**en** | studieren → studier-**t**

Plusquamperfekt

Verwendung des Plusquamperfekts

Das Plusquamperfekt braucht man, wenn ein Ereignis noch weiter in der Vergangenheit zurückliegt als ein anderes. Das andere Ereignis steht hier meistens im Präteritum.

z. B. *Als Tim kam, war Tom schon gegangen.* (Erst ging Tom, dann kam Tim.)
Als ich ankam, war der Bus schon abgefahren. (Ich kam an, der Bus fuhr zu einem früheren Zeitpunkt ab.)

Bildung des Plusquamperfekts (Indikativ)

Präteritum von haben oder sein + Partizip II

z. B. *Ich hatte + gewartet.*
Er war + gelaufen.

Hinweise zur Bildung des Partizip II und der Verwendung von **haben** oder **sein** finden Sie im Kapitel zum Perfekt.

Futur

Verwendung des Futur

Das Futur bezeichnet ein Geschehen in der Zukunft. Meist verwendet man im Deutschen das Präsens zusammen mit einer Zeitangabe (*morgen, später, nächste Woche*), um eine zukünftige Handlung oder ein zukünftiges Ereignis auszudrücken.

z. B. *Ich gehe morgen in die Stadt.*
Sie bauen nächstes Jahr ein Haus.

Das grammatische Futur (Futur I) benutzt man vor allem dann, wenn man ein Versprechen oder eine Vorhersage oder Vermutung ausdrücken will.

z. B. *Ich werde dich bestimmt jeden Tag anrufen.*
Morgen wird es wahrscheinlich regnen.

Bildung des Futur I (Indikativ)

Präsens von werden + Infinitiv

spielen → ich werde spielen, du wirst spielen, er/sie/es wird spielen, ...

Futur II

Verwendung des Futur II

Das Futur II bezieht sich auf das Futur I. Es bezeichnet ein in der Zukunft abgeschlossenes Geschehen. Es kommt relativ selten vor. Man benutzt es zum Beispiel, um einen Plan auszudrücken, oder um zu sagen, bis wann man eine Tätigkeit oder ein Vorhaben abgeschlossen haben will.

z. B. *Bis Donnerstag werde ich das Buch gelesen haben.*
(→ Noch habe ich das Buch nicht gelesen, aber mein Plan ist, bis Donnerstag damit fertig zu sein.)
2030 wird er in Rente gegangen sein.
(→ Im Jahr 2030 liegt der Zeitpunkt, zu dem er in Rente geht, bereits hinter ihm.)

Manchmal benutzt man das Futur II auch, um eine Vermutung darüber auszudrücken, was jemand getan oder erledigt hat.

z. B. *Eva wird es ihm erzählt haben.*
(→ Ich weiß nicht, woher er es weiß, vermute aber, dass Eva es ihm erzählt hat.)

Bildung des Futur II (Indikativ)

Präsens von werden + Partizip II + haben oder sein

spielen → ich werde gespielt haben, du wirst gespielt haben, er/sie/es wird gespielt haben, ...
fliegen → ich werde geflogen sein, du wirst geflogen sein, er/sie/es wird geflogen sein, ...

Hinweise zur Bildung des Partizip II und der Verwendung von **haben** oder **sein** finden Sie im Kapitel zum Perfekt.

2. Modus: Indikativ, Konjunktiv und Imperativ

Eine Person sagt etwas und verbindet damit eine Absicht. Der Modus, in dem die Person es sagt, gibt einen Hinweis auf diese Absicht.
Sie kann es ganz neutral sagen:

→ *Er gibt mir das Buch.* (Indikativ)

Sie gibt etwas wieder, was sie gehört hat:

→ *Der Mann sagte, er gebe mir das Buch.* (Konjunktiv I)

Es kann sein, dass sie sich nur etwas denkt:

→ *Es wäre gut, wenn ich jetzt ein Buch hätte.* (Konjunktiv II)

Oder sie will eine Anweisung aussprechen:

→ *Gib mir das Buch!* (Imperativ)

Die Modi Indikativ, Konjunktiv I und Konjunktiv II sind dafür da, verschiedene Stufen von Möglichkeit und Wahrscheinlichkeit auszudrücken. Der Imperativ ist die Befehlsform und drückt am deutlichsten eine Absicht aus.

Indikativ

Verwendung des Indikativs

Der Indikativ ist der Modus, der am häufigsten gebraucht wird. Er wird auch Wirklichkeitsform genannt. Mit dem Indikativ sagt man, was ist, was geschehen ist oder was noch geschehen wird. Er wird auch benutzt, um Meinungen, Überzeugungen, Tatsachen und allgemeine Feststellungen auszudrücken. Entscheidend ist nicht, ob etwas tatsächlich wahr ist, sondern ob die sprechende Person es als wahr darstellt.

z. B. *Deutschland hat 16 Bundesländer.* (Tatsache)
Die Erde ist eine Scheibe. (Behauptung)
Wir sind letztes Jahr in die Türkei gefahren. (Erzählen eines Ereignisses)
Wir essen heute Abend zu Hause. (Ausdruck eines Vorhabens)
Er wird das schaffen. (Vorhersage, Vermutung)

Bildung des Indikativs

Der Indikativ wird in den einzelnen Zeitstufen so gebildet, wie im vorigen Kapitel (Tempus) beschrieben.

Konjunktiv I

Verwendung des Konjunktiv I

Der Konjunktiv I ist typisch für die indirekte Rede und wird hauptsächlich in der Schriftsprache benutzt. Er drückt aus, dass sich die sprechende Person von einer Aussage distanziert, dass sie sich also nicht sicher ist, ob etwas wahr ist oder sie es für falsch hält.

z. B. Die sprechende Person **berichtet** von etwas:
→ *Er behauptet, er gehe regelmäßig zum Arzt.*
Die sprechende Person ist sich **nicht sicher,** ob das Gesagte auch stimmt:
→ *Sie hat mir gesagt, sie sei krank.*

Die sprechende Person **glaubt nicht**, was man ihr sagt oder teilt eine Meinung nicht:
→ *Sie findet, sie sei zu dick.*

Bildung des Konjunktiv I

Präsens:
Kennzeichen des Konjunktiv I ist ein **-e-** in allen Formen. Alle Verben bilden den Konjunktiv I mit dem gleichen Verbstamm wie das Präsens. Daran werden die Personalendungen gehängt.
spielen → ich spiel-e, du spiel-**e**st, er spiel-**e**, wir spiel-en, ihr spiel-**e**t, sie spiel-en
waschen → ich wasch-e, du wasch-**e**st, er wasch-**e**, wir wasch-en, ihr wasch-**e**t, sie wasch-en
Der Konjunktiv I wird häufig, besonders in der Umgangssprache, durch den Konjunktiv II (Präteritum) bzw. den Konjunktiv mit ***würde*** + Infinitiv ersetzt.
z. B. *Er sagt, er gehe oft zum Arzt.*
→ Er sagt, er ginge oft zum Arzt. (Konjunktiv II)
→ Er sagt, er würde oft zum Arzt gehen. (würde-Form)
Wenn man eine Meinung teilt, oder die Aussage einer anderen Person, die spricht, nicht anzweifelt, benutzt man oft auch den Indikativ in der indirekten Rede, häufig auch in einem Nebensatz mit *dass*.
z.B: *Er sagt, dass er oft zum Arzt geht.*

Perfekt:
Um einen Konjunktiv in der Vergangenheit auszudrücken, benötigt man das Perfekt.
z. B. *Er sagte, er habe ihr geglaubt.*
Sie glaubte, wir seien bereits am Vortag angekommen.

Konjunktiv I von haben oder sein			**+ Partizip II**
z. B. *Er*	*habe*		*geglaubt ...*
Wir		*seien*	*angekommen ...*

Ausnahme: Die 1. Person Singular und Plural und die 3. Person Plural von *haben* werden mit dem Konjunktiv II gebildet, um Verwechslungen mit dem Perfekt Indikativ (ich habe, wir haben, sie haben) auszuschließen.
z. B. *Er sagte, ich hätte ihn belogen.*

Futur I:
z. B. *Die Kollegin sagte, sie werde morgen pünktlich sein.*

Konjunktiv I von werden		**+ Infinitiv**
z. B. *Er*	*werde*	*geben ...*
Sie	*werde*	*ankommen ...*

Ausnahme: Die 1. Person Singular und alle Personen im Plural werden mit der Ersatzform *würden* gebildet, um Verwechslungen mit dem Indikativ (ich werde, wir werden, ihr werdet, sie werden) auszuschließen:
z. B. *Ich sagte ihm, wir würden morgen um 11 Uhr ankommen.*

Futur II:

Konjunktiv I von werden		**+ Partizip II**	**+ haben oder sein im Infinitiv**
z. B. *ich*	*werde*	+ *gespielt*	+ *haben*
du	*werdest*	+ *geflogen*	+ *sein*
er/sie/es	*werde*	+ *gegangen*	+ *sein*

Konjunktiv II

Verwendung des Konjunktiv II

Den Konjunktiv II benutzt man hauptsächlich, um etwas auszudrücken, das nicht möglich ist oder war. So können zum Beispiel **Bedingungen** für etwas ausgedrückt werden, das aber nicht real ist.
z. B. *Wenn ich viel Geld hätte, würde ich nicht mehr arbeiten.*
Wenn Susi schon 18 wäre, würde sie bestimmt den Führerschein machen.
Daneben benutzt man *haben, können, würden* und *sein* im Konjunktiv II auch, um einen **höflichen Wunsch** oder eine höfliche Bitte zu äußern:
z. B. *Ich hätte gern ein Kilo Trauben.*
Könnten Sie mir bitte Zucker bringen?
Würden Sie mir bitte sagen, wie spät es ist?
Mit ***können*, dürfen, müssen** und **sollen** im Konjunktiv II kann aber auch eine **Vermutung** formuliert werden. Vermutungen mit *können* und *dürfen* sind vorsichtiger, Vermutungen mit *müssen* und *sollen* relativ bestimmt.

z. B. *Es könnte sein, dass er sich nicht darüber freut.*	(Es ist möglich ...)
Sie dürfte ziemlich überrascht sein.	(Es ist wahrscheinlich ...)
Das müsste reichen.	(Es ist fast sicher ...)
Das sollte jetzt reichen.	

Man kann den Konjunktiv II auch benutzen, um jemandem **einen Rat zu geben**.
z. B. *An deiner Stelle gäbe ich der Katze anderes Futter.*

Der Konjunktiv II wird auch mit *„als ob ..."* verwendet, um auszudrücken, dass jemand vorgibt, etwas zu tun oder zu sein:
z. B. *Sie tat so, als ob sie nichts wüsste.*

Man verwendet den Konjunktiv II in der **indirekten Rede**, wenn die Formen von Indikativ und Konjunktiv I gleich sind.
z. B. *Die Lehrerin sagte, die Kinder müssten besser aufpassen.*

Bildung des Konjunktiv II

Präteritum:
Regelmäßige Verben:
genau wie Präteritum Indikativ
spielen → ich spiel-t-e, du spiel-t-est, er spiel-t-e, wir spiel-t-en, ihr spiel-t-et, sie spiel-t-en
Unregelmäßige Verben:
Verbstamm des Präteritums Indikativ + Endungen des Konjunktivs I
z. B. gehen: ich ging + e → *ich ginge*
Vorsicht! Es gibt viele *Ausnahmen*: Manche unregelmäßigen Verben ändern auch den Vokal des Präteritumstamms:
z. B. waschen: ich wüsch + e → *ich wüsche*
Der Konjunktiv II wird häufig durch **würde** + **Infinitiv** ersetzt.

Plusquamperfekt:

Konjunktiv II von haben oder sein + Partizip II

z. B. *ich* *hätte* + *gekauft*
ich *wäre* + *gegangen*

Futur I und II:

Die Formen des Futurs I und II im Konjunktiv II (*ich würde kaufen, ich würde gekauft haben* usw.) werden selten benutzt, deshalb werden sie hier nicht aufgeführt.

Konjunktiv mit *würde + Infinitiv*

Viele Konjunktivformen unterscheiden sich nicht von den Indikativformen. Deshalb wird der Konjunktiv häufig - vor allem in der Umgangssprache - mit *würde* (der Konjunktiv-II-Form von *werden*) und dem Infinitiv gebildet. Die würde-Form kann als Ersatz für fast alle Konjunktivformen genommen werden, steht aber vor allem für den Konjunktiv II.

Verwendung des Konjunktiv mit würde + Infinitiv

Genau wie den Konjunktiv II benutzt man auch den Konjunktiv mit *würde* hauptsächlich, um etwas auszudrücken, das nicht möglich ist oder war.
z. B. *Wenn ich im Lotto gewinnen würde, würde ich mir ein Haus kaufen.*
Außerdem verwendet man den Konjunktiv mit *würde* in Verbindung mit dem Wort *gern* auch für höfliche Wünsche.
z. B. *Ich würde gern nach Italien fahren.*

Bildung des Konjunktiv mit würde + Infinitiv

Konjunktiv II von werden + Infinitiv

z. B. *ich* *würde* + *spielen*
→ *Ich würde morgen Fußball spielen, wenn ich gesund wäre.*

Imperativ

Verwendung des Imperativs

Der Imperativ dient dazu, eine oder mehrere Personen dazu zu bringen, etwas zu tun.

z. B. *Gib mir doch bitte die Butter!* (Bitte)
Probier doch mal die blaue Bluse an! (Ratschlag)
Kommen Sie doch morgen zum Abendessen! (Einladung)
Mach sofort die Tür zu! (Befehl)

Bildung des Imperativs

In der 2. Person Singular (du-Form)

Verbstamm + (e)

z. B. mach + (e) → *mach(e)!* ruf + (e) → *ruf(e)!*

Das **e** kann auch wegfallen. Es muss aber bei den Verben auf -**eln** und -**ern** und bei Stammendungen auf -**d**, -**t** oder -**ig** stehen:

z. B. red + e → *rede!* kling(e)l + e → *kling(e)le!*

Unregelmäßige Verben mit Vokalwechsel von **e** → **i** im Präsens wechseln den Vokal auch im Singular des Imperativs. Diese Verben haben kein **e** als Endung des Imperativs.

z. B. geben → *gib!* lesen → *lies!*

In der 2. Person Plural (ihr-Form):

Verbstamm + -(e)t

z. B. mach + t → *macht!* ruf + t → *ruft!*

Unregelmäßige Verben mit Vokalwechsel von **e** → **i** im Präsens wechseln hier den Vokal nicht.

z. B. geb + t → *gebt!* les + t → *lest!*

In der 1. Person Plural + Höflichkeitsform:

Verbstamm + -en + Personalpronomen

geh + en + wir / Sie → *gehen wir! / gehen Sie!*

3. Passiv

Das Passiv findet man vor allem in Sach- und Fachtexten. Man beschreibt mit dem Passiv, was mit einer Person oder Sache gemacht wird.

Beim **Aktiv** steht die handelnde Person im Mittelpunkt, beim **Passiv** der Vorgang selbst. Da die Person nicht so wichtig ist, muss sie auch nicht genannt werden. Soll eine handelnde Person genannt werden, steht sie in Verbindung mit der Präposition ***von***.

z. B. *Die Blumen werden von mir gegossen.*

Anstelle eines Subjekts kann auch **es** an erster Stelle im Satz stehen.

Es muss heute noch aufgeräumt werden.

Es gibt zwei Formen des Passivs:

das Vorgangspassiv	das Zustandspassiv
Die Waschmaschine wird repariert.	*Die Waschmaschine ist repariert.*
Der Ablauf der Handlung ist wichtig.	Der Zustand nach der Handlung ist wichtig.
Bildung: mit einer Personalform von *werden*	Bildung: mit einer Personalform von *sein*

Bildung des Passivs

Die meisten transitiven Verben (mit einem Akkusativobjekt) können das Passiv bilden.

z. B. Der Monteur repariert die Waschmaschine.

→ *Die Waschmaschine wird vom Monteur repariert.*

Das Präsens

Das **Vorgangspassiv**: *werden* + Partizip II

z. B. *Der Ofen wird am Abend angeheizt.*

Das **Zustandspassiv**: *sein* + Partizip II

z. B. *Am Abend ist der Ofen angeheizt.*

Das Präteritum

Das **Vorgangspassiv**: *wurde* + Partizip II

z. B. *Die Krankenschwester wurde gerufen.*

Das **Zustandspassiv**: *war* + Partizip II

z. B. *Der Operationssaal war schon vorbereitet.*

Das Perfekt

Das **Vorgangspassiv**: *sein* + Partizip II + *worden*

Das Partizip Perfekt von ***werden*** ist im Passiv ***worden*** (**nicht**: *geworden*)

z. B. *Die Fußballerin ist für die Nationalmannschaft ausgesucht worden.*

Das **Zustandspassiv**: *sein* + Partizip II + *gewesen*

z. B. *Die Fußballerin ist ausgesucht gewesen.*

Das Plusquamperfekt

Das **Vorgangspassiv**: *war* + Partizip II + *worden*

z. B. *Wir waren von dem Besuch überrascht worden.*

Das **Zustandspassiv**: *war* + Partizip II + *gewesen* (Es wird allerdings nicht sehr häufig benutzt.)

z. B. *Der Supermarkt war geöffnet gewesen.*

Das Futur I

Das **Vorgangspassiv**: *werden* + Partizip II + *werden*

z. B. *Die Weihnachtskarten werden rechtzeitig geschrieben werden.*

Das **Zustandspassiv**: *werden* + Partizip II + *sein*

z. B. *Die Kartoffeln werden geschält sein.*

Das Futur II

Das **Vorgangspassiv**: *werden* + Partizip II + *worden sein*

z. B. *Die Kartoffeln werden geschält worden sein.*

Das **Zustandspassiv**: *werden* + Partizip II + *gewesen sein*

z. B. *Die Kartoffeln werden geschält gewesen sein.*

Das Passiv des Konjunktiv I

Präsens: Konjunktiv I von *werden* + Partizip II

z. B. *Die Verkäuferin sagte, der Computer werde gebracht.*

Perfekt: Konjunktiv I von *sein* + Partizip II + *worden*

z. B. *Die Verkäuferin sagte, der Computer sei gebracht worden.*

Futur I: Konjunktiv I von *werden* + Partizip II + *werden*

z. B. *Der Computer werde gebracht werden, sobald das Büro eingerichtet ist.*

Futur II: Konjunktiv I von *werden* + Partizip II + *worden sein*

z. B. *Der Computer werde gebracht worden sein.*

Das Passiv des Konjunktiv II

Präteritum: *würde* + Partizip II

z. B. *Der Computer würde gebracht, wenn genug Personal da wäre.*

Plusquamperfekt: *wäre* + Partizip II + *worden*

z. B. *Der Computer wäre gebracht worden, wenn sie Zeit gehabt hätten.*

4. Die Modalverben

Die Modalverben bestimmen die Art und Weise, wie man etwas tut: gern oder nicht, freiwillig oder nicht usw. Es gibt sechs Modalverben: ***dürfen, können, müssen, sollen, wollen, mögen***.

Modalverben kommen meist mit einem anderen Verb zusammen vor. Das zweite Verb steht dann im Infinitv am Satzende.

z. B. *Sie soll morgen nicht kommen.*
Bei den Modalverben wird das Partizip II in den zusammengesetzten Zeiten durch den Infinitiv ersetzt, wenn sie mit einem anderen Verb zusammen vorkommen.
z. B. *Sie hätte morgen kommen sollen.* (nicht: gesollt).

Die Bedeutung der Modalverben

Modalverb	Bedeutung	Beispiel
dürfen	Erlaubnis	*Ich darf Eis essen.*
können	Möglichkeit	*Sie können das Auto abholen.*
	Fähigkeit	*Sie kann das Rätsel lösen.*
	höfliche Bitte	*Können Sie bitte helfen?*
	Erlaubnis	*Sie können mein Auto nehmen.*
mögen	etwas gern haben	*Ich mag Himbeereis.*
	Möglichkeit	*Du magst recht haben.*
müssen	Notwendigkeit, Befehl oder Aufforderung	*Ich muss morgen wegfahren.*
		Du musst besser aufpassen!
sollen	Aufforderung / Befehl	*Ich soll die Schuhe putzen.*
	Zweck/Gerücht	*Sie soll gestohlen haben.*
wollen	Wille oder Absicht	*Sie will das Abitur machen.*

Möchte ist im eigentlichen Sinne kein Modalverb, wird aber als solches benutzt. Es hat keinen eigenen Infinitiv und ist verwandt mit ***mögen***.
Die Bedeutung von *möchte*~

Ich möchte einmal nach Paris (fahren).	jemand hat einen Wunsch
Ich möchte einen Tee (trinken). *Ich möchte 150 Gramm Käse (kaufen).*	beim Bestellen und Einkaufen (höflich)

Modalverben können auch ohne Infinitiv stehen.
z. B. *Ich möchte einen Tee.* (gemeint ist: trinken)
Kommst du mit? Nein, ich kann nicht. (gemeint ist: mitkommen)
Wollen kann unfreundlich wirken. Es klingt besser, wenn man sagt:
z. B. *Ich möchte noch ein Bier.*

Die Negation der Modalverben

Max	*darf/soll*	*am Wochenende*	*nicht*	*schwimmen.*	Verbot
Paul	*kann*	*morgen*	*nicht*	*zu dir kommen.*	nicht möglich
Lea	*kann*	*noch*	*nicht*	*Auto fahren.*	nicht fähig
Mama	*möchte*	*diese Woche*	*nicht*	*helfen.*	keine Lust
Papa	*muss*	*dafür am Sonntag*	*nicht*	*kochen.*	nicht notwendig
Spinat	*musst*	*du*	*nicht*	*essen.*	kein Zwang
Linus	*soll*	*im Urlaub*	*nicht*	*so viel rauchen.*	nicht in Ordnung